Baudler
Darwin, Einstein – und Jesus

Georg Baudler

Darwin, Einstein – und Jesus

Christsein im Universum der Evolution

Patmos

für Hannah

Bibliografische Information der Deutschen Nationalbibliothek
Die Deutsche Nationalbibliothek verzeichnet diese Publikation in der
Deutschen Nationalbibliografie; detaillierte bibliografische Daten sind
im Internet über http://dnb.d-nb.de abrufbar.

© 2009 Patmos Verlag GmbH & Co. KG, Düsseldorf
Alle Rechte vorbehalten
Printed in Germany
ISBN 978-3-491-72535-5
www.patmos.de

Inhalt

II. ERKENNBARE ORDNUNGSSTRUKTUREN

III. EIN RETTENDER GOTT?

Vorwort

Millionen von Menschen, darunter der Papst sowie die christlichen Bischöfe und Priester auf der ganzen Welt, beten täglich »Vater unser im Himmel … dein Wille geschehe, wie im Himmel so auf Erden«. Kinder lernen im Religionsunterricht der Schule dieses Gebet kennen. Dabei weiß jedes ältere Schulkind, dass unser Universum in einem sogenannten »Urknall« entstanden ist und mit diesem Raum und Zeit, so dass es keinen Raum außerhalb dieses unseres Universums gibt. An den Gräbern beten wir, dass Gott unseren Verstorbenen die ewige Ruhe geben möge, wissen aber, dass es außerhalb unseres Universums keine Zeit und also auch keine zeitliche Fortdauer geben kann. Wir bemühen uns nach den Geboten Gottes zu leben, bekommen aber von der neueren Gehirnforschung aufgrund nachprüfbarer Experimente gesagt, dass unser Gehirn selbsttätig und uns unbewusst die Bereitschaftspotenziale für unser Handeln erzeugt, so dass einige Forscher die menschliche Willensfreiheit für eine vom Gehirn erzeugte Illusion halten.

Wie kann ich mich mit einem solchen Welt- und Menschenbild als Christ verstehen? Die älteren biblischen Bücher gehen von dem vorgeschichtlichen Weltbild aus, wonach die Erde eine von Wasser umgebene Scheibe ist, über die sich eine Kristallschale wölbt, an der die Sterne befestigt sind; nochmals darüber befindet sich der »Himmel«, wo Gott und die Engel wohnen. Auch in dem von Aristoteles vertretenen und den späteren biblischen Autoren bekannten geozentrischen Weltbild steht die Erde im Mittelpunkt des Universums, von Sonne und Sternen in verschiedenen Sphären umkreist, und über diesen Sphären der »Himmel«.

Wenn alle diese Vorstellungen wegfallen, wenn die Erde, auf der ich lebe, nur ein kleiner Planet unter 100 Milliarden Sternen innerhalb »unserer« Galaxie, der Milchstraße, ist und wenn darüber hinaus nochmals 125 Milliarden ähnlicher und z.T. wesentlich größerer Galaxien im Universum kreisen, – hat es dann einen erkennbaren Sinn, mich entsprechend der biblischen Tradition als »Christ« zu verstehen? Kann ich noch auf ein mir meiner selbst bewusstes Leben nach dem Tode hoffen? Und wie lassen sich die weltweit sich ereignenden schrecklichen Naturkatastrophen, von denen wir heute fast täglich erfahren, und Krankheit, Unglück und Tod sowie die unvorstellbaren

Gräueltaten, die Menschen begangen haben und noch begehen, erklären, wenn der von Jesus verkündete gütige und barmherzige Gott die Welt, das Universum und den Menschen geschaffen hat? Das vorliegende Buch gibt keine zweifelsfreien, nicht mehr weiter hinterfragbaren »Antworten« auf diese Fragen. Es fasst die Fragestellung zusammen und sucht Wege aufzuzeigen, nach denen ich mich in dem von den modernen Naturwissenschaften beschriebenen kosmischen Irrgarten doch noch als Christ verstehen kann. Es will dazu anregen, eigene Wege dieser Art zu suchen. Es behandelt nicht einzelne theologische Fragen, sondern versucht, den christlichen Glauben als Ganzes in seinen wesentlichen traditionellen Inhalten – von der Schöpfung über die biblische Rede von den Engeln bis hin zur Auferstehung Jesu von den Toten – auf das von gesicherten Ergebnissen der neueren Naturwissenschaft vorgegebene Weltbild hin gesprächsfähig zu machen. Nur so kann ich der »weltanschaulichen Schizophrenie« entgehen, die darin besteht, einerseits um »Urknall«, Evolution und moderne Gehirnforschung als relativ sichere Ergebnisse der modernen Naturwissenschaft zu wissen und sie zu akzeptieren, andererseits aber mein Leben und meine Hoffnung nach dem biblischen Glauben, der von einem ganz anderen Weltbild ausgeht, zu richten.

In den drei Jahrzehnten meiner Tätigkeit als Religionspädagoge habe ich an der Frage gearbeitet, wie die biblische Überlieferung mit den Lebenserfahrungen der Schüler ins Gespräch kommen kann. Jetzt ist mir aber klar, dass dieser sogenannten »Korrelationsdidaktik« eine Korrelations*theologie* vorausgehen muss, die danach fragt, ob und wie grundsätzlich mein Selbstverständnis als Christ mit dem modernen Weltbild zu verbinden ist.

Ich danke den Studierenden, vor allem den Seniorinnen und Senioren mit ihrer reichen Lebenserfahrung, mit denen ich an der Rheinisch-Westfälischen Technischen Hochschule (RWTH) Aachen diese Fragen diskutieren konnte.

Aachen, zu Ostern 2008   *Georg Baudler*

Zur Einführung

Von Yajnavalkya zu Galilei.
Das Ringen um das realistische Weltbild

Der Ort, an dem ich lebe, ist ein wichtiges Element meiner Existenz. Die Adeligen haben sich – im Unterschied zu den Leibeigenen, die keine freie Ich-Existenz beanspruchen durften – als Grund und Boden besitzende und dadurch autarke Herren betrachtet. Dies hielten sie in ihrer Namensgebung fest, indem sie den Namen des Ortes, an dem sie beheimatet waren, ihrem Rufnamen hinzufügten: »Dietrich von Bern«, »Bernhard von Clairvaux«, »Walter von der Vogelweide«. Der ortlose Mensch ist ein Niemand. Er ist bloße Verfügungsmasse, die man hinschieben kann, wohin man will.

Innerhalb des Ptolemäischen Weltbildes konnte der Mensch seinen »Ort« angeben: Ich lebe auf der Erde, dem Zentrum des Universums, an dem und dem Ort. Die Existenz dort war nicht zu leugnen. Der Mensch hatte festen Boden unter den Füßen. Es waren nicht erst Kopernikus, Kepler und Galilei, die diese Überzeugung in Frage stellten. Zuerst ist in Indien, wo schon sehr früh – schon im 9. Jahrhundert v. Chr. in den *Upanishaden* und *Brahmanas* – das religiös-philosophische Denken auftauchte, die Mittelpunktstellung der Erde im Kosmos in Frage gestellt worden. In den *Shatapatha Brahmanas* stellte der Denker Yajnavalkya fest, dass die Erde rund ist und Erde und Planeten sich um die Sonne bewegen. Er berechnete sogar schon relativ genau den Abstand der Sonne und des Mondes zur Erde. Diese Weltsicht findet sich auch in späteren hinduistischen Schriften bis hinein ins Mittelalter. Sie ist kontinuierlich tradiert worden.

Möglicherweise beeinflusst von dieser Tradition entwickelten im Alten Griechenland im 6. Jahrhundert v. Chr. die *Pythagoräer* eine religiöse Weltsicht, nach der im Zentrum des Kosmos ein riesiges Feuer brennt, das von der Sonne zusammen mit der Erde und allen anderen Himmelskörpern umkreist wird. Es ist erstaunlich, dass diese Sicht mit dem heutigen astronomischen Wissen, wonach sich unser Sonnensystem zusammen mit den anderen Sternen der Milchstraße mit großer Geschwindigkeit um das Zentrum der Galaxie bewegt, das wahrscheinlich aus einem kollabierten Riesenstern besteht, weitgehend

übereinstimmt. ARISTOTELES hat im 4. Jahrhundert v. Chr. das helio-
zentrische Weltbild verworfen und das geozentrische Weltbild gelehrt.
Mit seiner Autorität verdrängte er die heliozentrischen Vorstellungen,
die in späteren Jahrhunderten nochmals von ARISTARCH und ARCHI-
MEDES vertreten wurden. 500 Jahre nach ARISTOTELES hat der Ge-
lehrte PTOLEMÄUS dieses nunmehr nach ihm benannte geozentrische
Weltbild astronomisch ausgebaut.
Auch in der islamischen Welt gab es Überlegungen zur Bewegung der
Erde im Kosmos. Durch die Kreuzzüge sind diese Ansichten in den
Westen eingedrungen; Reisende und Händler berichteten auch von
den indischen Überlieferungen. Der ermländische Domherr NIKO-
LAUS KOPERNIKUS kannte vermutlich diese frühen Theorien über das
heliozentrische Weltbild. Mit kümmerlichen, selbstgebauten Instru-
menten beobachtete er die Planeten und vertrat in kleineren lateinischen Schriften das heliozentrische Weltbild. Lange zögerte er, sein
zusammenfassendes Hauptwerk *De revolutionibus orbium coelestium*
zu veröffentlichen. Von einem seiner Schüler herausgegeben, erschien
es schließlich an seinem Todestag, dem 24. Mai 1543. KOPERNIKUS
hatte es dem Papst gewidmet. Man verstand es viele Jahrzehnte lang als
bloße Hypothese eines exzentrischen Gelehrten. Auch die – ebenfalls
fast alle in Latein geschriebenen – Bücher von JOHANNES KEPLER, in
denen das heliozentrische Weltbild vertreten wurde, verstand man als
gelehrte Hypothese. GIORDANO BRUNO ließ sich von dieser Hypothese zu seiner religiösen Naturphilosophie inspirieren, nach der das
Weltall räumlich und zeitlich unendlich (und in dieser Unendlichkeit
göttlich) ist; auch glaubte er, dass unendlich viele Lebewesen auf anderen Planeten im Universum existieren (wie im Folgenden zu sehen sein
wird, recht modern anmutende Thesen). Doch er wurde am 8. Februar
1600 hauptsächlich deshalb von der Inquisition zum Feuertod verurteilt, weil er – mit seinem Welt- und Gottesbild zusammenhängend –
seine Ablehnung der Gottessohnschaft Jesu und des Jüngsten Gerichts
nicht in seinen teilweisen Widerruf aufnahm.
Zur Zeit GALILEIS wurde das heliozentrische Weltbild auch schon in
kirchlichen Kreisen diskutiert. Vor allem gelehrte Jesuiten in Rom, mit
denen Galilei korrespondierte, waren dem neuen Weltbild zugeneigt.
Alles kam jedoch darauf an, die neue Sicht im Status einer von Gelehrten diskutierten *Hypothese* zu halten. Anlässlich seiner Romreise 1624
wurde Galilei sechsmal von Papst URBAN VIII., mit dem er von früher

her befreundet war, empfangen, wobei der Papst ihn ermutigte, über das Kopernikanische System zu publizieren, dieses dabei aber streng als wissenschaftliche Hypothese zu behandeln. Vorher hatte ihn schon Kardinal BELLARMIN in einem Brief dringend ermahnt, das Kopernikanische System in keiner Weise als Tatsache hinzustellen, sondern es nur als Hypothese zu diskutieren. Im späteren Inquisitionsprozess wurde GALILEI auch wegen des Ungehorsams gegenüber dieser Ermahnung angeklagt.

GALILEI hat in seinen Schriften nicht zwischen gesicherter Lehre und bloßer Hypothese unterschieden. Der Papst und die Inquisition hatten ihm für sein Hauptwerk, den *Dialogo* über das Ptolemäische und das Kopernikanische Weltsystem, die kirchliche Druckerlaubnis mit der Auflage erteilt, dass er in dem Buch auch die Argumente, die für das Ptolemäische System sprachen, darlege. Galilei erfüllte diese Auflage, indem er diese Argumente einem *Simplicio* genannten Gesprächspartner, d.h. einem Dummkopf, in den Mund legte. Er machte sich also über die Sache lustig. Dieses Werk führte zur förmlichen Anklage Galileis vor der Inquisition.

Die Arbeitsweise Galileis unterschied sich stark von der lateinisch schreibender Gelehrter seiner Zeit. Er verfasste seine Bücher in italienischer Volkssprache in einem schönen, gut lesbaren Stil. Außerdem baute und verkaufte er physikalische Instrumente, so z.B. das erste Thermometer. Als er von dem in Holland von JAN LIPPERSHEY erfundenen Fernrohr erfuhr, lernte er Linsen zu schleifen und baute selbst Fernrohre, die er immer wieder verbesserte, sodass er schließlich eine 33-fache Vergrößerung erreichte. Diese Fernrohre verschickte er an Freunde und wissenschaftliche Kollegen. Mit ihm begann die mit Teleskopen arbeitende Astronomie. Mit seinen Fernrohren machte er die vier um den Jupiter kreisenden Monde sichtbar und demonstrierte dadurch, dass sich nicht alle Himmelskörper um die Erde drehten. Er studiere, sagte er, unvoreingenommen das Buch der Natur und dieses sei in mathematischer Sprache geschrieben, die man erlernen müsse, um das Buch lesen zu können. Die heutige experimentell und mathematisch arbeitende Physik nahm hier ihren Anfang. Das auf diese Weise Erarbeitete konnte nur realistisch verstanden werden. Für bloß spekulative Hypothesen blieb kein Raum.

Die Anekdote, dass GALILEI nach seinem Widerruf beim Verlassen des Gerichtsgebäudes gemurmelt habe »und sie bewegt sich doch« ist historisch nicht zutreffend. Aber sie bringt GALILEIS realistische und pragmatische Einstellung gut zum Ausdruck. Für die Anerkennung physikalischer Realitäten lohnt es sich nicht zu sterben. Wenn jemand unter Androhung der Folter von mir fordert, zu »bekennen«, dass die Winkelsumme im Dreieck nicht 180°, sondern 185° beträgt, werde ich das lachend zugeben. In der Euklidischen Geometrie wird die Winkelsumme dennoch immer 180° betragen. Die Kardinäle der Inquisition haben diese Einstellung GALILEIS wohl erkannt und haben sich deshalb mit seinem vollständigen Widerruf nicht zufrieden gegeben. GALILEI hat nicht *hypothetisch*, sondern trotz seines förmlichen Widerrufs *realistisch* dargelegt, dass die Erde um die Sonne kreist. Wer dies bestreitet, ist, wie im *Dialogo* unterstrichen, ein Dummkopf, und man kann ihm seine Dummheit weder durch Widerruf noch durch ein heroisches Bekenntnis austreiben. Bemerkenswert ist dabei, dass das, was GALILEI als den stärksten Beweis für das heliozentrische System anführte, nämlich die Gezeitenbewegung der Meere, sich spätestens durch die Gravitationslehre NEWTONS in dieser Hinsicht als falsch herausstellte.

Den Kardinälen ging es jedoch nicht um physikalische Erkenntnisse. Der naturwissenschaftliche Realismus GALILEIS, dessen integrierendes Element das heliozentrische Weltbild war, hatte ihnen – in einem fast wörtlichen Sinn – den Boden unter den Füßen weggezogen. *Urbs et orbis*, die Stadt Rom und der sie umgebende Weltkreis, denen der Papst noch heute vom Petersdom aus seinen Segen erteilt, treiben seither ortlos im Universum. Das Wort der Heiligen Schrift aus dem 1. Buch der Chronik »Gott begründet den Erdkreis unbeweglich« (1 Chr 16,30) – mit Christus, seinem Stellvertreter und den ihn umgebenden Kardinälen im Zentrum – enthüllte GALILEI indirekt als Illusion von Dummköpfen. Nur so ist es zu erklären, dass er am 22. Juni des Jahres 1633, obwohl er allen ihm vorgeworfenen Fehlern und Irrtümern abgeschworen, sie verabscheut und verflucht hatte (er also alles erfüllt hatte, was die Inquisition von ihm verlangte und verlangen konnte), zu »lebenslangem Kerker« verurteilt wurde. Allein aufgrund seiner Beziehungen und wohl auch aufgrund der Tatsache, dass, wie erwähnt, auch manche kirchlichen Kreise mit dem heliozentrischen Weltbild als Hypothese sympathisierten, wurde die lebenslange Einkerkerung (die unter den damaligen Verhältnissen schlimmer als der Tod gewesen wäre) in einen lebenslangen Hausarrest mit vielen Vergünstigungen umgewandelt. 100 Jahre nach Galileis Tod gab die Inquisition seine Werke frei und erst nach weiteren 250 Jahren, am 2. November 1992, wurde er formal rehabilitiert.

Das Vatikanische Orientierungspapier vom Oktober 2004

Gegenwärtig bemüht sich die Kirche, vor allem im Rahmen der Päpstlichen Akademie der Wissenschaften, um einen Dialog mit den Naturwissenschaften. Im Oktober 2004 veröffentlichte die Internationale Theologenkommission ein vom damaligen KARDINAL RATZINGER approbiertes Orientierungspapier mit dem Titel *Gemeinschaft und Dienst*, das zu Fragen der modernen Naturwissenschaft Stellung nimmt.[1] Der Text umfasst 95 Artikel. Er beschäftigt sich hauptsächlich mit den Problemen der Gentechnologie und der Gentherapie. In den Artikeln 62 bis 70 geht er auch auf Fragen der Astrophysik und der Evolutionstheorie ein. Dabei werden die Theorie der Entstehung des Universums durch den sogenannten »Urknall« und die Evolutionstheorie grundsätzlich anerkannt. Beide Theorien widersprechen nach dieser Erklärung nicht der christlichen Schöpfungslehre. Diese ist mit den genannten Theorien dadurch vereinbar, dass der Begriff der Ursache zweigeteilt wird. Die Kausalketten, wie sie die Naturwissenschaft beschreibt, werden als solche anerkannt, aber es wird theologisch behauptet, dass diese Kausalketten in letzter Instanz von Gott verursacht werden. Dabei sind die von den Naturwissenschaften beschriebenen, innerweltlichen Ursachen in ihrer Art radikal verschieden von der göttlichen Ursache: »Divine causality and created causality radically differ in kind«.[2] Auch wenn die natürlichen Ursachen der Evolution des Kosmos und des Lebens auf dem Planeten Erde nach dem Prinzip des Zufalls entstanden sind, ist Gott doch deren letzte Ursache. Gott hat dann eben bestimmt, dass die natürlichen Ursachen auf zufällige Weise entstehen. Er *wollte* dann z. B., dass der Selektionsprozess, aufgrund dessen die Evolution des Lebens verläuft, durch zufällige Mutationen bewirkt wird. Der Prozess der Evolution ist, heißt es im Text, von Gott als letzter Ursache in Gang gesetzt, »both contingent and guided«. Daraus folgt, dass alle Dinge und Geschehnisse, auch wenn sie völlig zufällig entstanden sind, sofern sie am Sein partizipieren, Objekte der Vorsehung und des Vorauswissens Gottes sind.[3] Gott ist das letzte Umgreifende, das von der Naturwissenschaft nicht mehr erreicht werden kann. Er stellt gewissermaßen den »Raum« zur Verfügung, in dem die Zufälle, die den Ablauf der Evolution bestimmen, stattfinden können. Er gleicht auf diese Weise allerdings ein wenig dem König in ANTOINE DE SAINT-EXUPÉRY's *Kleinem Prinzen*, dessen übergreifende »Allmacht« darin besteht, dass er alles, was völlig unbeeinflusst von ihm geschieht, als von ihm befohlen ausgibt.[4] Ist ein im Voraus gewusster, von einer Person verursachter und gelenkter »Zufall« noch wirklich ein Zufall? Ist das nicht etwas Ähnliches wie ein viereckiger Kreis? Aussagen dieser Art berühren die Naturwissenschaft nicht. Man kann sie einfach stehen lassen und zur Tagesordnung übergehen. Analog zu GALILEI in der erwähnten Anekdote kann der Naturwissenschaftler einerseits die Vatikanischen Erklärungen aufmerksam zur Kenntnis nehmen, andererseits aber angesichts einer konkreten Mutation oder des Auftauchens des Lebens auf dem Planeten Erde in seinem naturwissenschaftlichen Sprachspiel überzeugt sagen: »Es war ein Zufall«. Naturwissenschaft und Theologie kommen auf diese Weise nicht miteinander ins Gespräch. Im allgemeinen Bewusstsein aber ist das, was die Naturwissenschaft betreibt, die Realität. Eine Theologie, die sich mit Argumentationen der angeführten Art gegenüber den Verunsicherungen und Bedrohungen, die möglicherweise von der Naturwissenschaft her auf sie zukommen, abschottet, schottet sich damit von der Realität ab. Kirche und Theologie fristen dann an Sonn- und Feiertagen noch ein abgekapseltes Dasein, können aber das Leben des Alltags nicht mehr durchdringen.

Das Papier erklärt, dass die menschliche Seele unmittelbar durch Gott erschaffen wurde. Die Strukturen der Welt werden in der Erklärung als offen bezeichnet für göttliche Aktionen, die unmittelbar Ereignisse in der Welt bewirken, sofern dadurch nicht die Naturgesetze gesprengt werden. So wird das Auftauchen der ersten Mitglieder der menschlichen Spezies als Ereignis betrachtet, das nicht allein auf naturwissenschaftliche Art und Weise erklärt werden kann, sondern einem göttlichen Eingreifen zugeordnet werden muss. Dabei wird nicht am Monogenismus festgehalten, sondern auch von der Möglichkeit der Entstehung des Menschen in Form einer Population gesprochen. Nach den Worten des Textes ereignet sich aber im Augenblick des Übergangs der Entwicklung in den Bereich des Geistigen ein »ontologischer Sprung«.[5]

Auch in diesem Abschnitt werden überwiegend Aussagen gemacht, die

nur am Rande die eigentlichen naturwissenschaftlichen Fragen berühren, hauptsächlich jedoch dogmatische Positionen zum Ausdruck
bringen. In der naturwissenschaftlichen Diskussion ist weder die unmittelbare Erschaffung der menschlichen Spezies durch Gott noch
die unmittelbare göttliche Erschaffung der einzelnen Menschenseele
ein Thema. Vielmehr ist das starke Bemühen spürbar, die Evolution
durchgehend durch natürliche Ursachen und Ereignisse zu erklären.
Paläoontologisch ist zwischen dem *Australopithecus* und den ersten
Formen der Gattung *homo*, etwa dem *homo rudolfensis* oder dem *homo
erectus*, kein »ontologischer Sprung« festzustellen. Und wie soll man
sich die Erschaffung der menschlichen Seele unmittelbar durch Gott
konkret vorstellen? Wo und wann in der südostafrikanischen Savanne
hat bei einem der dort stattfindenden Zeugungsakte der Prähomini-
den Gott erstmals eine unsterbliche menschliche Seele dem entstehenden Lebenskeim eingefügt? Wie hat sich das auf die weitere Evolution
der Gattung *homo* ausgewirkt? Und wie ist es denkbar, dass bei den
Millionen von menschlichen Zeugungsakten, die sich täglich auf unserem Planeten ereignen, jeweils Gott unmittelbar in einem eigenen Akt
eine unsterbliche Seele einhaucht? Diese Behauptungen vertreten dogmatische Standpunkte, die innerhalb der naturwissenschaftlichen Diskussion keine Grundlage haben. Dem Menschen, der im evolvierenden
Universum nach seiner Identität und nach seinem »Ort« sucht, können diese Aussagen wenig weiterhelfen.[6]

I. Im kosmischen Irrgarten

Adam, wo bist du?

Verloren im Raum und in der Zeit. Die Relativitätstheorie

In der älteren biblischen Schöpfungsgeschichte wird erzählt, dass sich Gott beim aufkommenden Tagwind im Paradiesesgarten erging. Dabei war er gewohnt, *adam*, dem »Menschen«, den er geschaffen hatte, zu begegnen. *Adam* ist nicht die Gattungskennzeichnung »Mann«. »*Mann*« heißt hebräisch *isch* und *ischah* lautet das Wort für »Frau«. *Adam* ist der aus *adamah*, »Ackererde«, Geformte. Auch *eva*, die »Mutter alles Lebendigen«, ist aus Ackererde geformt. *Adam* ist der Mensch schlechthin. Aber der im Garten wandelnde Gott sah den Menschen nicht. Der Mensch hatte nämlich entgegen Gottes Weisung vom Baum der Erkenntnis gegessen und infolgedessen erkannt, dass er nackt war. Deshalb versteckte er sich unter den Bäumen des Gartens. Gott suchte ihn und rief: »Adam, wo bist du?« (Gen 3, 9).

Adam, wo bist du? Das ist eine Grundfrage des Menschseins. Wusste Adam, wo er war? Die ersten hochentwickelten Säugetiere, denen die Wissenschaft den Namen *homo* gibt, haben schon vor knapp 2 Millionen Jahren ihre afrikanische Heimat verlassen und sind entlang dem tropischen und subtropischen Klimagürtel bis Java gewandert. Auch im Kaukasus und in China haben sie ihre Spuren hinterlassen. Später überquerten sie sogar die Alpen und drangen in den eiszeitlich kalten Norden vor. Was hat diese Menschen zu ihren weltweiten Wanderungen getrieben? Das Klima in Afrika war besser zum Überleben geeignet und es gab dort genügend Lebensraum für die wenigen frühen Menschen. Wollte *adam*, der Mensch, wissen, wo er war? Wollte er sehen, welche Welt sich jenseits des jeweils sichtbaren Horizonts erstreckte? Heute hat sich Adam hinter der Naturwissenschaft versteckt. Er weiß selbst nicht mehr, wo er sich befindet und wonach er seine Uhr einstellen soll. Der von Gott für ihn angelegte »Garten Eden« (Gen 2,8) ist ihm zum Irrgarten geworden. Die in der Schöpfungserzählung überlieferte Frage des Schöpfergottes »Adam, wo bist du?« ist heute zur

Frage geworden, die der Mensch sich selber stellt. Das Fernseh-Wochenmagazin *Prisma* veröffentlichte in seiner ersten Nummer des Jahres 2006 im Rahmen eines Beitrags »Das neue Bild der Welt« auf der Titelseite eine Fotocollage, die das Zentrum der Milchstraße als rotierenden hellen gelben Fleck zeigt und um ihn, die Rotationsbewegung fortsetzend, dunkel-bläuliche Sternenwolken, von kleineren und größeren, helleren und dunkleren Punkten übersät. Nahe dem Rande der rotierenden Sternenwolken war stolz ein deutlich sichtbarer Pfeil in das Bild eingezeichnet mit der Beschriftung:»Hier sind wir!«. In der Umgebung der Pfeilspitze sah man, in der blauen Wolke verschwimmend, eine Unmenge winziger brauner Punkte und man konnte unmöglich feststellen, auf welches dieser Pünktchen der Pfeil zeigte. Wohin also sollte man eine Suchrakete lenken, um Adam zu finden?

Formal könnte Adam zwar antworten: Ich befinde mich auf dem kleinen, um die Sonne kreisenden Planeten »Erde« am Rande der Milchstraße. Doch was wäre damit gewonnen? Die Milchstraße umfasst nach den Berechnungen der Astrophysik etwa 100 Milliarden Sterne, viele davon von der Art unserer Sonne, und sie hat einen Durchmesser von 100 000 Lichtjahren, d. h. man müsste, wenn die erwähnte Suchrakete mit Lichtgeschwindigkeit durch das Universum rasen könnte, 100 000 Jahre lang unterwegs sein, um von einem Ende der Galaxie zum anderen zu kommen.

Im Jahre 1887 versuchte der amerikanische Physiker ALBERT MICHELSON in Zusammenarbeit mit dem Chemiker EDWARD C. MORLEY die Geschwindigkeit der Lichtwellen zu verändern, indem er einen Lichtstrahl in Richtung der Eigenbewegung der Erde in ihrer Bahn um die Sonne aussandte und einen anderen in dazu senkrechter Richtung. Die Bahngeschwindigkeit der Erde beträgt im Durchschnitt etwa 30 km/sec. Nach den von Newton aufgestellten Gesetzen der Mechanik muss diese Geschwindigkeit zu der bekannten Geschwindigkeit des Lichts hinzuaddiert werden, wenn der zu messende Lichtstrahl in Richtung der Erdbewegung ausgeschickt wird. Die Geschwindigkeit des Lichtstrahls, der senkrecht zur Erdbahnrichtung ausgeschickt wurde, müsste um diese 30 km/sec geringer sein als die Geschwindigkeit des Lichtstrahls in Erdbahnrichtung. Mit einem komplizierten Gerät, dem sogenannten »Interferometer«, führten MICHELSON und MORLEY den Versuch viele Male durch, ohne einen Unterschied der beiden Geschwindigkeiten festzustellen. Wie sollte man sich das erklären? Galten für das Licht nicht die üblichen Gesetze der Physik? Jahrzehntelang wurde in der Physik an diesem Befund herumgerätselt. 1895 entwickelte der niederländische Physiker HENDRIK A. LORENTZ eine mathematische Theorie, nach der sich bei Geschwindigkeiten, die in die Nähe der Lichtgeschwindigkeit kommen, die Länge des bewegten Körpers verkürzt und die im bewegten Körper ablaufende Zeit verlangsamt, während die Masse des bewegten Körpers zunimmt. Dies ist die logische Folge, wenn man das negative Ergebnis des MICHELSON-MORLEY-Versuchs ernst nimmt.

LORENTZ hat diese Folgen lediglich in einer mathematischen Gleichung beschrieben. Erst ein Angestellter am eidgenössischen Patentamt in Bern namens ALBERT EINSTEIN entwickelte im Jahre 1905 eine Theorie, die alle Bereiche der Physik umfasste und dabei die fehlgeschlagenen Versuche von MICHELSON und MORLEY zur Grundlage nahm. In der auf diese Weise entwickelten Speziellen Relativitätstheorie ist die Lichtgeschwindigkeit eine im gesamten Universum geltende Naturkonstante. Sie stellt die absolute Grenzgeschwindigkeit für alle im Universum sich ereignenden Bewegungen dar. Auch Informationen, gleichgültig von welcher Art sie sind und auf welche Weise sie übermittelt werden, können nur mit Lichtgeschwindigkeit ausgetauscht werden. Diese universelle Grenzgeschwindigkeit, von der Raum, Zeit und Bewegungsabläufe im Universum strukturiert werden, beträgt genau 299 792, 458 km/sec. Alle bisher bekannten und zukünftig zu erforschenden Phänomene und Gesetze der Physik müssen auf diese Begrenzung hin ausgerichtet werden. In seiner Speziellen und Allgemeinen Relativitätstheorie suchte Einstein diese ungeheure Arbeit zu leisten. Kein physikalischer Befund und keine physikalische Theorie kann mehr an diesen Gesetzen vorbeigehen.

Die Suche nach Adam im Universum wird durch diese Gesetze sehr erschwert. Wenn die imaginäre Suchrakete eine Geschwindigkeit von etwa 260 000 km/sec erreicht, hat sich ihre Länge stark verkürzt und ihre Masse, also ihr Gewicht, verdoppelt. Ihrer Wirksamkeit sind dadurch starke Grenzen gesetzt.

Wie könnte sie dabei unsere Sonne und deren kleinen Planeten Erde finden? Unser Sonnensystem steht ja nicht still, sondern bewegt sich im Abstand von 25 000 bis 28 000 Lichtjahren mit einer Geschwindigkeit von 220 km/sec um das Zentrum der Galaxie, wobei es etwa 230 Millionen Jahre für einen Umlauf braucht. Man nennt das ein

Galaktisches Jahr. Unser Sonnensystem ruht also nicht, wie KOPERNI-KUS, KEPLER UND GALILEI in ihrem heliozentrischen System annahmen, im Universum, sondern treibt als Ganzes selbst mit großer Geschwindigkeit durch die ungeheuren Weiten.

Dabei hat unsere Suchrakete nicht unendlich viel Zeit. Denn nach den kosmologischen Vorausberechnungen wird in etwa 5 Milliarden Jahren die Sonneneinstrahlung auf der Erde eine derart hohe Temperatur erreicht haben, dass die Ozeane zu kochen beginnen und verdampfen. Nach ca. 5,5 Milliarden Jahren wird nur noch flüssige Lava die Oberfläche der Erde überziehen. Adam ist sicher schon einige Milliarden Jahre vorher ausgestorben. Er ist ja gegenwärtig selbst eifrig dabei, die Lebensbedingungen auf dem Planeten zu zerstören. Vielleicht hilft er auch durch einen weltweiten Atomkrieg dem raschen Aussterben der Spezies nach. Die Gattung *homo* existiert auf dem Planeten Erde seit knapp 2 Millionen Jahren. In Evolutionszeiträumen gemessen ist das eine sehr kurze Zeit. Andere Arten haben viele Millionen Jahre gelebt, ehe sie ausstarben; die Dinosaurier z. B. 150 Millionen Jahre. Doch die Gattung *homo* ist – biologisch gesprochen – ein »Beschädigungskämpfer«, d.h. der Mensch gibt sich bei Konflikten mit Artgenossen nicht damit zufrieden, dem Gegner zu drohen und ihn durch die Demonstration seiner Stärke einzuschüchtern, sondern er verletzt und tötet ihn. Zwar hat sich die Gattung in den 1,8 Millionen Jahren übermäßig auf dem Planeten vermehrt. Das ist am Anfang bei Beschädigungskämpfern normal. Da sie jedoch bei den Kämpfen auch selbst getötet werden, kehrt sich die Tendenz auf längere Sicht hin gesehen eines Tages um und die Beschädigungskämpfer sterben aus. Mit dem Bau der Atom- und Wasserstoffbombe hat der Mensch schon die Instrumente für ein gegenseitiges Massentöten geschaffen. Wenn unsere imaginäre Suchrakete auch nur noch einige hunderttausend Jahre – astronomisch gemessen sind das Sekunden – durch unsere Galaxis rast, wird sie Adam wahrscheinlich nicht mehr in ihr finden.

Hinzu kommt, dass sich in der mit annähernder Lichtgeschwindigkeit durch das Universum rasenden Suchrakete die Zeit gegenüber der Zeit, die auf den Sternen herrscht, die sie passiert, verändert. Die WDR-Fernsehsendung »Quarks & Co« hat im November 1999 diese Folge der Lichtgeschwindigkeit anschaulich dokumentiert: Man verstaute eine Cäsiumuhr aus dem Zeitlabor in Braunschweig, welche die Zeit bis auf Milliardstel Sekunden – sogenannte »Nanosekunden« – genau messen kann, in einen Airbus und schickte sie mit einer Geschwindigkeit von 830 km/h über den Atlantik von Frankfurt nach Boston und wieder zurück. Ein Vergleich mit der Caesiumuhr in Braunschweig ergab, dass die im Flugzeug transportierte Uhr um 28 Nanosekunden langsamer gelaufen war als die Uhr im Zeitlabor. Gegenüber unserer imaginären Suchrakete kriecht aber das Versuchsflugzeug als Schnecke über den Ozean. Der sogenannte »Gamma-Faktor«, der angibt, um wie viel mal langsamer die Zeit in einem sich schnell bewegenden System gegenüber dem (scheinbar) ruhenden Bezugssystem verläuft, beginnt erst bei einer Geschwindigkeit von 100 000 km/sec wesentlich über 1 hinauszugehen, steigt dann aber nicht geradlinig, sondern asymptotisch an. Theoretisch würde in einem Flugzeug, das sich mit Lichtgeschwindigkeit bewegt, die Caesiumuhr stehen bleiben, die Zeit hätte aufgehört zu existieren. Der mit der wachsenden Geschwindigkeit *asymptotisch* ansteigende Wert des »Gamma-Faktors« zeigt aber, dass die Lichtgeschwindigkeit erst »im Unendlichen«, nie jedoch in der Realität erreicht werden kann. Doch in der Nähe der Lichtgeschwindigkeit dehnt sich die Zeit zunehmend. Würde sich das Versuchsflugzeug mit 98 % der Lichtgeschwindigkeit bewegen, läge der »Gamma-Faktor« bei 5, d.h.: wenn die Flugzeugbesatzung nach ihrer Uhr einen Tag unterwegs ist, sind auf der Erde inzwischen fünf Tage vergangen.[7] Wenn also unsere imaginäre Adam-Suchrakete mit dieser Geschwindigkeit die astronomisch lächerlich geringe Zeit von einer Millionen Jahre durch das Universum rast, dann sind auf unserem Planeten inzwischen 5 Millionen Jahre vergangen und es ist sehr fraglich, ob Adam, der Mensch, dann noch auf ihr lebt.

Doch es kommen noch andere verwirrende Schwierigkeiten auf die imaginäre Suchrakete zu. Nach der Relativitätstheorie werden Zeit und Raum durch die im Universum befindlichen Masseansammlungen gekrümmt. Das ergibt sich aus der über NEWTON hinausgehenden Erklärung der Gravitation. »Quarks & Co« demonstrierte auch das auf anschauliche Weise: Man installierte eine Cäsiumuhr auf dem Nordturm des Kölner Doms. Ein Vergleich dieser Uhr mit der Uhr im Braunschweiger Zeitlabor nach nur anderthalb Wochen ergab, dass die Uhr auf dem Turm um 7 Nanosekunden schneller lief, als die Uhr auf dem Boden. Die stärkere Gravitation auf dem Boden infolge der Krümmung des Raums durch die Masse der Erde verlangsamt den Zeitablauf.

Die Krümmung des Raums wurde bei einer totalen Sonnenfinsternis am 29. Mai 1919 auf glänzende Weise nachgewiesen. Da die Briten einer Neuinterpretation der von ihrem berühmten Landsmann ISAAK NEWTON entdeckten Gravitationsgesetze skeptisch gegenüberstanden, organisierte SIR ARTHUR STANLEY EDDINGTON, ein begeisterter Anhänger EINSTEINS, unter großen Kosten inmitten der Wirren des kurz zuvor zu Ende gegangenen Ersten Weltkriegs eine Expedition in die Südsee, wo die totale Sonnenfinsternis auftrat, um EINSTEINS Voraussagen einer experimentellen Prüfung zu unterziehen. Nach der Allgemeinen Relativitätstheorie musste die Masse der Sonne die an ihr vorbei streichenden Lichtstrahlen in Form einer Krümmung ablenken. Bei einer totalen Sonnenfinsternis sind die Sterne am Himmel zu sehen. Einige hell leuchtende Sterne aus dem Sternbild Stier konnte man – Newtons Theorie folgend – jedoch von dem Ort aus, an dem die Expedition ihre Station bezogen hatte, nicht sehen, weil sie von der schwarzen Sonnenscheibe verdeckt wurden. *Aber man sah sie trotzdem.* Ihre Lichtstrahlen wurden von der Sonnenmasse so gekrümmt, dass sie einen kleinen Bogen um die Sonne herum machten und dadurch für die Expeditionsteilnehmer sichtbar wurden. Dieses Ereignis machte EINSTEIN auf einen Schlag weltberühmt.

Es gibt Sterne, die eine hundertfach größere Masse als unsere Sonne haben. Wenn also die Suchrakete nach Adam der Anzeige ihrer Bordinstrumente nach geradlinig durch das Universum rast, wird sie in Wirklichkeit durch massereiche Sterne aus ihrer Bahn gelenkt. Ihre Insassen könnten, selbst wenn sie über eine Landkarte verfügen würden, nicht feststellen, wo sie sich befinden, und an ihren Uhren ist nicht abzulesen, wie die Zeit außerhalb ihrer Wände, auf den Sternen, an denen die Rakete vorüberrast, abläuft. Sie fliegt Ort-los und Zeit-los durch das Universum. Raum und Zeit sind mit dem »Urknall« entstanden. Dieser selbst hat *nirgendwo* und zu *keiner von außen benennbaren Zeit* stattgefunden. So wenig man den »Urknall« in einem Raumgebilde »verorten« kann, so wenig gibt es eine »Zeitlinie«, auf der ich dieses Ereignis eintragen kann. Es gibt weder einen absoluten Raum noch ein absolutes Zeitmaß, weder für Adam noch für das Raumschiff, das im Universum nach ihm sucht.

Auf die ort- und zeitlos durch das Universum rasende Suchrakete lauern zudem schreckliche Gefahren. Sie kann in »Schwarze Löcher« stürzen und von explodierenden Sternen zerfetzt werden. »Schwarze

Löcher« entstehen im Universum hauptsächlich dadurch, dass besonders massereiche Sterne infolge ihrer eigenen Last in sich zusammenstürzen. Solange die Temperatur im Inneren des Sterns infolge der dort ablaufenden Verbrennung von Wasserstoff zu Helium hoch genug ist, entsteht dadurch ein Gegendruck, der die schwere Oberfläche des Sterns aushält. Aber wenn nach einigen Millionen Jahren der Wasserstoffvorrat aufgebraucht ist, kommt es zu Kernfusionen des entstandenen Heliums. Dadurch entsteht eine sehr hohe Temperatur, die zu einer schnellen Ausdehnung der äußeren Gasschichten führt, der Stern hat sich zu einem sogenannten »Roten Riesen« aufgebläht. Dieser kollabiert, wenn seine Masse unter 1,44 Sonnenmassen beträgt, zu einem »Weißen Zwerg«, hat dabei aber immer noch einen Durchmesser von einigen tausend bis zehntausend Kilometern, ist also etwa so groß wie unsere Erde. Er ist gewissermaßen die »Leiche« eines sterbenden Sterns. Seine Materie, zum größten Teil bestehend aus Kohlenstoff und Sauerstoff, ist so dicht zusammengepresst, dass ein Kubikzentimeter etwa eine Tonne wiegt. In einer riesigen Explosion – einer sogenannten »Supernova-Explosion« – stößt er seine äußeren Gasschichten ab. Wenn die verbleibende Masse des so in sich zusammengestürzten Sterns zwischen 1,44 und 3 Sonnenmassen beträgt, kann die zusammengepresste Materie dem Druck der Oberfläche immer noch nicht standhalten und der »Sterbeprozess« geht weiter. Die Elektronen werden in den Atomkern hineingepresst und verbinden sich mit den Protonen zu Neutronen. Der Kollaps geht so lange weiter, bis die entstehenden Neutronen einen so starken Gegendruck aufbauen, dass die weitere Kontraktion gestoppt wird. Dabei wird eine große Zahl von Neutronen frei, deren Energie die noch verbliebenen äußeren Schichten des Sterns in einer nochmaligen Explosion in den Weltraum hinausschleudert. Der Stern hat jetzt nur noch einen Durchmesser von etwa 20 km. Indem sich sein Umfang in dieser Weise stark verringert, dreht er sich immer schneller um seine Achse; er erreicht dabei in der Regel eine Geschwindigkeit von mehreren Umdrehungen pro Sekunde. Seine Materie ist so dicht, dass ein stecknadelkopfgroßer Teil etwa eine Million Tonnen wiegt. Es handelt sich jetzt um einen Neutronenstern.

Je größer und massereicher ein Stern ist, desto tiefer stürzt er in sich zusammen. Besaß er ursprünglich eine Masse von mehr als drei Sonnenmassen, kollabiert die ungeheure Masse zu einem »Schwarzen Loch«. Hier ist der Raum so stark gekrümmt, dass alles, was in die

Nähe des »Lochs« kommt, von ihm »aufgeschluckt« wird. In diesem Raum herrschen Verhältnisse, die denen beim »Urknall«, aus dem das Universum entstand, entsprechen. Manche Astronomen nehmen an, dass aus dem tiefsten Punkt eines »Schwarzen Lochs« in einem neuen »Urknall« ein neues Universum – mit vielleicht anderen Naturgesetzen und Naturkonstanten – entstehen kann.

Der bekannte englische Physiker STEPHEN HAWKING, der infolge seiner Behinderung nur vom Rollstuhl aus und nur mit Hilfe eines speziellen Sprachcomputers arbeiten und lehren kann – er nennt sich scherzhaft den Inhaber eines rollenden Lehrstuhls – nimmt an, dass es auch »Schwarze Löcher« gibt, die sich schon zusammen mit dem »Urknall« gebildet haben, weil einige Milliardstel Sekunden nach dem singulären Ereignis die Materiedichte derjenigen des tiefsten Punktes in einem »Schwarzen Loch« vergleichbar gewesen sein muss. Damals könnten sich kleine »Schwarze Löcher« von etwa 10 Trillionen kg gebildet haben, deren berechnete Lebensdauer jetzt – etwa 15 Milliarden Jahre nach dem »Urknall« – dem Ende zugeht. Sie explodieren dann mit gewaltigen Energieausbrüchen, wie sie tatsächlich im Universum beobachtet werden.

Im Zentrum unserer Milchstraße wird eine starke Quelle radioaktiver Strahlung wahrgenommen. Man vermutet, dass es sich dabei um ein sogenanntes »Schwarzes Loch« handelt. Wehe, wenn unsere Adam-Suchrakete in den Umkreisradius eines solchen »Lochs« gerät. Infolge seiner Masse, d. h. infolge der auf unendlich zugehenden Raumkrümmung in diesem Bereich, entfaltet es eine Anziehungskraft, deren Wirkung einem Staubsauger astronomischer Größe und Stärke vergleichbar ist. Die »Saugkraft« des Schwarzen Lochs ist so stark, dass nicht einmal das Licht mit seiner enormen Fluchtgeschwindigkeit ihm entkommen kann. Wie ein auf der Erde in die Höhe geworfener Apfel wieder zum Ausgangspunkt zurückfällt, so wird das ausstrahlende Licht wieder in das »Loch« zurückgezogen. Das »Loch« erscheint deshalb schwarz.

Eine andere Gefahr droht der Suchrakete und ihrer Besatzung von den oben erwähnten »Supernovae«. Wenn innerhalb eines Doppelsternsystems der eine Stern infolge seiner Masse zu einem »Weißen Zwerg« zusammenstürzt, zieht er Materie, hauptsächlich Wasserstoff, von seinem Begleitstern zu sich herüber, sodass sich riesige Wolken von Wasserstoff und anderen Gasen um ihn herum bilden. Haben diese eine gewisse Größe und Dichte erreicht, explodieren sie als astronomische Wasserstoffbombe, deren Helligkeit das Licht der Sonne millionen- und milliardenfach übersteigt, sodass die Explosionen auch bei Entfernungen von vielen Millionen Lichtjahren von der Erde aus mit den Teleskopen beobachtet werden können. Entsprechend »astronomisch« ist auch die Zerstörungskraft dieser Explosionen. Sie entspricht der Energie von 10 Milliarden Sonnen. Aus der in das Weltall hinausgeschleuderten Materie entstehen neue Sterne und Galaxien. Der Vorgang kann sich mehrere Male wiederholen, wenn der »Weiße Zwerg« nach der Explosion neue Materie, neuen Wasserstoff, von seinem Begleitstern zu sich herüberzieht. Bei den Explosionen bleiben Fusionsstoffe zurück, die den »Zwerg« so schwer machen, dass er nochmals in sich zusammenstürzt.

Hat der Gott, den Jesus seinen *Abba* nannte, diese Kräfte geschaffen?

Doch wir haben unser Versteck- und Suchspiel nach Adam bisher nur auf unsere Milchstraße beschränkt. Wie aber ist diese im Universum zu finden? Das Hubble-Weltraumteleskop, das in Amerika für 1,6 Milliarden Dollar gebaut wurde und seit 1990 in einem Abstand von 600 km die Erde umkreist, hat allein innerhalb des Bereiches, der von ihm erfasst werden kann, 50 Milliarden Galaxien gezählt und die Astrophysiker rechnen heute mit 125 Milliarden Galaxien im Universum. Wo befindet sich da die Milchstraße? Da Zeit und Raum – nach Einstein miteinander verbunden in der vierdimensionalen »Raumzeit« – selbst erst mit dem »Urknall« entstanden sind, gibt es weder zeitlich noch räumlich ein »Außerhalb« unseres Raumzeit-Universums. Ebenso wenig gibt es eine Grenze, an die ich von innen her stoßen könnte. Das Universum ist zwar endlich, aber unbegrenzt. Ich kann also nirgendwo einen Archimedischen Punkt finden, von dem aus ich systematisch unsere Milchstraße suchen könnte. Die berühmte Suche nach der Stecknadel im Heuhafen ist aussichtsreicher als die Suche nach der Milchstraße im Universum.

Hinzu kommt, dass auch die Galaxien und Galaxienhaufen nicht stillstehen, sondern mit einer geschätzten Geschwindigkeit von 600 km/ sec umeinander kreisen und sich dabei immer weiter voneinander entfernen. Auch die Bildung neuer Galaxien wird beobachtet. Im Jahre 2005 ist ein Team von Radioastronomen der Cardiff-Universität in

England bei der Untersuchung von Wasserstoffgas im Weltraum auf eine Galaxie gestoßen, die unsichtbar ist, weil sie aus sogenannter »dunkler Materie« besteht. Sie befindet sich etwa 50 Millionen Lichtjahre entfernt im Virgo-Galaxienhaufen und ist 100 Millionen mal schwerer als unsere Sonne. Diese Materie wirkt zwar wie die normale Materie als Schwerkraft, krümmt also den Raum und zieht unsere imaginäre Suchrakete mit ungeheurer Kraft an. Aber sie sendet kein Licht aus und ist deshalb für uns unsichtbar. Wie soll sich unsere Suchrakete vor dieser »dunklen Materie« schützen und ihr ausweichen?

Man unterscheidet viele Formen dunkler Materie je nach ihrer Zusammensetzung. Auch die oben beschriebenen extrem massereichen »Schwarzen Löcher«, deren es viele im Universum gibt, rechnet man zur dunklen Materie; sie geben ja kein Licht frei, sind also unsichtbar. Man nimmt an, dass etwa 70 % der im Universum befindlichen Materie aus »dunkler Materie« besteht. Anders lässt sich die Bewegung der vielen massereichen Sterne, die um einen unsichtbaren Mittelpunkt kreisen, nicht erklären. Die 100 Milliarden Sterne unserer Milchstraße kreisen ja z. B., wie erwähnt, wahrscheinlich um ein »Schwarzes Loch« im Mittelpunkt der Galaxie.

Diese gewaltigen Anziehungskräfte im Universum müssten – für sich betrachtet – dazu führen, dass – nach fast 14 Milliarden Jahren – die vom »Urknall« ausgehende Expansionskraft so weit abgenommen hat, dass das Universum wieder (wie ein erkaltender massereicher Stern) in sich zusammenstürzt und zu seiner Ausgangssituation zurückkehrt. Stattdessen aber beobachtet man anhand der Rotverschiebung des Lichts, das von weit entfernten Galaxien zu uns dringt, dass sich die Galaxien mit zunehmender Geschwindigkeit von uns und voneinander entfernen, das Universum also weiter expandiert. Man erklärt diese Beobachtung dadurch, dass nicht nur eine dunkle *Materie*, sondern auch eine »dunkle *Energie*« im Universum existiert, die für diese Expansion verantwortlich ist. EINSTEIN hatte in die Feldgleichungen seiner Relativitätstheorie einen kosmischen Parameter eingeführt, der den Kosmos als statisches System erscheinen lässt. Als der amerikanische Astronom EDWIN HUBBLE im Jahr 1929 die beschleunigte Expansion des Universums entdeckte, gab Einstein diese kosmische Konstante als seine »größte Eselei« auf. In der neueren Kosmologie wurde aber wiederum ein Parameter eingeführt, der von einer dunklen Energie ausgeht, die in ihrer Stärke zeitlichen Schwankungen unterliegt.

Um die Expansionsbewegung des Universums zu erklären, muss man annehmen, dass sie 73 % der im Universum wirksamen Energie ausmacht. Manche Astrophysiker nehmen an, dass sie ein Teil der Vakuumenergie ist, aus der im Urknall das Universum entstanden ist. Der weitaus größte Teil der im Universum wirksamen Massen und Kräfte – 70 % der Materie und 73 % der Energie – sind also für unsere Berechnung und Beobachtung »dunkel«, d. h. sie können in ihrer Struktur und Zusammensetzung nur indirekt geschätzt, nicht aber erschöpfend erklärt werden. Der kosmische Irrgarten besteht zum größten Teil aus undurchdringlicher Dunkelheit.

Zwischen den Galaxien breiten sich riesige Leerräume, sogenannte *Voids*, aus, die durchschnittlich einen Durchmesser von 100 Millionen Lichtjahren aufweisen. Unsere annähernd mit Lichtgeschwindigkeit durch den Weltraum rasende fiktionale Suchrakete müsste auch – in jeweils etwas mehr als 100 Millionen Jahren – diese Leerräume durchfliegen. Das gesamte Universum, das sich möglicherweise auf Zukunft hin unbegrenzt ausdehnt, schätzt man in seiner heutigen Ausdehnung auf etwa 96 Milliarden Lichtjahre. Da ist es sinnvoll die Suchaktion aufzugeben. Adam, der Mensch, hat keinen feststellbaren »Ort« und keine feststellbare »Zeit« im Universum. Mit KOPERNIKUS, KEPLER und GALILEI hat ein naturwissenschaftlicher Erkenntnisprozess begonnen, der uns viele Einsichten erschließt, aber den Menschen selbst mehr und mehr unsichtbar macht.

»Alles ist Windhauch« (Koh 1,2). Die Quantentheorie

KOHELET, ein unbekannter, griechisch gebildeter Jude des 3. Jahrhunderts v. Chr. fragt nach dem Sinn und der Bedeutung der Dinge, die der Mensch sich erwerben kann, wenn letztlich doch alles im Tod verloren geht. Seine Erkenntnis, die er an den Anfang seines Buches stellt, ist: »Windhauch, Windhauch, das ist alles Windhauch« (Koh 1,2). Nicht häufig, aber doch gelegentlich – meistens ethisch interpretiert – taucht dieses Motiv auch im Neuen Testament auf. »Was nützt es einem Menschen, wenn er die ganze Welt gewinnt, dabei aber sein Leben verliert?« (Mk 8,36 parallel Mt und Lk; ähnlich Joh 12,25). Was nützt dem Kornbauern die reiche Ernte, die er in seine vergrößerten Scheunen einfährt, wenn in der folgenden Nacht der Tod zu ihm kommt? (Lk 12,13–21).

Wie real, wie »wirklich« sind die Dinge der Welt, wenn Tod und Vergänglichkeit das letzte, unaufhebbare Gesetz des Kosmos bilden? Die Astrophysik stellt diese Frage nicht. GALILEI, NEWTON, EINSTEIN sind erkenntnistheoretisch »Realisten«. Erde und Sonne, Galaxien und Voids, Gravitation und Lichtgeschwindigkeit, Atomkerne und Elektronen, sind für sie nicht in Frage zu stellende Realitäten, deren Struktur und Zusammenspiel, deren Entstehung und Entwicklung es zu untersuchen gilt, unabhängig davon, wie sich der die Untersuchung führende Mensch dazu verhält und wie es ihm dabei geht. Dass sich der Mensch von den 125 Milliarden Galaxien und deren je ca. 100 Milliarden Sternen, von der unvorstellbaren Größe und Masse vieler Sterne, von den riesigen Entfernungen und den unermesslichen Leerräumen, sowie von der Schrecken erregenden, im Universum wirkenden Zerstörungskraft auf dem winzigen Planeten Erde in einem der Sonnensysteme der Milchstraße in fast wörtlichem Sinne »erschlagen« fühlt und nicht mehr weiß, was er in diesem Irrgarten zu suchen hat, bewegt den Naturwissenschaftler als solchen nicht.

Zu Beginn des 20. Jahrhunderts, etwa zur selben Zeit, in der Einstein seine Relativitätstheorie entwickelte, entstand die zweite große Säule der modernen Physik, die Quantentheorie. Schon im Jahre 1900 erklärte der Physiker MAX PLANCK die von einem schwarzen Körper ausgehende Strahlung dadurch, dass er annahm, die ausgesandten Lichtwellen würden nicht kontinuierlich, sondern in sogenannten »Quanten« ihre Strahlungsquelle verlassen. EINSTEIN griff diese Idee auf und erklärte mit ihrer Hilfe den schon seit längerer Zeit beobachteten Vorgang, dass Metall, wenn man es mit Lichtwellen oder mit anderen elektromagnetischen Wellen bestrahlt, Elektronen aussenden (den sogenannten »Photoelektrischen Effekt«). Kurioserweise erhielt er 20 Jahre später für *diese* Arbeit, nicht aber für die Relativitätstheorie den Nobelpreis.

Im Laufe der Zeit konnten mittels der Quantentheorie viele bis dahin rätselhafte Phänomene der Physik erklärt werden. Sie macht z.B. verständlich, warum im Atom die den Atomkern umkreisenden Elektronen nicht in den Kern hineinstürzen und mit ihm verschmelzen, warum die Materie also stabil ist. Sie erklärt auch komplizierte Vorgänge im Universum, wie z.B. die oben beschriebene Bildung eines »Weißen Zwergs« oder eines Neutronensterns. Mit ihrer Hilfe war es möglich, Licht zu Laserstrahlen zu bündeln sowie ein Elektronenmikroskop oder eine Atomuhr zu bauen. Bei der Untersuchung des Gehirns auf der Basis der Kernspinresonanz konnten mit ihrer Hilfe einzelne Gehirnareale farbig sichtbar gemacht werden. Die Analyse von Halbleitern auf der Basis der Quantentheorie führte zur Erfindung der Diode und des Transistors, die beide aus der modernen Elektrotechnik nicht mehr wegzudenken sind. Leider spielt die Quantentheorie auch eine Rolle bei der Entwicklung von Kernwaffen. Auch in der Chemie findet sie vielfach Anwendung. Die Physiker RICHARD FEYNMAN und DAVID DEUTSCH arbeiten an der Entwicklung eines Quantencomputers, der an Leistung die bisher weltweit erstellten größten Computersysteme noch um ein Vielfaches übertreffen kann. 1998 sind schon erste einfache Rechnungen mit einem solchen Gerät durchgeführt worden.[8] Obwohl anfangs vielfach – auch von EINSTEIN – angegriffen, konnte die Quantentheorie experimentell nicht widerlegt werden.

Die meisten Physiker gehen heute davon aus, dass mit ihrer Hilfe eine vollständige korrekte Beschreibung aller physikalischen Phänomene möglich ist. Bisher ist es allerdings nicht gelungen, die Gravitation (die EINSTEIN über NEWTON hinausgehend mit einer Krümmung des Raums durch eine große Masse erklären konnte) mit Hilfe der Quantentheorie zu beschreiben. Der von EINSTEIN selbst bis zu seinem Lebensende und von vielen anderen Physikern unternommene Versuch, die Quantentheorie und die Relativitätstheorie zu einer einzigen Gesamttheorie – einer »Theorie von allem« – zu verbinden, ist bisher nicht geglückt. Versagt die Relativitätstheorie bei der Beschreibung physikalischer Phänomene im atomaren und subatomaren Bereich, kann die Quantentheorie viele Phänomene im makroskopischen Bereich (wie etwa die Gravitation und die Bildung von Galaxien) nicht erklären. Zwischen beiden Theorien bestehen Widersprüche.

In der Quantenphysik sind, wie noch in der Relativitätstheorie, exakte Voraussagen nicht immer mehr möglich. In der herkömmlichen klassischen Physik steigt die Stromstärke I bei gleichbleibender Spannung U in demselben Maße, als sich der elektrische Widerstand R im Schaltkreis verringert (I = U/R). Wenn in 10 Versuchsanordnungen, die vollkommen gleich aufgebaut sind, Spannung und Widerstand den jeweils gleichen Wert haben, hat auch in allen 10 Versuchen die Stromstärke den jeweils gleichen Wert. Wenn in dem Versuch der Widerstand größer wird, wird im selben Maße die Spannung niedriger. Das ist in allen 10 Versuchsanordnungen jeweils genau so der Fall; und das wird auch der Fall sein, wenn ich noch weitere 20 oder 100 Versuchsanordnungen der gleichen Art aufbaue. In der Quantenphysik ist das nicht so. Wenn ich die Energie oder die elektrische Ladung eines Atoms oder eines subatomaren Teilchens unter jeweils gleichen Bedingungen und in jeweils völlig gleich aufgebauten Versuchsanordnungen messe, kann ich jeweils verschiedene, zufallsbedingte Werte erhalten. Nur die statistische Verteilung der Werte innerhalb des gesamten Ensembles meiner 20 oder 100 Versuche bleibt gleich und wiederholt sich in einem gleich strukturierten anderen Ensemble. Das wirft die Frage auf, ob es überhaupt *objektive* Werte und Eigenschaften des einzelnen Teilchens gibt. Nur der Wert, den ich in der Versuchsanordnung A, B, C oder X jeweils messe, kann als objektiv gegeben, d. h. als real, gelten. Solange ich nicht messe, hat das Teilchen nur den Charakter einer *Möglichkeit*, die erst in der Messung zu einer realen Größe wird. Das gilt auch für den Ort, an dem sich das Teilchen befindet. Nur mit einer statistischen Wahrscheinlichkeit kann ich den Ort eines Teilchens vorhersagen. Wo ist dann aber das Teilchen »in Wirklichkeit«? Ist es nirgendwo? Existiert es nur virtuell und wird es erst durch meine Messung, meine Beobachtung real? EINSTEIN hat gegenüber dieser mit Zufall und Wahrscheinlichkeit operierenden Quantenphysik bekanntlich geäußert: »Der Alte würfelt nicht«. Der »Alte« – im Sinne von »der Ewige« – ist in der jüdisch-biblischen Tradition ein Wort für Gott. Der dänische Atomphysiker NIELS BOHR hat diesen Einwand aufgegriffen und EINSTEIN geantwortet, er solle Gott nicht vorschreiben, was er zu tun hat.

Viele weitere rätselhafte und die bisherige klassische Physik irritierende Phänomene tauchen in der Quantenphysik auf. 1927 entdeckte WERNER HEISENBERG, dass es im atomaren und subatomaren Bereich nicht möglich ist, bestimmte physikalische Größen nebeneinander exakt zu bestimmen. Dies gilt vor allem für die Bestimmung von Ort und Impuls (d.i. die mit seiner Masse multiplizierte Geschwindigkeit) eines Teilchens. Die Messung des Orts lässt die Messung der Geschwindigkeit ungenau werden und die Messung der Geschwindigkeit beeinträchtigt die genaue Bestimmung des Orts des Teilchens. Ähnlich ist es, wenn ich Energie und Zeit eines Teilchens bestimmen will. Auch bei anderen Werten tritt diese Unschärfe auf. Man spricht von der »Heisenbergschen Unschärferelation«.

Die grundlegende Ungenauigkeit in der Quantenphysik liegt darin, dass das Licht im Experiment sowohl als Welle als auch als Teilchen auftreten kann. An einer Kante wird der Lichtstrahl gebeugt und Licht, das durch einen Doppelspalt geht, bildet auf einem hinter dem Spalt aufgestellten Schirm durch die Überlagerung der beiden gebeugten Strahlen ein Interferenzmuster, so wie sich die Wellen von zwei in den Teich geworfenen Steinen überschneiden. Diese Beobachtung demonstriert also eindeutig die Wellennatur des Lichts. Lasse ich jedoch den Lichtstrahl auf eine Photoplatte auftreffen, erscheinen dort kleine Pünktchen, die eindeutig zu erkennen geben, dass kleine Teilchen, sogenannte »Photonen« in die Platte eingeschlagen sind. Hier erscheint das Licht als ein Strahl von Teilchen. Das ist ein offensichtlicher Widerspruch: Der Lichtstrahl kann nicht sowohl aus Wellen wie auch aus Teilchen bestehen. Offensichtlich überlagern sich hier zwei unterschiedliche Zustandsformen in ein- und derselben Materie.

Dieser Widerspruch wird dadurch für die Physik besonders schwerwiegend, dass, wie eindeutige Experimente ergaben, diese unerklärliche Doppelnatur auch bei Elektronen und anderen Materieteilchen besteht. Auch Elektronen, Quarks und andere Teilchen können in Form einer Welle auftreten. Schickt man Elektronen durch einen Doppelspalt, erscheinen sie zunächst als kleine Leuchtpunkte auf dem dahinter aufgestellten Schirm, zeigen also eindeutig Korpuskelcharakter. Doch mit zunehmender Dauer bildet sich auf dem Schirm ein Streifenmuster aus, wie es bei der Interferenz zweier Wellen auftritt. Der Korpuskelstrahl hat sich also in eine Wellenstrahlung verwandelt.

Besonders irritierend ist, dass das Interferenzmuster im Lauf der Zeit auch dann auftritt, wenn nicht beide Spalten *gleichzeitig* mit Elektronen beschossen werden, sondern die Elektronen (mit Hilfe einer sehr schwachen Elektronenquelle) hintereinander einmal durch den rechten und einmal durch den linken Spalt geschickt werden, sodass nicht mehrere Elektronen miteinander interferieren können. Wie entsteht dann aber das Interferenzmuster? Durchquert das einzelne Elektron beide Spalten, sodass es mit sich selbst interferieren kann? Wie aber ist das möglich? Oder tritt aus unbekannter Quelle ein zweites Elektron in Erscheinung, um sich mit dem von uns abgeschickten gleichzeitig durch den anderen freien Spalt zu bewegen und mit ihm zu interferieren? Das Phänomen ist äußerst rätselhaft. Der Physiker FEYNMAN sagt angesichts solcher in der Quantenphysik vielfach begegnenden Phänomene: »Ich denke, man kann mit Sicherheit sagen, dass niemand die Quantenphysik versteht.«

Es gibt in der Quantenphysik auch die Beobachtung, dass Materie-teilchen, wenn sie sich in der Zustandsform einer Welle befinden, mit einer gewissen – allerdings geringen – Wahrscheinlichkeit Barrieren durchdringen können, die nach Auffassung der klassischen Physik für das betreffende Teilchen undurchdringlich sind. Man nennt das den sogenannten »Tunneleffekt«, weil die Teilchen in Form einer Welle die Barriere »durchtunneln« und sich nachher wieder als Teilchen mani-festieren. Auf diese Weise ist die gegenseitige feste Abgrenzung mate-rieller Körper im atomaren und subatomaren Bereich fließend gewor-den. Der Effekt erklärt den radioaktiven Zerfall von Urankernen, der nach der klassischen Physik nicht erklärbar ist.

Sehr grundsätzliche und unmittelbar ins Philosophische übergehende Fragen wirft die quantenphysikalische Beobachtung auf, dass Elemen-tarteilchen, die miteinander in Wechselwirkung getreten sind, fortan ihre Zustände auch auf große Entfernungen hin aufeinander abstim-men. Durch Laserlicht können in bestimmten Kristallen Photonen erzeugt werden, die sich in gegensätzliche Richtung voneinander entfer-nen. Die Polarisationsrichtung dieser Lichtteilchen ist zunächst unbe-stimmt. Bei der Messung »entscheidet« sich das gemessene Teilchen zu einer bestimmten Polarisation. Diese ist nur im Augenblick der Messung festgelegt. Gleichzeitig mit der Festlegung dieses Photons im Mess-vorgang legt auch das andere entfernte Photon, das der gleichen Licht-quelle entsprang, seine Polarisationsrichtung fest, und zwar senkrecht zur Richtung des erstgenannten Teilchens. Dabei spielt, wie gesagt, die räumliche Entfernung keine Rolle. Man hat die augenblickliche Reak-tion über eine Entfernung von 10 km im Experiment nachgewiesen. Wie teilt das eine Photon dem anderen seine »Entscheidung« mit? Signale lassen sich nach der Relativitätstheorie nur mit Lichtgeschwindigkeit übermitteln. Wenn sich das eine Photon am einen Ende und das andere am anderen Ende des Universums befindet, würde die Übermittlung des Signals mit Lichtgeschwindigkeit etwa 96 Milliarden Jahre dauern. Auf-grund experimenteller Beobachtung und auf Grund mathematischer Berechnungen gehen die Quantenphysiker jedoch davon aus, dass auch hier das eine Teilchen gleichzeitig mit dem anderen seine Polarisations-richtung festlegt. Elementarteilchen sind nicht im Raum lokalisierbar. Für miteinander »verschränkte« Teilchen (wie die Quantenphysik ein solches Photonenpaar nennt) gibt es keine räumliche Entfernung, für sie existiert der Raum nicht. Sie verhalten sich wie zwei »gezinkte« Würfel, die, wenn sie geworfen werden, immer genau gegensätzliche Zahlen anzeigen. Es handelt sich also gar nicht um eine Informationsübertragung vom einen Photon zum anderen; vielmehr bilden beide Photonen, wenn auch Milliarden Lichtjahre voneinander entfernt, zusammen ein einziges System. Es gibt jedoch im Universum unzählige miteinander verschränkte Teilchen. Also ist die gesamte Materie im Universum miteinander vernetzt und es können deshalb Reaktionen auftreten, die mit der klassischen Physik – vor allem mit der absoluten Grenze der Lichtgeschwindigkeit – nicht erklärbar sind.

Ist also die ganze uns begegnende Realität unbestimmt und teilweise in sich widersprüchlich? In diesem Zusammenhang gewinnt das die Phänomene beobachtende Bewusstsein im Bereich der Quantenphysik eine möglicherweise konstitutive Bedeutung. Ohne ein beobachtendes Bewusstsein ist die Existenz eines Teilchens grundsätzlich fraglich. Bedenkt man, dass nach Übereinstimmung aller heute lebenden Physiker das gesamte Universum aus atomaren und subatomaren Teilchen besteht, fühlt man sich an das oben zitierte biblische Buch Kohelet und entsprechende neutestamentliche Stellen erinnert, wo Wert und Konsistenz der Dinge der Welt angesichts der Sterblichkeit des Menschen in Frage gestellt werden. Ist tatsächlich alles nur »Windhauch«, der mit dem letzten Atemzug des (beobachtenden) Menschen verweht? Auch die Erkenntniskritik IMMANUEL KANTS tritt in das Blickfeld, nach der das »Ding an sich« zwar den Menschen und sein Erkenntnisstreben »affiziert«, selbst aber nie in seinem wirklichen Wesen erkannt werden kann. In der späteren idealistischen Philosophie, etwa bei JOHANN GOTTLIEB FICHTE und FRIEDRICH WILHELM VON SCHELLING, existiert die Welt generell nur in unserem Bewusstsein.

Das Bewusstsein besitzt auch im Buddhismus eine konstitutive Bedeutung. In der Meditation hat die fernöstliche Tradition vielfältige Wege ausgebildet, deren Ziel es ist, das Bewusstsein so zu formen, dass der Meditierende zur Wahrnehmung der – sprachlich nicht mehr fassbaren – *wahren* Realität und damit zur Erleuchtung gelangt. Kürzlich hat sich auch der DALAI LAMA in einem Buch mit der neueren westlichen Naturwissenschaft befasst und hat versucht, die Gemeinsamkeiten und Unterschiede zwischen dieser und der buddhistischen Weltsicht darzustellen.[9] Die teilweise schon in der Relativitätstheorie auftauchende, besonders aber in der Quantenphysik sich nahe legende Tendenz, beobachtendes Subjekt und beobachtetes Objekt nicht mehr klar voneinander zu trennen, also die vom Beobachter unabhängige Objektivierbarkeit empirischer Daten grundsätzlich in Frage zu stellen, d.h. nicht mehr von determinierten unabhängigen und sich gegenseitig ausschließenden Entitäten zu sprechen, beschreibt er als Eigenart auch der buddhistischen Denkweise. Auf Anregung des DALAI LAMA sind deshalb in den akademischen Instituten buddhistischer Klöster regelmäßig (von westlichen Wissenschaftlern erteilte) Seminare über moderne Physik eingeführt worden.[10] »In letzter Konsequenz«, sieht sich nach Ansicht des DALAI LAMA, »die Physik durch die Einsichten der Quantenmechanik mit der philosophischen Frage konfrontiert, ob der Begriff der Wirklichkeit – verstanden als essentiell existierende Grundbausteine der Materie – überhaupt aufrecht erhalten werden kann.« Die buddhistische Philosophie der »Leerheit« bietet, sagt er, ein »sinnvolles Modell für ein nicht-essentialistisches Verständnis der Wirklichkeit« an.[11] Wir werden im Rahmen der evolutionären Erkenntnistheorie nochmals auf diese Fragen zurückkommen. Doch man kann hier schon sagen: Wenn die 125 Milliarden Galaxien mit ihren jeweils 100 Milliarden Sternen und die ungeheuren Räume nicht als von unserer Beobachtung unabhängige, objektive Realität existieren, brauchen wir uns von ihnen nicht »erschlagen« zu lassen. Gott muss dann Adam im menschlichen oder göttlichen Bewusstsein suchen, auch wenn sich letzteres bei GEORG WILHELM FRIEDRICH HEGEL erst im Laufe der Weltgeschichte aufbaut.

An dieser Stelle wird deutlich, dass die mit GALILEI einsetzende Abschottung der Naturwissenschaft von Theologie, Religion und Philosophie – charakteristisch zum Ausdruck kommend in der anekdotischen Bemerkung Galileis nach seinem Widerruf »… und sie bewegt sich doch« – nicht nur nachteilig war für Theologie und Kirche (sofern sie im gesellschaftlichen Bewusstsein weitgehend deren Realitätsverlust bewirkte). Sie war vielmehr nachteilig *auch* für die Entwicklung der Wissenschaft insgesamt, also auch für die Naturwissenschaft, sofern diese erkenntnistheoretisch relativ unreflektiert auf der Stufe eines Realismus stehenblieb, der nur aufgrund empirischer physikalischer Daten und deren mathematischen Folgerungen »kritisch« ist, sonst aber dem naiven Realismus des Alltags entspricht. Die experimentellen Ergebnisse der Quantenphysik konnten, wie aufgezeigt, auf dieser erkenntnistheoretischen Ebene nicht mehr konsistent erklärt werden. ALBERT EINSTEIN und DAVID BOHM nahmen ihre Zuflucht zur Annahme noch verborgener physikalischer Gesetzmäßigkeiten, die, wenn man sie auffände, die Phänomene doch auf der Basis des bisher in der Physik zugrunde gelegten Determinismus verständlich machen könnten. Andere versuchten die klassische Logik in eine sogenannte »Quantenlogik« umzuformen, um dadurch die auftretenden Schwierigkeiten zu beseitigen.

Größeres Aufsehen erregte die von HUGH EVERETTS entwickelte Theorie eines »Multiversums«, die gegenwärtig besonders von dem englischen Physiker DAVID DEUTSCH vertreten wird. Die Theorie erklärt die Zufälligkeiten und widersprüchlich erscheinenden Beobachtungen in der Quantenphysik dadurch, dass sie annimmt, es bestünden neben unserem Universum noch viele andere »Universen«. Der Plural »Universen« erscheint widersprüchlich, weil *Uni*-versum dem Wortsinn nach das *eine* Ganze bezeichnet, eine Pluralbildung also ausscheidet.

Die in der Quantenphysik zu beobachtenden irritierenden und widersprüchlichen Phänomene gehören nach dieser Theorie ursprünglich verschiedenen *anderen* Universen an. Im atomaren und subatomaren Bereich, wo es um die Grundstrukturen von Materie überhaupt geht, könnten sich die Eigenschaften und Zustände der Elementarteilchen verschiedener Universen gleichsam »überschneiden«. Dann treten die irritierenden und widersprüchlichen Phänomene nur aus der Perspektive unseres als singulär angenommene Universums als solche in Erscheinung. Bei der Annahme eines »Multiversums« befindet sich das Elementarteichen, dessen Ort gemessen wird, in dem einen Universum an anderer Stelle als in einem anderen; in dem einen Universum hat es die soeben gemessene elektrische Ladung, im anderen – mit derselben Versuchsanordnung gemessen – hat es eine andere; in dem einen Universum bestehen nach dieser Theorie Licht, Elektronen, Quarks und andere atomare und subatomare Phänomene aus elektromagnetischen Wellen, in einem anderen Universum dagegen aus Teilchen. Im atomaren und subatomaren Bereich können sich diese Zustände überlagern, sodass ein Teilchen einmal als Welle und einmal als Korpuskel erscheint. Im Doppelspaltexperiment gelangen Photonen oder Elektronen aus einem »nahe gelegenen« Universum in unsere Versuchsanordnung und führen zur Interferenz. Im »Tunneleffekt« durchdringen sich verschiedenartige Universen. Die Lichtgeschwindigkeit ist nur in unserem Universum die absolute Geschwindigkeitsgrenze für eine Signalübertragung, im Zusammenspiel mehrer Universen ist die unmittelbare Korrelation eines Photonenpaares auch über große räumliche Entfernungen hinweg möglich. Innerhalb der einzelnen Universen bleiben in dieser Sicht jedoch die berechenbare Voraussage und die realistische Weltsicht erhalten. Nur durch Überschneidungen der verschiedenen Universen entstehen die Irritationen.

Infolge der grundsätzlich unbegrenzten Zahl von »Universen«, die es nach dieser Theorie gibt, verschwimmt jedoch auch in dieser Interpretation der Phänomene der Quantenphysik die »Realität« zu etwas Uferlosem und Beliebigem. THOMAS und BRIGITTE GÖRNITZ weisen darauf hin, dass andere »Universen« in ihrer Struktur für uns grundsätzlich nicht erkennbar sein können und sie deshalb für uns so etwas darstellen wie der Olymp in der griechischen oder die Walhalla in der germanischen Mythologie;[12] man könnte hinzufügen: ... oder wie der räumlich vorgestellte »Himmel« als Empyreum über der Fixsternsphäre im christlichen Mittelalter. Die These von der Existenz einer unbegrenzten Anzahl anderer »Universen« kann im Verstehenshorizont der modernen Naturwissenschaft keinen Halt, Wert und Sinn für menschliches Leben geben. Hier ertrinkt alles im Uferlosen.

Die Quantenphysik untergräbt den Halt, den die klassische Physik mit ihren festen Gesetzen und klar berechenbaren und vorhersagbaren Phänomenen noch zu geben vermochte. Alles, was wir in der Quantenphysik im Experiment beobachten, »verschmiert« mit Beobachtungen in anderen Experimenten, auch mit der bloßen Wiederholung des vorhergehenden Experiments. Nichts ist fest. Die Welt, das Universum – und die Universen – zerbröckeln im Experiment unter unseren Händen. Letztlich ist auch hier alles nur »Windhauch«. Der in der biblischen Paradiesgeschichte von Gott gesuchte Adam existiert nach der Theorie des möglichen »Multiversums« in verschiedenen Kopien auch in anderen Universen. Adam hat sich hier also in einem Meer von Universen versteckt. Welchen der verschiedenen »Adame« ruft Gott? Kann es überhaupt einen einzigen Gott als Schöpfer von Millionen Universen geben? Kann das der biblische Gott sein, der Gott, den Jesus in den Evangelien als seinen *Abba* anruft? Solche und ähnliche Fragen sind in der Physik »verboten«, seit, beginnend mit GALILEI, zwischen ihr und der Theologie sowie der Religion und Philosophie eine hohe und undurchlässige Mauer aufgerichtet ist.

Die aufgezeigten Lösungsversuche seitens der Quantenphysik demonstrieren eine gewisse Hilflosigkeit. Die Begründung der Realität im Bewusstseins des Beobachters auf der einen Seite und die inflationäre Ausweitung der Realität in eine unbegrenzte Zahl von Universen auf der anderen Seite stellen Extreme dar, die zeigen, dass eine geschichtlich vorgegebene gemeinsame Mitte fehlt, von der aus die Problematik Schritt für Schritt angegangen werden könnte. Es ist eine große und schwierige Arbeit, die viele Jahrhunderte alte, dicke Mauer zwischen beiden Wissensgebieten wieder abzutragen und von beiden Seiten her durchlässig zu machen, um zu einer gemeinsamen Geschichte zurückzufinden.

Es gab und gibt Gesprächsforen zwischen Naturwissenschaftlern und Theologen.[13] Vor allem von Seiten der Theologie her sind Versuche unternommen worden, den Graben zwischen Naturwissenschaft und Theologie von einer Neuinterpretation der Schöpfungstheologie her zu überwinden. Schon 1962 hat KARL RAHNER versucht, die Vereinbarkeit der Christologie mit der Evolutionstheorie aufzuzeigen.[14] Es folgten Arbeiten von ALEXANDRE GANOCZY,[15] von JÜRGEN MOLTMANN,[16] von WOLFHART PANNENBERG,[17] von CHRISTIAN LINK,[18] von ULRICH LÜKE[19] und anderen. Die Arbeiten versuchen, die Ergebnisse der modernen Naturwissenschaft in die Theologie zu integrieren. RAHNER stellt in dem oben genannten Aufsatz nicht nur die Vereinbarkeit von Christologie und Evolutionstheorie dar, sondern führt aus, dass die Inkarnation Gottes in Jesus von sich selbst her eine prozessorientierte evolutive Weltsicht fordert. Auch LINK kommt zu ähnlichen Ergebnissen. GANOCZY, MOLTMANN und PANNENBERG bauen die Brücke zur naturwissenschaftlichen Weltsicht von der Schöpfungstheologie her, LÜKE bezieht sich dabei vor allem auf die Evolutionstheorie.[20]

Bei allen diesen Arbeiten bleibt die Theologie die nicht grundsätzlich in Frage gestellte Bezugswissenschaft. Die Autoren lassen den »Ariadnefaden« ihrer Theologie nicht aus der Hand, wenn sie in das Labyrinth der naturwissenschaftlichen Weltsicht hinabsteigen. Sie fühlen sich nicht verloren im kosmischen Irrgarten. Gott wird als »immanente Transzendenz« in die Entwicklungsprozesse mit hineingenommen. Er ist der Grund, der die Möglichkeiten der Evolution frei gibt und die Kraft, welche die Selbstorganisation des Lebens und des Kosmos ermöglicht. Das Bekenntnis zur absoluten Transzendenz Gottes wirkt daneben oftmals nur als Lippenbekenntnis. GÜNTER ALTNER sieht die Transzendenz Gottes in der »Immanenz offener Evolutionsprozesse«.[21] Wie und woher aber das Ganze der Evolutionsprozesse, deren Offenheit und deren kreative Energie nach diesen Theorien Gott ist, noch einmal begründet ist, wird nicht gefragt. Und die Grausamkeiten, die sich in den Evolutionsprozessen finden sowie das unmenschliche Prinzip des »Survival of the Fittest«, das nach DARWIN in ihnen wirksam ist, werden nicht als schwerwiegendes Problem gesehen. Das Erkenntnisinteresse der Naturwissenschaft ist nicht das Erkenntnisinteresse dieser theologischen Versuche. Je nach seiner Einstellung kann sich der Naturwissenschaftler über die Anerkennung durch die Theologie in diesen Arbeiten freuen oder sie nicht beachten. Das Gespräch ist weitgehend einseitig. Lediglich EUGEN DREWERMANN arbeitet sich – wegen der früheren kirchenamtlichen Sanktionen von seinen Zunftkollegen totgeschwiegen – mit beträchtlichem Arbeitsaufwand detailliert in die naturwissenschaftlichen Fragestellungen ein und äußert sich dabei eher skeptisch gegen die Kompatibilität dieser Aussagen mit den theologischen Fragestellungen.[22] Es wird eine längere Zeit in Anspruch nehmen, bis sich zwischen Naturwissenschaft und Theologie wieder *von beiden Seiten her* eine Tradition gemeinsamen Denkens und Forschens herausgebildet hat. Erst dann können die in der Quantenphysik auftauchenden irritierenden Phänomene konsistent und plausibel in unser Weltbild eingearbeitet werden.

Für mich als Christ im Universum der Evolution ist es – analog zu den zitierten buddhistischen Überlegungen des DALAI LAMA – jedoch auch so wichtig, zu sehen, dass die auf Experiment und Mathematik aufgebaute, materialistisch-deterministische Weltsicht der klassischen Physik durch die Quantenphysik in Frage gestellt wird.

Lebt Adam auf unserem Stern? Intelligentes Leben auf anderen Sternen?

Angenommen, das größte mögliche Wunder aller Universen würde sich ereignen, und Gott würde auf seiner Suche nach Adam in der Ungeheuerlichkeit der Räume unter den Milliarden von Galaxien zufällig auf die Milchstraße stoßen und unter den Milliarden von Sternen in dieser Galaxie zufällig auf unser Sonnensystem treffen und unter den neun Planeten dieses Sonnensystems den Planeten Erde ausfindig machen, wäre immer noch nicht sicher, ob er am richtigen Ort gelandet ist. Denn wer sagt, dass der Mensch auf dem Planeten Erde der gesuchte »Adam« ist? Kann es nicht in den Weiten des Universums (evtl. auch in den Millionen möglicher Universen) noch andere intelligente Lebewesen geben, die sich auch ihrer »Nacktheit« und Sterblichkeit inne geworden sind und sich deshalb vor ihrem »im Tagwind wandelnden« Gott verstecken? Wenn sich, was heute von den meisten Physikern und den meisten Menschen angenommen wird, der ungeheure Irrgarten von einem Punkt, dem »Urknall«, aus entwickelt hat, ist anzunehmen, dass in den 125 Milliarden Galaxien, aus denen der Irrgarten des Universums besteht, überall die gleichen oder doch ähnliche Naturgesetze und Naturkonstanten wirksam sind. Warum sollte sich dann ausschließlich in der Milchstraße und in dieser ausschließlich in unserem Sonnensystem Leben – und mit dem Leben auch Intelligenz – entwickelt haben? *Weil Gott außer dem Universum auch dieses Wunder geschaffen hat.*

Zu Beginn des Jahres 2006 wurde das Bild der sogenannten »Feuerrad-Galaxie« M 101 veröffentlicht, die seit etwa 10 Jahren vom Hubble-Teleskop beobachtet und fotografiert wird. Die Galaxie hat eine Spiralform wie unsere Milchstraße, ist allerdings wesentlich größer. Man schätzt die Zahl ihrer Sterne auf 1 Billion. Bemerkenswert dabei ist, dass von dieser Billion etwa 100 Milliarden Sterne nach ihrer bisherigen Lebensdauer und ihrer Temperatur unserem Sonnensystem sehr ähnlich sind. Bedenkt man, dass sich auf unserer Erde schon 1 Milliarde Jahre nach ihrer Entstehung Leben regte und dieses Leben alle Katastrophen der Erdgeschichte – riesige Temperaturschwankungen, Asteroid-Einschläge, Änderungen der Erdatmosphäre usw. – überstanden hat und sich nach jeder Katastrophe relativ schnell wieder erholte, bedenkt man die erstaunliche Anpassungsfähigkeit, die das Leben an den Tag legte – es hat sich sowohl in den Meerestiefen als auch auf hohen Bergen, sowohl am heißen Äquator wie in den eisigen Polargebieten eingewurzelt – würde es an Wunder grenzen, wenn nicht in anderen der Milliarden von Galaxien und der Milliarden und Abermilliarden von Sonnensystemen des Universums Leben entstanden wäre.[23] Wenn auch die Bedingungen, unter denen auf unserem Planeten Leben entstehen konnte, anderswo im Universum außergewöhnlich selten anzutreffen sind, so ist doch die *Zahl der dafür möglichen Orte* so enorm groß, dass ähnliche Formen von Leben mit an Sicherheit grenzender Wahrscheinlichkeit auch in anderen Regionen des Universums verwirklicht waren, gegenwärtig existieren oder in einigen Millionen Jahren existieren werden.

Es gehört zu den Sensationen der modernen Astronomie, dass auch außerhalb unseres Sonnensystems andere Planetensysteme entdeckt wurden, unter denen möglicherweise auch belebte Planeten existieren. »Im Mittelpunkt der Astronomie des dritten Jahrtausends«, schreibt HARALD LERSCH, Professor für theoretische Astrophysik an der Ludwig-Maximilians-Universität München, »steht die Suche nach Leben im Universum: nicht nach Ufos oder Ats, sondern nach biochemischen Anzeichen einer Lebensentwicklung um einen sonnennahen Stern. Früher gehörte dieses Thema den Science-Fiction-Autoren, heute gehört es den Astronomen.«[24] Entsprechend den überall geltenden Naturgesetzen und Naturkonstanten können diese gesuchten außerirdischen Lebensformen nicht grundsätzlich von den bei uns zu findenden verschieden sein. Auch außerirdische Lebewesen bestehen aus Atomen und Molekülen, auch in ihnen laufen die bei uns bekannten chemischen Prozesse ab und auch sie unterliegen den physikalischen Gesetzen. Auch wenn die Umwelt, der sie sich in ihrer Evolution anpassen mussten, eine andere ist, wird doch auch bei diesen Anpassungsprozessen ein hochkomplexes Nervensystem, ähnlich unserem Gehirn, förderlich sein. Also kann es auch dort Lebewesen geben, gegeben haben oder in einigen Millionen oder Milliarden Jahren geben, bei denen sich Intelligenz entwickelt hat oder entwickeln wird. Diese Intelligenz aber ermöglicht überall und zu jeder Zeit die Einsicht in die Endlichkeit des Lebens in unserem Universum und das Wissen um den Tod. Damit bestehen auch in fernsten Galaxien die psychologischen Voraussetzungen für die Entwicklung von Religion und Philosophie. Allerdings müssen viele Bedingungen erfüllt sein, damit sich menschenähnliches intelligentes Leben auf einem Planeten des Universums entwickeln kann. Der Planet darf nicht zu nahe und nicht zu weit entfernt um seine Sonne kreisen, er muss eine Atmosphäre besitzen sowie ein planetarisches Magnetfeld, das kosmische Strahlung und sogenannte »Sternwinde« abhält, es müssen Ozeane in einem ausgewogenen Verhältnis zu den Landmassen existieren – und noch viele weitere Faktoren müssen gegeben sein, damit Leben im Universum entstehen kann. Man hat jedoch schon unter extremen Bedingungen Leben festgestellt. Mikrobiologen haben Bakterien in kochender schwefeliger Säure gefunden, in den kältesten Regionen der Arktis und Antarktis halten sich Algen und Bakterien und 1996 hat die NASA von einem Marsmeteoriten berichtet, auf dem Spuren von Bakterien gefunden wurden. Die Messergebnisse der Sonden, die bisher von der Erde zum Mars geschickt wurden, ergaben, dass vor Milliarden Jahren reichlich flüssiges Wasser auf der Oberfläche des Mars vorhanden war und die Marsatmosphäre wesentlich dichter war als heute, so dass auch wärmere Temperaturen als heute auf dem Planeten herrschten. In dieser Zeit könnten sich durchaus Lebensformen auf dem Planeten entwickelt haben. Infolge der geringen Schwerkraft des Planeten – er ist kleiner als unsere Erde – hat sich im Laufe der Zeit jedoch seine Atmosphäre ausgedünnt, sodass durch die vordringende Kälte und die nun relativ ungeschützt eindringende kosmische Strahlung entstehendes Leben sich nicht weiter entwickeln konnte. Wenn schon auf einem relativ erdnahen Planeten innerhalb unseres eigenen Sonnensystems, also gleichsam »vor unserer Haustüre« solche Möglichkeiten der Entwicklung von Leben festgestellt wurden, wäre es absurd anzunehmen, dass sich in den hundert Milliarden Galaxien des Universums nicht auch vielfach Leben entwickelt hat. Eine Evolution unter völlig anders gearteten Lebensbedingungen würde natürlich, wenn sie stattfindet, auch anders geartete Lebewesen hervorbringen, bei denen aber eine (technische) Intelligenz nicht auszuschließen ist.

Seit etwa der Mitte des vorigen Jahrhunderts beschäftigt sich die Wissenschaft ernsthaft mit der Frage außerirdischen Lebens im Universum. Auf einer Konferenz in Green Bank, USA, stellte der Astrophysiker FRANK BLAKE eine Formel vor, mit deren Hilfe die Wahrscheinlichkeit einer intelligenten technischen Zivilisation *allein im Raum unserer Milchstraße* errechnet werden kann. Als »technische Zivilisation« bezeichnet man eine Zivilisation, die in der Lage ist, ein Radiosignal aus dem Weltraum zu empfangen und ein Signal in den Weltraum zu senden. Gesucht sind sonnenähnliche Einzelsterne der zweiten oder dritten Generation der Sternentstehung, weil es nur bei diesen genügend gesteinsbildende schwere Elemente gibt und nur sie eine Lebensdauer von mehreren Milliarden Jahren haben und gleichmäßig – ohne Strahlenausbrüche, die alles Leben immer wieder zerstören würden – brennen. Je nachdem wie man die Häufigkeit des Vorkommens der einzelnen Faktoren der »Green-Bank-Formel« einschätzt, ergibt die Berechnung die Existenz von einer bis zu hundert solcher Zivilisationen – allein in unserer Galaxis. Geht man von 125 Milliarden Galaxien aus, dann erscheint die Existenz außerirdischer intelligenter Zivilisationen im Universum sehr wahrscheinlich.

Im April 2007 entdeckte ein europäisches Astronomenteam erstmals einen bewohnbaren Planeten außerhalb unseres Sonnensystems, jedoch innerhalb unsrer Galaxie. Er ist anderthalb mal so groß wie unsere Erde und ist 20,5 Lichtjahre von uns entfernt. Er kreist in einer Zone um seine Sonne, in der Wasser in flüssiger Form möglich ist. In der Atmosphäre eines anderen Planeten außerhalb unseres Sonnensystems hat vor kurzem ein amerikanischer Astrophysiker Wasser nachgewiesen. Angesichts dieser Funde urteilt die Astrobiologin GERDA HORNECK vom deutschen Zentrum für Luft- und Raumfahrt:»Unser Sonnensystem ist ein ganz normales. Und angesichts der vielleicht zehn Milliarden Sonnensysteme in unserer Galaxie und der zahllosen anderen Galaxien im Weltall halte ich es für überheblich, das Leben auf der Erde als einzigartig anzusehen.«[25] Anzunehmen, intelligentes Leben gebe es nur auf unserem Planeten in unserem Sonnensystem am Rande der Milchstraße ist noch stärker Ausdruck einer anthropozentrischen Überheblichkeit wie die Annahme der Kurienkardinäle zur Zeit GALILEIS, Rom sei das Zentrum der Erde und der Mittelpunkt des Universums.

Ende des letzten Jahrhunderts wurde in Amerika die »Planetary Society« gegründet, die seit etwa sechs Jahren mit einem 350 000 Dollar teuren Instrument nach Lasersignalen aus dem All sucht. Wir selbst senden seit etwa derselben Zeit Laserstrahlen ins Universum, deren Licht etwa 5000 mal heller ist als das Licht unserer Sonne. Außerdem suchen und senden wir Radiosignale. Zeitweise wird dazu das größte Radioteleskop der Welt in Aricebo zur Verfügung gestellt. Im Rahmen des an der Harvard-Universität entwickelten Projekts »Search for Extraterrestrial Intelligence«, genannt SETI, haben weltweit über 4 Millionen Computerbesitzer die ungenutzte Rechenleistung ihres Computers zur Verfügung gestellt, um die im Radioteleskop in Aricebo eingehenden Signale auszuwerten. Dadurch entsteht eine Rechenleistung die bei einem einzelnen Computer der Rechenzeit von 1,3 Millionen Jahren entspricht.

Dass trotz dieser intensiven Suche noch keine greifbaren Ergebnisse vorliegen, kann angesichts der astronomischen Räume und Zeitmaßstäbe nicht verwundern. Nur Sterne der zweiten oder dritten Generation verfügen über genügend schwere Elemente (wie Kohlenstoff, Sauerstoff, Eisen) um Lebensprozesse zu ermöglichen. Unser Sonnensystem formte sich aus einer zusammenstürzenden Wolke von Gas und

Staub etwa 7,5 Milliarden Jahre nach dem »Urknall«. Wesentlich früher konnten auch anderswo im Universum keine Leben ermöglichenden Sternsysteme entstehen. Von der Bildung des Planeten Erde bis zur Entstehung der Gattung *homo* vergingen nochmals 4 Milliarden Jahre. Auch in anderen Sonnensystemen und Galaxien können nicht schon Millionen Jahre früher intelligente Lebewesen entstanden sein. Von Hunderten von Lichtjahren entfernten Sternen können uns also rein zeitlich noch keine Botschaften erreicht haben.

Die bei einer optimistischen Anwendung der »Green-Bank-Formel« in unserer Galaxie mögliche intelligente Zivilisation wäre in jedem Fall viele Lichtjahre von unserem Sonnensystem entfernt. Das bedeutet: Die vor einigen Jahrzehnten von der Erde ausgestrahlten Signale könnten diese – uns am nächsten gelegene Zivilisation erst in vielen Jahren oder Jahrzehnten, ja vielleicht Jahrhunderten erreichen und die mögliche Rückantwort würde wiederum dieselbe Zeit benötigen, um bei uns anzukommen. Zu Zivilisationen in anderen Galaxien müssen die Signale viele Hunderte, Tausende oder vielleicht sogar Millionen Jahre unterwegs sein und eine ebenso lange Zeit beansprucht die Rückantwort. Vielleicht werden solche Zivilisationen erst in einigen Milliarden Jahren irgendwo im Universum entstehen, wenn die Zivilisation auf dem Planeten Erde längst ausgestorben ist.

Mit Hilfe des Spitzer-Weltraumteleskops, das seit dem Jahr 2003 im Weltraum kreist und besonders empfänglich ist für die Infrarotstrahlung, haben im Jahr 2007 Astronomen aus den USA in 424 Lichtjahren Entfernung den Stern HD 113 766 entdeckt, der nur wenig größer ist als unsere Sonne. Um ihn kreist ein Ring aus Staub, der in seiner Entfernung zum Mutterstern und in seiner Zusammensetzung dem Staubring sehr ähnlich ist, aus dem sich in unserem Sonnensystem unsere Erde gebildet hat. Man vermutet, dass sich ein unserer Erde ähnlicher Planet um den Stern HD 113 766 entwickeln wird. Die Zeitschrift *natur+kosmos* berichtete über die Entdeckung des Sterns wohl etwas voreilig mit der Überschrift »Neue Erde«.[26] Wenn sich um diesen Stern in 4–5 Milliarden Jahren tatsächlich ein Leben tragender Planet entwickelt, ähnlich wie er sich seit 4,5 Milliarden Jahren in unserem Sonnensystem aus einem solchen Staubring entwickelt hat, wird die Oberfläche unseres Planeten infolge der Aufblähung der Sonne zu einem »Roten Riesen« aus flüssiger Lava bestehen und wir werden keine Signale mehr empfangen können.

Die Spezies *homo* auf dem Planeten Erde hat nach astronomischen Maßstäben gemessen nur die Lebenszeit von Sekunden. Intelligente Zivilisationen im Universum sind innerhalb der riesigen Räume und Zeiten nur vereinzelte »Tagesfliegen«, die nur durch großen Zufall zu einer gegenseitigen Kommunikation finden können.

Wir sehen gegenwärtig, dass die menschliche Gattung dabei ist, ihre Lebensbedingungen auf dem Planeten Erde selbst zu zerstören. Sollte uns heute oder in einigen 100 Jahren das Signal einer extraterrestrischen Zivilisation erreichen, ist – falls ihre Bewohner auch nur in etwa den Bewohnern unserer Zivilisation ähnlich sind – zu vermuten, dass diese Zivilisation vielleicht schon nicht mehr existiert. Die Gefahr interplanetarischer Kriege ist also gering. Doch philosophisch und theologisch gibt die große Wahrscheinlichkeit außerirdischer intelligenter Lebewesen viel zu denken. Die Theologie hat sich noch nicht systematisch mit diesen Fragen beschäftigt. Doch der Astrophysiker am Vatikanischen Observatorium in Castel Gandolfo, dem Sommersitz des Papstes, der Jesuit GUY CONSOLMAGNO, rechnet auch als Theologe mit der Möglichkeit intelligenter Lebewesen außerhalb unseres Planeten.[27] Die damit zusammenhängenden theologischen Fragen, etwa das Thema der kosmischen Bedeutung Christi, wie sie die Christushymnen des Neuen Testaments beschreiben, werden wir im Zusammenhang der Auferstehung Jesu von den Toten erörtern.

Adam, woher kommst du, wohin gehst du?

Plötzlich Neues! – Emergenz und Fulguration

KONRAD LORENZ übernahm von Philosophen und Mystikern des Mittelalters den Begriff der *fulguratio*[28]. Lateinisch *fulgur* bezeichnet den Blitz. Im Sinne der mittelalterlichen Mystiker ereignet sich in der *fulguratio* ein direktes Eingreifen Gottes in die Zusammenhänge der Welt, so, wie in der Antike Zeus seinen Blitzstrahl vom Olymp auf die Menschen herabgeschleudert hat. Bei KONRAD LORENZ ist von Gott nicht mehr die Rede. Unter »Fulguration« versteht er einen abrupten Entwicklungsschub, durch den in evolutionär gemessen sehr kurzer Zeit, also innerhalb weniger Millionen Jahre, eine neue Art mit bisher nicht vorhandenen Merkmalen, also z. B. Gliederfüßler, entstanden. Auch die Entstehung des Lebens auf unserem Planeten aus anorganischer Materie durch eine besondere, nur sehr selten anzutreffende Konstellation der Umwelteinflüsse (feuchtwarme Atmosphäre, hohe elektromagnetische Spannung, Sonneneinstrahlung usw.) ist eine Fulguration.

Dieselbe Bedeutung hat der Begriff der *Emergenz*, der sich im Bereich der Systemtheorie eingebürgert hat. Er ist abgeleitet von dem lateinischen Wort *emergere*, »auftauchen«, »hervorkommen«, »sich zeigen«, und bezeichnet das Phänomen, dass innerhalb eines Systems plötzlich Eigenschaften auftauchen, die in den Elementen, aus denen das System besteht, vorher nicht vorhanden waren. Ein Wassermolekül z. B. ist nicht flüssig, aber wenn eine entsprechende Anzahl von Wassermolekülen zusammenkommt, entsteht (bei Raumtemperatur) die Flüssigkeit Wasser. Die Eigenschaften des Wassers lassen sich nicht aus den Eigenschaften der Elemente, aus denen es besteht, erklären. In diesem Sinne ist auch das Leben auf unserem Planeten *emergent*, weil die Elemente, aus denen es sich gebildet hat, selbst nicht die Eigenschaften des Lebendigen besitzen. In besonderer Weise *emergent* sind die Eigenschaften unseres Gehirns. Es besteht aus etwa 100 Milliarden Nervenzellen. Jede Zelle kann 10 000 Verbindungen zu anderen Gehirnzellen herstellen. Doch weder die Gehirnzellen selbst noch die Verbindung der Gehirnzellen können Mathematik betreiben, Symphonien komponieren oder kunstvolle Gemälde schaffen. Das äußerst komplexe milliardenfache Zusammenspiel der Milliarden Zellen macht diese Aktivitäten möglich, aber diese sind nicht als Elemente vorher in ihnen enthalten; sie sind emergent. Ebenso sind die Hervorbringungen des Gehirns vormenschlicher Lebewesen emergent; die kunstvollen Paarungshütten der Laubenvögel sind nicht schon in deren Gehirnzellen und ihren Verbindungen als Elemente enthalten.

Emergenzen ereignen sich fortwährend in der Evolution des Lebens auf dem Planeten Erde. Schon in den 15 Milliarden Jahren der Entwicklung des Universums treten sie auf. Als größte Fulguration bzw. Emergenz ist der »Urknall« selbst zu verstehen. In ihm trat der Vorgang *sein* aus nichts hervor. Die Prozesse und Elemente, die dadurch wirksam wurden und unser Universum begründen, waren vorher nicht da. Eine ungeheure Fulguration war es auch, als sich etwa 10^{-35} Sekunden nach dem »Urknall« das Universum auf inflationäre Weise auszuweiten begann – ein Vorgang, der heute noch andauert – oder als sich 1 Sekunde nach dem Beginn der Zeit Protonen und Neutronen zu Kernen von Wasserstoff, Helium, Lithium und Deuterium verbanden. Immer entsteht so Neues aus Elementen, die selbst dieses Neue nicht in sich enthalten. Als etwa 380 000 Jahre nach dem »Urknall« Materie und Energie in verschiedene Erscheinungsformen auseinander traten und dadurch das vorher optisch dichte Universum durchsichtig wurde und sich die heute beobachtbare Hintergrundstrahlung entwickelte, war dieses Ereignis eine starke Emergenz. Ein Ereignis derselben Art war es, als sich etwa eine Milliarde Jahre nach dem Beginn der Zeit Materiehaufen zu Sternen und Galaxien zusammenzuballen begannen und sich die heute beobachtbare Struktur des Universums entwickelte.

Was steckt hinter diesen Emergenzen aus denen sich Universum, Welt und Leben aufbauen? Als Christ ist man geneigt, sich doch wieder an den Blitze schleudernden Zeus zu erinnern und die Ereignisse als Handeln des Schöpfergottes zu interpretieren. Hans-Rudolf Stadelmann, der nach seinem Studium der Fächer Physik, Mathematik und Astronomie mehrere Jahre als Atomphysiker arbeitete, dann aber Theologie studierte und in der Schweiz als Gemeindepfarrer tätig wurde, versteht in diesem Sinne Gott als das »Prinzip der Kreativität«, das die Entwicklung immer komplexerer und dadurch schließlich geistbegabter Strukturen vorantreibt.[29] Gott transzendiert zwar dieses Universum, ist aber gleichzeitig jedem Element des Universums immanent. Er »evolviert selbst mit der Welt«.[30] »In Wechselwirkung mit seiner Schöpfung« ist er ein »werdender Gott«.[31] Wir müssen Gott, so Stadelmann, zwar nicht pantheistisch, wohl aber *panentheistisch*, also gleichzeitig weltimmanent und welttranszendent, denken.[32] Mit Gerd Theissen[33] versteht er Gott als den dem ganzen Kosmos innewohnenden Geist. Als solcher ist er »das unbekannte Woraufhin«[34] aller Entwicklungsprozesse, das in Emergenzen besonders deutlich in Erscheinung tritt. Materie ist »geronnener«, »schlafender« Geist,[35] der im menschlichen Bewusstsein zu sich selbst erwacht.

Das Hervorkommen und Werden aus nichts hat das religiöse Denken der Menschheit schon seit vorgeschichtlicher Zeit bewegt. Schon in der *Rigveda*, dem ältesten Teil der Veden, entstanden etwa 1300 Jahre v. Chr., also in der ältesten Heiligen Schrift der Menschheit, ist von der Schöpfung zu lesen, dass sie aus dem absoluten Nichts hervorkam: »Damals war nicht das Nichtsein noch das Sein« *(Rigveda X, 129)*.[36] Auch in der Bibel findet sich diese Vorstellung. Das Wort *bara*, mit dem das Schöpfungshandeln Gottes ausgedrückt wird, kommt nur in dieser Verwendung vor. Menschliches Schaffen wird mit anderen Ausdrücken bezeichnet. Gott erschafft auf einzigartige Weise. Er ruft aus dem *tohuwabohu* und aus der *tehom*, der »Urtiefe«, dem »Abgrund«, den Prozess *sein* hervor. Dass mit diesen Bildern in philosophischem Sinne ein Hervorbringen aus nichts verbunden wird, wird an zwei Stellen der Bibel ausdrücklich gesagt. Im Buch Jjob heißt es: »Er hängte die Erde auf am Nichts« (Ijob 26,7), und die Mutter, die im Buch der Makkabäer ihren Sohn in seinem bevorstehenden Martyrium stärken will, sagt zu ihm: »Sieh alles, was es da gibt, und erkenne: Gott hat das aus dem Nichts erschaffen« (2 Makk 7,28). Auch das eingangs kurz angesprochene, von der Internationalen Theologenkommission im Oktober 2004 herausgegebene »Orientierungspapier« zur Naturwissenschaft, hebt die *creatio ex nihilo*, die Erschaffung aus dem Nichts, hervor.[37]

Fulguration und Emergenz können also durchaus mit religiösen und biblischen Vorstellungen von der Erschaffung der Welt durch Gott korrespondieren. Doch Gott erscheint dabei als unpersönlich wirkende quasi-physikalische Kraft, die in ihrer Unpersönlichkeit nicht dem biblischen Gottesbegriff entspricht. Kann ich *Jahwe*, den Bundesgott des Volkes Israel, und den Gott, den Jesus als seinen *Abba*, seinen »lieben Vater«, anrief (vgl. Mk 14,36; Röm 8,15; Gal 4,6), als das »Prinzip der Kreativität« in der Evolution des Universums verstehen?

Die Naturwissenschaft sieht in der von STADELMANN, THEISSEN und anderen Theologen angenommenen Zielgerichtetheit der Entwicklungsprozesse auf den Menschen – und letztlich auf den »werdenden« Gott – hin eine naive, immer noch kindlich-anthropozentrische Weltsicht. Im Verständnis der modernen Naturwissenschaft ereignen sich in den Emergenzen (z.B. in den Makromutationen) zufallsgesteuerte Entwicklungsprozesse, die im Rahmen der Naturgesetze und Naturkonstanten ablaufen und mit »Gott«, »Geist« oder einem anderen bestimmten Entwicklungsziel nichts zu tun haben. Was sich ereignet, ist nach Auskunft der Naturwissenschaft die in bestimmten Konstellationen stattfindende »Selbstorganisation« der Materie. Also können auch die in der kulturellen Evolution der Gattung *homo* sich ereignenden Emergenzen, wie etwa die Entwicklung von Sprache und Schrift, die

Erfindung des Rades, die Entwicklung der Differenzial- und Integralrechnung, die Schöpfung von Symphonien und die Dichtung ergreifender Dramen oder die Erfindung der Atombombe, den in der Paradiesgeschichte von Gott gesuchten Adam, den von ihm geschaffenen »Erdling«, nicht unverwechselbar zu erkennen geben.

Sein und Werden aus nichts

IMMANUEL KANT hat in seiner *Kritik der reinen Vernunft* 1787 die Gottesbeweise, wie man sagt, »zertrümmert«. Doch knapp zehn Jahre später schreibt er in seiner *Kritik der praktischen Vernunft*: »Der bestirnte Himmel über mir und das moralische Gesetz in mir sagen mir, dass es einen Gott gibt«. Der Sternenhimmel strahlt für KANT eine göttliche Ordnung aus, deren Anschauung dem Menschen die Wirklichkeit Gottes unmittelbar nahe bringt. Wie KANT die Gottesbeweise, so hat jedoch die moderne Astrophysik die unmittelbare Anschauung des »bestirnten Himmels« als Illusion entlarvt. Seit Galilei muss ein Mensch die höhere Mathematik beherrschen, um das »Buch der Natur« lesen zu können. Mathematische Formeln und schwierige Differenzialgleichungen sind für die Naturwissenschaft die Buchstaben, in denen dieses »Buch« geschrieben ist.

Doch wenn ich – mühsam buchstabierend – mich auf diesem Weg in das Buch der Natur hineintaste, gewinne ich keine beruhigende unmittelbare Anschauung der Wirklichkeit Gottes. Zumindest der Gott, den Jesus seinen *Abba* nannte, kommt nicht in den Blick. Eher fühlt man sich an den bekannten Ausspruch HERAKLITS erinnert: »Der Streit [der Gegensatz] ist aller Dinge Vater«. → S.52

Dies beginnt bei dem Einblick, den die Quantenphysik in das Geschehen des »Urknalls« zu geben versucht. Zur Beschreibung der großräumigen Phänomene im Universum benötigt man die Relativitätstheorie, doch die ultramikroskopischen Vorgänge, die sich im atomaren oder subatomaren Bereich abspielen, können nur mit der Quantentheorie mathematisch zuverlässig beschrieben werden. Im Versuch, den »Urknall« zu beschreiben, wären jedoch beide Theorien notwendig, weil einerseits die Beschreibung der Entwicklung des Kosmos mit Hilfe der Relativitätstheorie auf den »Urknall« zurückführt, andererseits aber in diesem Bereich die Maßstäbe für den Raum und für die

Zeit so winzig klein werden, dass sie nur noch mit Hilfe der Quantentheorie erfasst werden können. Da diese aber (noch) nicht mit der Relativitätstheorie zu einer Gesamttheorie verbunden ist, kann in diesen Bereichen das Phänomen der Gravitation, das von der Relativitätstheorie schlüssig beschrieben ist, nicht berücksichtigt werden, obwohl es sicher auch hier eine zentrale Rolle spielt. Indem man versucht, sich zum Anfang des Universums im »Urknall« vorzutasten, stößt man an die sogenannte »Planck-Mauer«. Diese besteht aus der »Plancklänge« von 10^{-33} cm und der »Planck-Zeit« von 10^{-43} sec, die beide nicht mehr weiter unterteilbar sind, sodass man mit der klassischen Physik hier nicht mehr weiter kommt. An diesen Grenzen hören Raum und Zeit auf, ein Kontinuum zu bilden. Sie verschwimmen hin zum *nicht sein*. Für die »Zeit« von $0 - 10^{-43}$ Sekunden und für den »Raum« von $0-10^{-33}$ cm sind keine Aussage im Rahmen der klassischen Physik möglich.

Die – vorläufige und unvollständige – quantentheoretische Beschreibung des Anfangs des Universums ergibt ein Bild, das mit den oben behandelten vedischen und biblischen Überlieferungen von der Erschaffung der Welt aus nichts korrespondiert. Da nach der Relativitätstheorie die Raumzeit mit dem »Urknall« entstand, gibt es nichts, was »vor« oder »außerhalb« dieses Ereignisses gedacht werden kann. Am Anfang ist nichts. *Tohuwabohu* und *tehom*, »Abgrund«, sind die biblischen Symbole für dieses »nichts« (Gen 1,1–2). Das von der Quantentheorie beschriebene »Vakuum« ist allerdings nicht identisch mit dem religiös-philosophischen Begriff *nicht sein*. Das physikalische Vakuum, das mit dem Ereignis des »Urknalls« zusammengedacht werden kann, ist nicht leer. »Leere«, »Leerheit«, »Leerwerden«, wie es in der buddhistischen Meditation und in der christlichen Mystik bei Meister Eckhart angestrebt wird, ist – nach der in der Einführung beschriebenen Aufspaltung des Denkens in einerseits den naturwissenschaftlichen Realismus und andererseits das religiös-philosophische Nachdenken – kein möglicher physikalischer Begriff. In der Sicht des Dalai lama könnten sich hier jedoch trotzdem Berührungspunkte zwischen den beiden auseinandergefallenen Welten ergeben.

Das physikalische Vakuum, aus dem der »Urknall« entsprang, ist infolge der von Heisenberg entdeckten Unschärferelation im atomaren und subatomaren Bereich nicht im Zustand vollkommener Ruhe. Ort und Impuls in ihm sind »unscharf«: Wenn – nach einem Gedankenexperiment Stephen Hawkings – im Vakuum ein ultramikroskopisches Pendel vollkommen senkrecht nach unten hängen und von keinerlei äußerer Einwirkung berührt werden würde, sein Ort also absolut feststünde, befände es sich doch in einer *minimalen* Bewegung. Sein Impuls ist nicht genau Null. Würde andererseits der Impulswert Null feststehen, würde das Pendel nicht nachweisbar exakt senkrecht nach unten hängen. Ort und Impuls sind immer unscharf; sie »fluktuieren«.

Das Vakuum ist also niemals vollkommen leer. Es ist angefüllt mit einer fluktuierenden Energie. Aus diesen »Vakuumfluktuationen« entstehen nach der Quantentheorie fortwährend Elementarteilchen und deren Antiteilchen, die sich sofort gegenseitig aufheben und wieder in nichts zerfallen. Man nennt diese Teilchen »virtuell«, weil sie sich sofort wieder gegenseitig aufheben, also nicht real bestehen. Das Universum konnte nur dadurch entstehen, dass einmal ein winziges Ungleichgewicht zwischen Teilchen und Antiteilchen entstand – einer Milliarde Antiteilchen standen vielleicht eine Milliarde und eins Teilchen gegenüber –, so dass der fortwährende Prozess von Bildung und Zerfall der Teilchen, ihre ständige Annihilation, unterbrochen wurde und die Materie ein winziges Übergewicht gewann. Nach dem Schneeballsystem, nach dem ein Schneeball zu einer Lawine anwachsen kann, die ganze Dörfer zerstört, breitete sich diese anfangs winzige Materie zu den 125 Milliarden Galaxien mit je 100 Milliarden Sternen aus, aus denen das sichtbare Universum heute besteht.

Nach dieser vorläufigen – weil allein quantenphysikalischen – Beschreibung entstand also das Universum aus einem – zufällig einmal unterbrochenen – Wechsel von Entstehung und Vernichtung virtueller Teilchen und Antiteilchen. Ist also doch der Gegensatz der Vater aller Dinge? Der bekannte amerikanische Physiker und Mathematiker BRIAN GREEN sieht das anders. Er ist führender Vertreter der sogenannten »Stringtheorie«, nach der (auf Englisch) *strings*, »Saiten«, die kleinsten und elementarsten Bausteine des Universums bilden. Sie bestehen aus winzigen Energiefäden, deren Durchmesser Null ist und deren Länge 10^{-33} cm, der »Plancklänge«, entspricht. Je nach dem Muster, in dem diese Energiefäden schwingen, bilden sich Elektronen, Photonen, die verschiedenen Formen von Quarks oder andere Formen nicht mehr weiter unterteilbarer Elementarteilchen, aus denen das Universum besteht. Auf der ultramikroskopischen Ebene gleicht deshalb nach BRIAN GREEN das Universum einer »Streichersymphonie«

(*string symphony*): Die gesamte Materie des Universums wird von den »Tönen«, d.h. von den im Vakuum auf verschiedenartige Weise schwingenden »Saiten« (*strings*) hervorgerufen.[38]

In dieser Sicht ist GREEN, ähnlich wie IMMANUEL KANT, vom Kosmos begeistert. Er verfasst ein umfangreiches Buch mit dem Titel »Das elegante Universum«[39], in dem er vor allem die verschiedenen Stringtheorien erläutert. »Elegant« ist aber, genau besehen, nach seiner Darstellung nicht das Universum, sondern elegant sind die mathematischen Formeln und die theoretischen Ansätze der Stringtheorie, die eine einheitliche Erklärung des Universums versprechen. In seiner ästhetischen Begeisterung darüber reflektiert GREEN nicht darauf, dass die im Vakuum spontan auftauchenden Strings paarweise auftreten und sich, da sie gegengleich schwingen, sofort auch wieder gegenseitig vernichten – sofern nicht infolge eines unvorhersehbaren Zufalls, wie oben beschrieben, ein so entstehendes, zunächst nur virtuelles Teilchen aus der Reihe tanzt, nicht gegengleich zu seinem Partner schwingt und dadurch den Vorgang der Entstehung und sofortigen Annihilation der Teilchen unterbricht.

Die Entstehung der Elementarteilchen, ihre Zusammenballung zu stabilen Atomen, die Entkoppelung von Energie und Materie (nach etwa 380000 Jahren), die Bildung großräumiger Strukturen (nach etwa 1 Million Jahren), die Entstehung von Galaxien (nach etwa 1 Milliarde Jahren) erfolgte im Zusammenhang der Abkühlung der unvorstellbaren Ausgangstemperatur von 10^{32} Kelvin (einer Temperatur, die 10 Billionen Billionen mal heißer ist als die Temperatur in den innersten Regionen der Sonne) infolge der inflationären Ausbreitung des Universums. Bei der Entkoppelung von Energie und Materie wurden die Photonen von ihrer Anbindung an die Materie frei und es entstand die sogenannte »Hintergrundstrahlung«, die heute noch in jeder Richtung des Universums mit Hilfe von Radioteleskopen festgestellt werden kann. Sie bildet einen starken experimentellen Beweis für die Theorie der Entstehung des Universums aus dem »Urknall«.

Materie und Antimaterie stehen also in einer – sich gegenseitig vernichtenden – Ur-Konkurrenz zueinander. Eigentlich sollte man erwarten, dass auch bei einem geringen Übergewicht der Materie sich doch auch die Antimaterie in ähnlicher Fülle im Universum findet wie die Materie. Sie ist ja beim »Urknall« in (fast) gleicher Menge entstanden wie die Materie. 1995 ist es den Forschern am Kernforschungsinstitut in Genf – unter großem Aufwand – gelungen, das Wasserstoffatom in Form der Antimaterie, als »Antiwasserstoff« herzustellen. Bei diesem Atom ist der Atomkern nicht wie bei normaler Materie positiv, sondern negativ geladen – er besteht aus einem Antiproton – und anstelle eines negativ geladenen Elektrons umkreist ihn ein positiv geladenes Teilchen, ein sogenanntes »Positron«. Umgeben von normaler Materie zerstrahlt das Anti-Atom wieder sehr rasch. Es muss durch starke Magnetfelder vor der Berührung mit Materie geschützt werden. Doch im frühen Universum hätte die Antimaterie auf ähnliche Weise wie die Materie expandieren und dabei einen Raum und eine Zeit entstehen lassen können, die möglicherweise anders geartet sind als die Raumzeit in unserem Universum.

Man hat früher vermutet, dass das Universum in einigen Bereichen mit Materie, in anderen Bereichen aber mit Antimaterie gefüllt ist. Dies gilt aber heute als unwahrscheinlich, weil man an den »Grenzen« zwischen beiden Bereichen eine sogenannte »Annihilationsstrahlung« müsste beobachten können, da sich Materie und Antimaterie gegenseitig vernichten. Man hat aber bisher noch keine solche Annihilationszone im Universum entdeckt.

Nur ein winziges Übergewicht an Materie lässt das Universum *sein* und bewahrt es davor, *nicht zu sein*. Nur eine hauchdünne Folie trennt den Vorgang *sein* von *nichts*. Dies wird uns im Zweiten Teil des Buches im Zusammenhang der Theodizeefrage noch genauer beschäftigen.

Der Tod – das absolute Ende?

Die drei sogenannten »großen Kränkungen« des Menschen, die mit den Namen GALILEI, DARWIN und FREUD verbunden sind, waren nur kleine »Kratzer« am Selbstbewusstsein des Menschen gegenüber der Herausforderung, wie die heutige Naturwissenschaft sie darstellt. Die Menschheitsgeschichte kann im Ganzen als fortwährender Desillusionierungsprozess gelesen werden. Als sich Adam, der Mensch, im Übergang vom Aasesser zum Großwildjäger neben das als göttlich verehrte Raubtier stellte, fühlte er sich selbst wie dieses am Ende der Nahrungskette stehend. Er wähnte sich als göttergleich und unsterblich. Mühsam musste er einsehen, dass weder Stammeskriege noch blutige Opferrituale noch die exzessiv ausgeübte Blutrache ihn und seinen Stamm vor dem von außen eindringenden Tod bewahren konnte.[40]

In vorgeschichtlicher Zeit wurde das Sterben nicht als Ereignis verstanden, durch das der Mensch aus dem Prozess *sein* herausfiel. Archäologisch sind schon aus der Zeit des Mittelpaläolithikums (300000–40000 v.Chr.) also schon beim Neandertaler, Begräbnisriten nachgewiesen. Es sind auch Grabbeigaben erhalten. Die Deutung dieser Funde ist schwierig. Jedenfalls ist der Körper des Verstorbenen mit Sorgfalt und Respekt behandelt worden. Manchmal wurde der Leichnam in Hockerstellung in eine Grube gelegt. Tierknochen, Werkzeuge und Waffen, die in den Gräbern gefunden wurden, könnten darauf schließen lassen, dass man an ein relativ »materiell« verstandenes Weiterleben nach dem Tod dachte. Wir wissen aber aus Beobachtungen bei Völkern, die zu Beginn des 20. Jahrhunderts noch in steinzeitähnlichen Verhältnissen lebten, dass bestimmte Gegenstände, die vom Verstorbenen häufig benutzt wurden, besonders Waffen und Werkzeuge, die ihm gehörten, als mit dessen »Mana«, der von ihm ausstrahlenden »Macht«, aufgeladen gedacht wurden und ihm vielleicht deshalb ins Grab mitgegeben wurden.

Doch aus Mythen, Sagen und ältesten religiösen Dokumenten ist zu erschließen, dass vorgeschichtlich überall auf der Erde zwar an ein Weiterleben nach dem Tod geglaubt, dieses aber als ein nicht erstrebenswertes Dasein aufgefasst wurde. Bei HOMER, im Gilgamesch-Epos, in den Veden, in den älteren Schichten des Alten Testamentes, in Sagen und Märchen und im Glauben der rezenten Völker leben die Toten eine schattenförmige Existenz in der Unterwelt. Das vorgeschichtliche Weltbild, das die Erde als eine vom Meer umgebene Scheibe dachte, über der sich in Form einer Kristallschale der Himmel wölbt, beinhaltete logischerweise auch die Unterwelt als Raum unter der Erdscheibe, in der die Toten ihr Schattendasein führen. Dieser Abstieg in die Unterwelt, beinhaltet mythologisch auch die Rückkehr des Menschen in die Tiefenschichten der Wirklichkeit, in den Ursprung des Seins und Werdens. In der griechischen Philosophie wird dieser nach dem Tod in der Unterwelt weiterlebende »Schatten« immer stärker entmaterialisert. Er wird mit dem Wort *psyche*, »Seele«, bezeichnet und als luftartiges Gebilde (dabei also doch immer noch materiell) gedacht.

Bei PLATON jedoch kehrt sich die Vorstellung um. Aus der feinstofflichen wird eine ideelle, gedankliche, immaterielle Wirklichkeit, das Reich der Ideen, in dem die Seele zuhause ist, und in das sie nach dem Tode, vom Materiellen befreit, wieder zurückkehrt. Das eigentlich Wirkliche, das lebendig Seiende vollzieht sich dabei jedoch im Reich der Ideen. Nicht dort, sondern hier auf der Erde, im Bereich des materiellen Seins, führen die Menschen, wie es in Platons Höhlengleichnis zum Ausdruck kommt, ein nur schattenhaftes, unfreies, im Dunkeln angesiedeltes Dasein. Nur in der unterirdischen Höhle gefesselt und Schattenbilder betrachtend, hätten nach PLATONS Vorstellung die Suchboten Gottes Adam finden können. Der Tod befreit den Menschen aus dem Höhlendasein und führt ihn zurück ins helle Reich der Ideen.

Diese Vorstellung ist, besonders durch AUGUSTINUS, stark in den christlichen Glauben und in die christliche Volksfrömmigkeit eingedrungen. Jahrhunderte lang lebten und starben die Menschen im christlichen Lebensraum in der Überzeugung, dass sie eine unsterbliche Seele besitzen, die nach ihrem Tod als geistige Größe im jenseitig-himmlischen Bereich in unmittelbarer Nähe Gottes weiterleben wird. Der Tod wurde im allgemeinen gesellschaftlichen Bewusstsein als Trennung von Leib und Seele interpretiert und auch der Leib, den nach dem biblischen Zeugnis der Mensch am Ende der Zeiten in der Auferstehung wieder bekommen wird, wurde als »vergeistigter«, »verklärter« Leib verstanden, der nicht mehr physikalisch-biologischen Gesetzen unterworfen ist. Dieses platonische, nicht aber genuin biblische Seinsverständnis hat sich bis in die neuzeitliche Theologie hinein erhalten. Geist und Seele standen – und stehen teilweise noch – in ihrem Seinswert weit über dem materiellen Sein. Obwohl nach dem evolutionären Verständnis des Universums und des Menschen der menschliche Geist (wenn es ihn nach dem naturwissenschaftlichen Verständnis überhaupt als eigene Substanz gibt) erst knapp 14 Milliarden Jahre nach dem »Urknall« auf unserem Planeten erschienen ist, bildet er in der traditionellen Theologie die ursprüngliche, umfassende Wirklichkeit, die wie in der Philosophie Platons Materie aus sich entlässt. Noch KARL RAHNER, der sich in seiner »Theologie des Todes« ausdrücklich vom platonischen Verständnis des Todes als der Trennung von Leib und Seele absetzt,[41] spricht von der Materie als dem »gefrorenen Geist«.[42]

Mit dem Vordringen der modernen Naturwissenschaft dreht sich jedoch die Sichtweise um. In der Suche nach einer »Weltformel«, in der die Relativitätstheorie und die Quantenphysik zu einem einzigen, alles umfassenden System vereinigt sind, geht die platonische Gedankenwelt verloren. Die »Weltformel«, die alles umfasst, ist, wenn sie gefunden ist, eine *physikalische* Formel, die sich als solche nur auf Materie beziehen kann. Die Suche nach dieser Formel basiert auf einem materialistischen Determinismus. Die Welt geht auf in den materiellen Verhältnissen. Die »Seele« hat in dieser Sicht kein eigenes substanzielles Sein, sondern ist ein Konglomerat von Gefühlen und Gedanken, die durch materielle Elemente (ererbte Gene, unterschwellige Triebe, soziale Verhältnisse und entsprechend aufgebaute und organisierte Gehirnzellen) ausgelöst werden. Sie kann den Menschen nicht über den Tod hinaus tragen. Dadurch findet der Mensch in der platonisch-dualistischen Vorstellung vom »Weiterleben der Seele« nach dem Tod nicht mehr Kraft und Hoffnung gegenüber der Drohung des Todes. Für sehr viele Menschen ist heute der Tod der Übergang vom Sein zum Nichtsein.

Die Bedrohung des Menschen durch den Tod ist auf diese Weise noch radikaler als zur Zeit des frühen Menschen, wo doch wenigstens ein Schattendasein auf ihn wartete. In dem Bewusstsein, aus dem Nichts zu kommen und auf das Nichts zuzugehen, breitet sich, zumindest untergründig, beim Menschen unserer Tage vielfach ein depressives Lebensgefühl aus. Es fehlen klare, das Leben übergreifende Orientierungspunkte, die dem Menschen jenseits aller Bedrohungen und jenseits des konkreten Ablaufs seines Lebens das sichere Gefühl eines todübergreifenden Sinns und Selbstwerts vermitteln könnten.

Verstärkt wird diese Unsicherheit und dieses mangelnde Selbstwertgefühl durch die allseits geltende Evolutionstheorie, die heute auch von Seiten der Kirche als »more than a hypothesis« eingestuft wird.[43] Das Bewusstsein, dass sich der Mensch in allen seinen Aspekten kontinuierlich aus dem Tierreich entwickelt hat und dass diese Entwicklung zumindest als kulturelle Evolution über den heute lebenden Menschen hinaus noch weitergehen wird, beraubt ihn des Gefühls, innerhalb alles Seienden etwas Einzigartiges und Letztgültiges zu sein. Auch das Leben als solches hat sich nach dieser Theorie aus dem materiellen Sein in physikalisch-chemischen Prozessen gebildet, ist also nicht substanziell vom materiellen »Sternenstaub«, aus dem auch der Planet Erde entstanden ist, verschieden. »Staub bist du und zu Staub wirst du zurückkehren«, dieses Wort der biblischen Schöpfungserzählung (Gen 3,19) entspricht wörtlich genommen dem Selbstverständnis des Menschen, das die moderne Naturwissenschaft ihm vermittelt.

Universum und Evolution – eine Geschichte der Katastrophen?

Der riesige Zeitraum von knapp 14 Milliarden Jahren, in dem sich das Universum bis jetzt entwickelt hat und der unbestimmbare Zeitraum, in dem es sich noch weiterentwickeln wird, sind erfüllt von kosmischen Katastrophen. Sterne werden geboren und sterben. Wenn sich die Materieteilchen, die sich bei der Entkoppelung von Energie und Materie gebildet haben, infolge ihrer Schwerkraft zu ungeheuren »Klumpen« zusammenballen, wird schließlich im Inneren der Druck der Teilchen aufeinander so groß, dass die Atomkerne des Wasserstoffs (aus dem die Materieteilchen hauptsächlich bestehen) in einer Art riesigem Kernreaktor zu Heliumatomen verbrennen. Damit ist der Stern geboren und kann sich nun weiterentwickeln. Die meisten Sterne leben einige Milliarden Jahre. Je größer ihre Masse ist, desto kürzer ist ihr Leben. Ihr atomarer Brennstoff ist nach astronomisch relativ kürzerer Zeit aufgebraucht als bei Sternen mit geringerer Masse. Aber der Tod der Sterne ist kein sanftes Verlöschen. Wenn der Wasserstoff im Inneren des Sterns nahezu aufgebraucht ist, wird der Fusionsprozess intensiver. Der Stern bläht sich auf und wird so heiß, dass nicht nur Atomkerne des Wasserstoffs, sondern auch Heliumatome verbrennen. Dadurch bahnt sich die Katastrophe an: Der Stern stirbt in einer Supernova-Explosion, wie sie oben beschrieben wurde, und treibt fortan als ausgeglühter »Weißer Zwerg« durch das Universum. Aus der in seiner Explosion herausgeschleuderten Asche können sich neue Sterne zusammenballen, die wiederum dasselbe Schicksal erleiden. Es ist fast wie bei der biologischen Evolution: Neues Leben wird möglich durch den Tod vorangegangenen Lebens.

Durch Zusammenballung einer riesigen Stern- und Staubwolke, die von sterbenden Sternen in den Weltraum hinausgeschleudert worden war, bildete sich vor etwa 4,6 Milliarden Jahren unser Zentralgestirn, die Sonne. Eine dicke Scheibe aus Gas und Staub kreiste um das entstandene Gestirn. In dieser ballten sich die sogenannten Planetesimale, etwa ein paar Kilometer Durchmesser starke Himmelskörper, zusammen. Durch Kollisionen entstanden daraus die ersten um die Sonne kreisenden Planeten, darunter auch unsere Erde. Unaufhörlich wurde sie während vieler Jahrzehntausende von Planetesimalen bombardiert. Sie stieß sogar mit einem der anderen Planeten zusammen, der etwa halb so groß war wie sie selbst. Der kleinere Planet wurde zerfetzt. Die Oberfläche der Erde wurde vollständig aufgeschmolzen und teilweise auch in den Weltraum hinausgeschleudert; aus einem Teil dieser Trümmer entstand der Mond. Millionen von Jahren bestand nach dieser Katastrophe die Oberfläche der Erde aus flüssigem Gestein. Aus Vulkanen drangen Gase aus dem Inneren der Erde, darunter auch eine große Menge Wasserdampf, der nach Abkühlung der Uratmosphäre auf unter 100 Grad 40 000 Jahre lang ununterbrochen als starker Regen auf die Erde herabströmte, sodass sich Flüsse, Ströme und Ozeane bildeten. Wahrscheinlich schlugen auch viele Asteroide, die großenteils aus Eis bestanden, auf der Erde ein und verstärkten die Wassermassen. Nochmals setzte ein schweres Bombardement von Meteoriten ein, das etwa schon vorhandene Anfänge von Leben wieder vernichtete.

Dennoch findet sich erstes primitives Leben in Form von Bakterien (bzw. deren Überresten) bereits in 3,5 Milliarden Jahre altem Gestein. Das Leben hat sich mit ungeheurer Zähigkeit auf der Erde eingenistet und überstand die zahlreichen Katastrophen. Vor 2,4 Milliarden Jahren und dann nochmals vor 700 Millionen Jahren herrschten Eiszeiten, in denen die Oberfläche der Erde fast vollständig aus Eis bestand, sodass die Algen in den zugefrorenen Ozeanen vom Sonnenlicht abgeschnitten waren und verhungern mussten. Vor etwa 248 Millionen Jahren, am Ende der *Perm* genannten Erdperiode, ereignete sich (aus noch unbekannten Gründen) ein Massensterben der ältesten Reptilien. Die ersten primitiven Säugetiere tauchten vor etwa 250 Millionen Jahren auf. Sie lebten neben den Dinosauriern, die vor etwa 213 Millionen Jahren entstanden und die Erde in großer Zahl bevölkerten. Sie bestanden etwa 150 Millionen Jahre. Zusammen mit vielen anderen Arten starben sie vor etwa 65 Millionen Jahren vollständig aus. Nachweislich spielte dabei der Einschlag eines Asteroiden von ca. 10 km Durchmesser im Golf von Mexiko eine entscheidende Rolle.

Zuerst bestand die feste Erdoberfläche aus einer zusammenhängenden, vom Meer umgebenen Landfläche. Vor etwa 250 Millionen Jahren begann diese zu zerbrechen, sodass weite Teile der ursprünglichen

Landfläche von Wassermassen überflutet wurden, wobei viele Landtiere ihren Lebensraum verloren und ertranken.

Infolge von Änderungen des Neigungswinkels der Erdachse beim Umlauf der Erde um die Sonne entstanden große Temperaturschwankungen, die immer wieder das Leben auf der Erde bedrohten. In Warmzeiten bildeten sich lebensfeindliche Wüsten und verheerende Zeiten der Dürre und Trockenheit, und in Eiszeiten waren teilweise über 30 % der Erdoberfläche vergletschert.

Das Leben auf unserem Planeten hat alle diese Katastrophen überstanden. Doch wer beschreibt das Elend der Tiere und Pflanzen – und in den letzten beiden Jahrmillionen auch der Menschen –, wenn ihre Nahrungsquellen versiegten und ihr Lebensraum unbewohnbar wurde? Wer beschreibt das qualvolle Sterben ungezählter Lebewesen, wenn durch einen plötzlichen Klimawandel oder den Einschlag eines Asteroiden ganze Arten zum Aussterben verurteilt waren? Was hat eine Säugetiermutter empfunden, wenn in der Eiszeit ihre Jungen schon wenige Stunden nach der Geburt erfroren im Schnee lagen?

Im Evangelium des Matthäus sagt Jesus, kein Sperling falle zur Erde »ohne den Willen eures Vaters« (Mt 10,29), und in der Bergpredigt stellt er den Menschen vor Augen, dass der himmlische Vater die Vögel des Himmels ernährt und dass er die Lilien des Feldes schöner kleidet als König Salomo in all seiner Pracht sich kleiden konnte (Mt 6,26–29). Kann ich diesen von Jesus verkündeten Gott als den Ursprung der beschriebenen Entwicklungen des Seins und Lebens im Universum denken?

Der Stärkere »frisst« den Schwächeren

Die bisher beschriebenen leidvollen Erfahrungen wurden den Lebewesen von außen, von klimatischen und kosmischen Ereignissen zugefügt. Noch größer aber sind die Gefahren und Beschädigungen, welche die Lebewesen sich selbst in ihrem Kampf um das Leben und Überleben zufügen. In der Beschreibung der biologischen Evolution durch die Soziobiologie besteht ihr »Grundgesetz« in der erbarmungslosen Konkurrenz aller gegen alle. »*Survival of the Fittest*«, Überleben des Tauglichsten, des am besten an seine Umwelt Angepassten, lautet das Prinzip, nach dem die Evolution verläuft.

Das beginnt bereits bei der Entstehung des Lebens. Auf eine im Einzelnen noch ungeklärte Art und Weise hat sich das Leben aus chemischen Bestandteilen entwickelt. Eine ältere Hypothese erklärt, das Leben habe sich in einer sogenannten »Ursuppe«, d, h. in seichten Gewässern, in dem die Chemikalien, vor allem Fettsäuren, Kohlehydrate und Aminosäuren, in hoher Konzentration vorkamen, gebildet. Im Jahre 1953 gelang es den Chemikern MILLER und UREY in einer Nachbildung der frühen Erdatmosphäre aus anorganischen Stoffen organische Moleküle herzustellen. Heute nehmen viele Evolutionsbiologen an, die Wiege des Lebens habe in der Tiefe des Meeres gelegen, im Bereich kleiner unterseeischer Vulkane, sogenannter *smokers* (»Schlote«) Dort findet man heute noch Biotope aus Bakterien, Spinnenkrabben ohne Augen, Bart- und Rohrwürmern, Seesternen und verschiedenen Muschelarten. Die Nahrungsbasis besteht aus Bakterien, die Schwefelwasserstoff als Energiequelle benutzen, kein Licht benötigen und bei einer Temperatur bis zu 130 Grad leben können. Doch die Röhren und Spalten hydrothermaler Tiefseequellen verstopfen nach etwa 20 Jahren durch ausgefällte Mineralien, die Quellen versiegen und das Leben in dieser Umgebung stirbt. Man rechnet jedoch für den Zeitraum der Entstehung des Lebens mit 10 Millionen Jahren. Wie die Vorstufen des Lebens von den versiegenden »Schloten« an neue Felder hydrothermaler Quellen herankommen und sich dadurch weiterentwickeln konnten, ist noch nicht geklärt.

Doch wo auch immer das Leben entstand, mussten die ersten Lebenselemente miteinander konkurrieren und sich gegenüber lebensbedrohende Gefahren durchsetzen. Der entscheidende Schritt zur Entstehung von Leben war die Bildung von organischen Molekülen, die lange Ketten bilden und sich selbst verdoppeln können (wie die Desoxyribonukleinsäure [DNA], in der unsere Gene gespeichert sind). Nur durch sie wird später die Fortpflanzung möglich. Als solche Moleküle – durch Zufall – entstanden, begann bereits die Selektion im Sinne der Evolutionstheorie: Weil sich bei der Verdoppelung der Moleküle Fehler einschlichen, entstanden verschiedene Formen verdopplungsfähiger Molekülketten. Diejenigen unter ihnen, die bei ihrer Verdoppelung weniger Fehler machten, gewannen die Oberhand. Einige Moleküle entwickelten Vorläufer der späteren biologischen Membranen; in dem abgegrenzten Raum konnten die chemischen Reaktionen ungestörter ablaufen. Aus solchen abgegrenzten chemischen Reaktionsräumen entstanden die ersten lebendigen Zellen. Die ersten Urzellen ernährten sich von organischen Molekülen, wahrscheinlich auch schon von anderen schwächeren Urzellen. Dominant waren die Cyanobakterien, die ältesten nachgewiesenen fossilen Zellen. Sie entwickelten die Fotosynthese und gewannen dadurch eine Energiequelle, die außerhalb ihres Biotops lag und um die sie deshalb nicht mit Nachbarn konkurrieren mussten. Dabei entstand jedoch als Abfallprodukt Sauerstoff, was für die meisten anderen Zellen eine Katastrophe bedeutete, weil deren organische Bestandteile bei der Berührung mit Sauerstoff oxidierten und sie auf diese Weise zugrunde gingen.

Vor etwa zwei Milliarden Jahren entwickelten sich Zellen mit einem Zellkern und einer Membran, die sich ausstülpen, andere Zellen umschließen und in sich aufnehmen konnte. Diese »fressenden« Zellen verdrängten die anderen und bilden noch heute den grundlegenden Bestandteil in Pflanzen, Tieren und Menschen. Der Konkurrenzkampf der Zellen setzt sich fort bis in die bisher höchste Stufe der Evolution, dem menschlichen Gehirn. Im Verlauf der Embryonalentwicklung sterben die ursprünglich gebildeten Nervenzellen bis zur Hälfte wieder ab. Man spricht vom »Neuronentod«.[44] PINEL schreibt: »Die neuronale Entwicklung arbeitet nach dem Prinzip des ›Überlebens des Tauglichsten‹: Es werden etwa doppelt so viel Nervenzellen ausgebildet wie benötigt; sie wetteifern um die begrenzten Ressourcen, und nur die Tauglichsten überleben.«[45] Dieser Überlebenskampf setzt sich auch noch im späteren Leben fort. Wellenförmig tritt in verschiedenen Teilen des Gehirns immer wieder ein Neuronensterben auf.[46]

Wer soll im Daseinskampf der Evolution überleben? In manchen biologischen Schulbüchern – auch bei dem Nobelpreisträger KONRAD LORENZ[47] – findet man die Auffassung, das Verhalten der Tiere sei so gestaltet, dass die eigene Art oder eine Gruppe innerhalb der eigenen Art überlebt. Vor etwa zehn Jahren gewann die These des britischen Biologen RICHARD DAWKINS großen Einfluss, wonach das Verhalten der Tiere und Lebewesen weder dem Überleben von Gruppen noch dem eigenen Überleben dient, sondern auf das Überleben der eigenen Gene ausgerichtet ist.[48] In jüngster Zeit wurde diese These durch andere theoretische Modelle und konkrete Beispiele abgeschwächt, der Denkansatz hat aber nach wie vor großen Einfluss; der SPIEGEL bezeichnete DAWKINS als den einflussreichsten Biologen seiner Zeit.[49]

In DAWKINS Theorie arbeitet die Evolution wie ein scharfsinniger Mathematiker. Sie steuert das Verhalten der Lebewesen bis ins kleinste Detail so, dass es der Vermehrung der eigenen Gene dient. Pflanzen, Tiere und Menschen sind nach DAWKINS »Genüberlebensmaschinen«.[50] Alles, was sich im Laufe der Evolution um die Zellen, die sich durch Teilung fortpflanzen, an Organen angesammelt hat, von der Zellmembran über Herz und Nieren bis hin zum menschlichen Gehirn, sind nach DAWKINS Bestandteile einer Maschine, die das Überleben und die Weitergabe der Keimzellen sichern und fördern.

Diesem Ziel dient auch, sagt er, das Verhalten. Muttertiere, die – wie die menschlichen Mütter – ihre Jungen im eigenen Körper heranreifen lassen, sie gebären, sie unter großen Opfern füttern und große Gefahren auf sich nehmen, um sie vor Räubern zu schützen, handeln nach dieser »Mathematik« in der selben Weise »egoistisch« hinsichtlich der erfolgreichen Weitergabe ihrer Gene, wie das Weibchen der Fangheuschrecke, genannt »Gottesanbeterin«, das ihr Männchen nach der Begattung auffrisst, oder wie das Langurenmännchen, ein der Affenart angehöriges Tier, das nach der Eroberung eines Harems alle sich vorfindenden von seinem Vorgänger gezeugten sowie die nach seiner Haremsübernahme geborenen, aber noch von seinem Vorgänger stammenden Babys tötet, um die Weibchen rascher reif zu machen für die Weitergabe der eigenen Gene.[51] Dieses Verhalten findet sich auch bei Löwen, Braunbären, Weißnasen-Meerkatzen, zumeist auch bei Rhesusaffen, Mantelpavianen und Bärenmakaken; selbst bei Schimpansen, dem uns Menschen genetisch am nächsten stehenden Lebewesen, hat man diesen Babymord beobachtet.

Bei Trockenheit, also wenn Nahrungsmangel herrscht, fressen die größeren und stärkeren Zahnmolche ihre kleineren und schwächeren Artgenossen auf. Ratten, die vier Tage keine Nahrung bekommen haben, fressen ihre schwächeren Artgenossen. Auch bei Flohkrebsen beobachtet man »Kannibalismus«.

Gewiss kann man, wie der Direktor des Instituts für Anthropologie an der Universität Göttingen, CHRISTIAN VOGEL, in diesem Zusammenhang betont,[52] das dargestellte Verhalten der Tiere nicht nach menschlich-moralischen Maßstäben beurteilen. Aber es gilt den Schmerz und das Leid zu bedenken, das empfindungsfähigen Lebewesen – zu denen zumindest Säugetiere und Vögel gehören – durch das beschriebene Verhalten zugefügt wird.

Das Verhalten, das VOGEL im Anschluss an die langjährige Beobachtung von in freier Natur lebenden Schimpansen durch JANE GOODALL referiert,[53] kann nicht mehr schlüssig durch das Prinzip »genetischer Eigennutz« erklärt werden. Er beschreibt nämlich »kriegsähnliche« Vorgänge zwischen benachbarten Schimpansengruppen, bei denen es zu schwersten Verletzungen und direkten Tötungsakten gekommen ist. Mit außerordentlicher Brutalität schlugen die angreifenden Schimpansen auf ihre Gegner ein, trampelten auf ihnen herum und bissen auf sie ein, auch wenn sie schon bewegungslos und ohne jede Abwehrreaktion am Boden lagen. Kinder wurden ihren Müttern entrissen und angefressen. Wie lässt sich ein solches Verhalten von stammesgeschichtlich uns Menschen nahe verwandten Lebewesen mathematisch vom Egoismus der Gene ableiten?

Genetisch eigennütziges Verhalten gibt es nur unter Lebewesen derselben Art. Vor der Weitergabe der Gene aber kommt das Fressen. Dieses kennt keine Artgrenzen. Im Allgemeinen gilt hier das Prinzip: Das stärkere Tier frisst das schwächere. Größere Zellen umschließen mit ihrer beweglichen Membran kleinere, unbeweglichere Zellen und nehmen sie als Energiestoffe in die eigene Zelle hinein. Singvögel fressen Insekten und Raubvögel stürzen sich auf Mäuse, Fische und kleineres Getier, auch auf kleine Vögel. Im Überlebenskampf suchen sich die Beutetiere auf verschiedene Weise zu schützen. Der Igel umgibt sich mit einem Stachelkleid, Pferde, Rinder und Antilopen bewegen sich innerhalb von Herden, die das Raubtier als großen Gesamtkörper ansieht und deshalb nicht angreift. Schnelle und kraftvolle Beine verhelfen zur Flucht. Die Heuschrecke kleidet sich in grüne Farbe, damit sie auf der Wiese nicht so leicht von Vögeln entdeckt wird und die Schwebfliege gibt sich das Aussehen einer wehrhaften Wespe, damit sie nicht von Vögeln und Kröten verschluckt wird. Blutig geht es zu, wenn größere Säugetiere wie Rehe, Ziegen und Rinder von Raubkatzen »gerissen« werden. Auch Pflanzenfresser schädigen ihre Umwelt, indem sie die Gräser zertrampeln und die Wiese kahl fressen. Ein Elefant verzehrt im Durchschnitt pro Tag 300 Kilogramm pflanzlicher Nahrung und trinkt 80 Liter Wasser. Wenn der letzte und größte der jeweils sechs Backenzähne des Elefanten durch die harte pflanzliche Nahrung abgenutzt und verbraucht ist, stirbt das Tier durch Verhungern.

Das ist die Natur, wie sie sich in der Evolution herausgebildet hat. Sie erscheint als grausame Arena, in der die Lebewesen erbarmungslos um ihr Leben und Überleben kämpfen. Unser Naturbegriff ist romantisch verfälscht. Wenn wir uns, wie wir sagen, »in der Natur« erholen, meinen wir damit die von uns kulturell geschaffene Natur, den vom Menschen gepflanzten und gepflegten Wald oder die romantisch am See gelegene Wiese, also eine Art Park oder »Garten«, wie die älteste biblische Schöpfungserzählung ihn als den von Gott geschaffenen Lebensraum der ersten Menschen vor Augen stellt (vgl. Gen 2,8–25). Tatsächlich ist die Natur nicht romantisch, sondern ein Leben, das immer neu und auf begrenzte Zeit den Kräften des Todes und der Zerstörung abgerungen wird. Sie ist ein Teil des kosmischen Irrgartens, in den sich Adam, der Mensch, scheinbar unauffindbar verirrt hat.

Adam, Mensch, gibt es dich überhaupt?

Adam, der »dritte Schimpanse«?

Adam ist der Mensch. Jeder und jede von uns ist ein *ben adam*, ein Sohn oder eine Tochter des Menschengeschlechts. Auch Jesus bezeichnet sich in den Evangelien wiederholt als *ben adam*, »Menschensohn«. Wahrscheinlich ist dies die einzige historische Selbstbezeichnung Jesu. Die Gestalt des ersten wie des zweiten Adam ist in den biblischen Erzählungen klar umrissen. Der erste Adam hat Gottes Gebot übertreten und wird deshalb durch die Vertreibung aus dem Paradiesesgarten bestraft. Der zweite Adam hält bis zur qualvollen Hinrichtung am Willen Gottes fest und hat dadurch *adam*, das Menschengeschlecht, von der Verurteilung durch Gott befreit und eine Auferstehung des Menschen vom Tod bewirkt (vgl. Röm 5,12–21). *Adam*, der Mensch, hat also einen freien Willen und je nach seiner Entscheidung kann er über Tod oder Leben verfügen. Die jüngere Schöpfungserzählung nennt ihn das »Abbild Gottes«, ihm ähnlich als Herrscher über die Erde und alles, was auf ihr lebt (Gen 1,26). Auch in der älteren Erzählung werden der Garten und die Tiere für den Menschen, auf *adam* hin, erschaffen. In Jesus, dem zweiten *adam*, erreicht dieses Charakteristikum des Menschen seine Vollendung.

65

Wenn es möglich wäre, unter den 125 Milliarden Galaxien und den Abermilliarden der in diesen Galaxien kreisenden Gestirne den winzigen Planeten Erde zu entdecken, müsste, so glaubt man, *Adam*, der »Mensch« rasch zu erkennen und zu identifizieren sein. Doch auch in seiner Identität hat sich Adam sorgfältig versteckt. Schlägt man neuere Biologiebücher auf, kann man darin z. B. lesen, dass es neben den bisher bekannten Schimpansen und den Zwergschimpansen eine dritte Schimpansenart gibt, die man bisher nur deshalb nicht festgestellt hat, weil die Biologen befangen in einem unwissenschaftlichen Anthropozentrismus diese Schimpansenart fälschlich als eigene Gattung *homo* eingestuft haben.[54] In Wahrheit ist der *homo sapiens* in seinen Genen nur zu 1,6 Prozent vom gewöhnlichen Schimpansen unterschieden und hat sich erst vor 7–8 Millionen Jahren in seiner Entwicklungslinie vom Schimpansen getrennt. Demgegenüber unterscheidet sich etwa der Orang-Utan, den wir wie selbstverständlich zur Gattung der Menschenaffen rechnen, zu 3,6 Prozent seiner Gene vom Schimpansen und hat sich in seiner Entwicklungslinie schon vor 12–16 Millionen Jahren vom Schimpansen getrennt. Dem Schimpansen steht also Adam wesentlich näher als der Orang-Utan. Der genetische Unterschied zwischen zwei Gibbonarten ist größer als der zwischen dem Menschen und dem Schimpansen. Adam muss deshalb als Unterart der Schimpansen und zur Gattung der Menschenaffen gehörig verstanden werden, sagt der Biologe JARED DIAMOND.[55]
Adam hat sich demnach auf dem Planeten Erde in einer Schimpansenhorde versteckt. Doch der Schimpanse Adam wäre, so möchte man meinen, doch an Hand seiner spezifischen Fähigkeiten von den anderen Schimpansen zu unterscheiden und ausfindig zu machen. Doch auch durch diese Fähigkeiten, sagt uns der Biologe, ist Adam kaum unter der Tierwelt, aus der er stammt, auszumachen. Denn die evolutionäre Erkenntnistheorie lehrt uns, dass das menschliche Denken, Sprechen und Musizieren zusammen mit den verschiedenen Tierarten durch zufällige Mutationen und deren Selektion in der Anpassung an die Umwelt in den etwa 3,4 Milliarden Jahren der Evolution des Lebens auf unserem Planeten entstanden sind.
Adam, wer bist du? Verfügst nicht du allein unter allen Lebewesen des Planeten Erde über Sprache? Schreibst du nicht ergreifende Gedichte, malst Gemälde, formst Plastiken und komponierst Symphonien? Wie kannst du dich da in einer Schimpansenhorde verstecken? Der schon

zitierte Physiologe Jared Diamond[56] versucht uns klar zu machen, dass alle diese Fähigkeiten schon im Tierreich angelegt sind und beim *homo sapiens* nur eine schärfere Ausprägung erfahren. Viele freilebende Tiere verständigen sich, sagt er, mit Lauten. Durch die elektronische Analyse aufgezeichneter Tierlaute – einer erst vor einigen Jahren entwickelten Methode – kann man feine Lautvariationen erkennen, die das menschliche Ohr nicht wahrnimmt. Man kann die aufgezeichneten Laute den Tieren vorspielen und dabei ihre Reaktionen beobachten. Dabei kann man diese Laute auch elektronisch verändern und so die Reichweite ihrer Bedeutungen feststellen.

Man hat diese Beobachtungsmethode bisher hauptsächlich bei den afrikanischen Grünen Meerkatzen angewendet. Diese Tiere bilden eine Affenart, die auf Bäumen und in der Savanne lebt. Rund drei Viertel aller Grünen Meerkatzen sterben in der freien Natur nicht eines natürlichen Todes, sondern werden von Raubtieren gefressen. Ein Verständigungssystem zur Warnung der Artgenossen vor Fressfeinden ist deshalb für diese Tiere lebenswichtig. Auch haben sie ein ausgeprägtes Sozialleben. Sie leben in kleinen Horden und konkurrieren mit anderen Horden um Revier und Futterplätze. Innerhalb ihrer Horde unterscheiden sie streng zwischen ranghöheren und rangniedrigeren Tieren Sie reagieren auch unterschiedlich auf Mutter, Großmutter, Geschwister und nichtverwandte Hordenmitglieder. Ihre gefährlichsten Feinde sind Steppenadler, Leoparden und Pythonschlangen.

In einer ausgeklügelten Anwendung der beschriebenen Untersuchungsmethode hat man herausgefunden, dass die Grünen Meerkatzen mindestens über zehn fein unterschiedene Lautäußerungen verfügen, mit deren Hilfe sie sich auf detaillierte Weise verständigen. In ihren warnenden Äußerungen unterscheiden sie zwischen der Warnung vor einem Leoparden (bei der sie auf einen Baum flüchten), der Warnung vor einem Adler (bei der sie sich im Gebüsch verkriechen) sowie der Warnung vor einer Schlange. Unterschiedlich sind auch die Hinweise auf einen sich nähernden Menschen sowie auf ein dominantes oder ein untergeordnetes Tier der Horde. Wie frei und zielbewusst diese Affen mit den Lautbedeutungen umgehen, zeigt die Beobachtung, dass bei einem erbitterten Kampf zweier Horden gelegentlich ein Mitglied der Horde, die zu unterliegen droht, den »Leopardenruf« ausstößt, obwohl weit und breit kein Leopard zu sehen ist. Aber wenn die Tiere auf den Ruf hin auf die Bäume klettern, ist zumindest ein Waffenstillstand erreicht und vielleicht kühlt sich die Kampfeswut dabei auch ab. Diese Fähigkeit, mit Hilfe von Lautäußerungen bewusst zu »lügen«, ist ein Charakteristikum der menschlichen Sprache.

Die differenzierten Lautäußerungen von frei lebenden Schimpansen hat man noch nicht mit Hilfe der beschriebenen Methode untersucht. Bei dem weiten Aktionsradius dieser Tiere ist dies sehr schwierig. Die in Gefangenschaft lebenden Individuen sind andererseits meistens bunt zusammengewürfelt; sodass sich unter ihnen (in der Situation der Gefangenschaft) keine kohärente Sprache entwickelt. Es wäre aber bei entsprechenden Untersuchungen in freier Wildbahn zu erwarten, dass bei Schimpansen (und anderen Menschenaffen) ein noch wesentlich deutlicheres und differenzierteres Sprachvermögen in Erscheinung treten würde als bei den Grünen Meerkatzen. Man weiß ja aus der Arbeit mit in Gefangenschaft lebenden Schimpansen und Gorillas, dass diese bis zu einige hundert Symbole in Form von Handzeichen (nach Art der Taubstummensprache), von Plastikchips unterschiedlicher Größe und Farbe oder in Form von speziell gekennzeichneten Computertastaturen erlernen und damit mit Menschen kommunizieren können. Natürlich entstehen so keine Shakespeareschen Sonette, aber der Weg dorthin ist vorgezeichnet.

Und wer kann entscheiden, ob der Gesang der Singvögel nur der Revierabgrenzung oder dem Anlocken eines Geschlechtspartners dient oder ob er auch Ausdruck von Lebenskraft und Lebensfreude ist? In einem eigenen Kapitel »Wie die Kunst im Tierreich entstand« weist JARED DIAMOND darauf hin, mit welcher Begeisterung Schimpansen malen, wenn man ihnen entsprechendes Werkzeug gibt, und wie positiv diese Schöpfungen von menschlichen Künstlern und Kunstkritikern beurteilt werden.[57] Man könnte einwenden, dass es sich hier um eine Aktivität von Tieren handelt, die in Gefangenschaft leben und dass diese in der freien Natur nicht vorkommt. Doch die unleugbar künstlerische Aktivität der Laubenvögel kann diesen Einwand entkräften. Die Tiere haben etwa die Größe einer Taube und leben in Australien und im Dschungel von Neuguinea, wo DIAMOND sie beobachtet hat. Um Weibchen anzulocken, flechten die männlichen Vögel aus Zweigen kunstvolle runde Hütten von über zwei Metern Durchmesser und etwa einem Meter Höhe. Die Hütten haben einen größeren Eingang, der besonders geschmückt wird. Als Schmuck, der vor dem Eingang ausgebreitet wird, dienen Blumen, rote oder blaue Früchte, schön geformte Blätter, auch Schmetterlingsflügel und farbige Pilze. Mit dieser Dekoration wird das Weibchen zum Betreten der Hütte und zur Paarung eingeladen. Das Weibchen begutachtet sorgfältig mehrere Hütten und wählt diejenige aus, die ihr am besten gefällt, um sich mit deren Besitzer zu paaren. Die von den Männchen gebauten »Kunstwerke« geben, meint DIAMOND, den Weibchen Auskunft über die Güte des Genmaterials ihres Partners. Zwar ist diese kunstvolle Aktivität biologisch in das Paarungsverhalten eingebunden. Es kann aber auch so als Vorstufe menschlichen Kunstschaffens betrachtet werden. Vor evolutionär betrachtet sehr kurzer Zeit haben auch Angehörige der »dritten Schimpansenart«, genannt *homo sapiens*, die Gunst ihrer Angebeteten durch das Dichten mehr oder weniger kunstvoller Verse oder durch andere selbst geschaffene Kunstwerke zu gewinnen versucht, und ein Strauß schöner Blumen dient nicht selten auch heute noch diesem Zweck. Auch in seinem Kunstschaffen kann sich Adam in der Schimpansenhorde verstecken. Die evolutionäre Erkenntnistheorie, die wir in Teil II des Buches behandeln, zeigt auf, dass sich auch die Art der Wahrnehmung und des Denkens, wie sie der Mensch vollzieht, aus dem Tierreich heraus entwickelt hat.

Über eine einzige Fähigkeit verfügt Adam, die im Tierreich nicht auftritt, nämlich den Selbstmord. ALBERT CAMUS nennt im ersten Satz seines Buches *Der Mythos von Sisyphos* dieses Phänomen das einzig wirkliche Problem der Philosophie. Wie noch genauer zu zeigen ist, sprechen einige moderne Gehirnforscher dem Menschen jedoch die Fähigkeit einer freien Willensentscheidung ab. Selbstmord ist in dieser Sicht die Folge einer krankhaften Gehirnprägung, die beim Angehörigen der »Dritten Schimpansenart« durch die Gene und Umwelteinflüsse hervorgerufen wird. Bei anderen Tieren tritt diese Krankheit nicht auf.

Das Ich – ein Nebenprodukt der Evolution?

Durch *ein* Ereignis könnte sich Adam in der Schimpansenhorde möglicherweise zu erkennen geben: Mein Enkelkind, ein aufgeweckter Junge, damals knapp zwei Jahre alt, spielte mit einem großen, gelben Bagger. Ich wusste, dass sein Vater ihm diesen kurz zuvor gekauft hatte. Gezielt jedoch fragte ich ihn, wem der schöne Bagger gehöre. Er antwortete –

grammatisch etwas falsch, dem Sinn nach aber eindeutig – »Ich«. Ich hörte das Wort von ihm zum ersten Mal. Woher kam es? Niemand hatte es ihm beigebracht. Ich hatte erwartet, dass er nach Art der Sprachgewohnheit vorgeschichtlicher Völkerstämme (»Hugh, Winnetou hat gesprochen«) sich selbst vergegenständlichend seinen Vornamen nennen würde. Aber er sagte laut und deutlich »Ich«.

Das Auftauchen eines sprachlich artikulierten Selbstbewusstseins gibt es im Tierreich nicht. Zwar können sich Schimpansen, Delphine und Elstern im Spiegel selbst erkennen. Malt man einem Schimpansen einen weißen Fleck auf die Stirn und stellt ihn so vor den Spiegel, greift er mit seiner Hand nach diesem Fleck und sucht ihn wegzuwischen. Er weiß also, dass der Spiegel *ihn* und nicht einen anderen Schimpansen zeigt. Doch diese »Selbsterkenntnis« ist gegenständlich vermittelt. Der Schimpanse erkennt seinen eigenen *Körper* im Spiegel. Er weiß auch, dass bestimmte Gegenstände, etwa eine von ihm gefundene Banane oder ein von ihm gebautes Schlafnest, zu diesem seinem Körper gehören, also von ihm beansprucht und gegen Übergriffe verteidigt werden müssen. Er ist sich damit aber nicht schon eines eigenen *unkörperlichen* Selbst bewusst, das er, hätte er die Fähigkeit der Sprache, durch das Wort »Ich« zum Ausdruck bringen könnte.

Woher wuchs meinem Enkel diese Fähigkeit zu? Der DALAI LAMA ist der Ansicht, dass die alte indische Lehre von der Wiedergeburt die Entstehung dieser Fähigkeit erklären kann. Die Geistestätigkeit, die sich in der sprachlichen Artikulation des Ich-Bewusstseins ausdrückt, ist in seiner Sicht so stark von Materie und materiellen Vorgängen verschieden, dass sie auch nicht durch eine Emergenz aus biologischen Vorgängen hervorgehen kann. Dem ersten Moment des Selbstbewusstseins eines neu geborenen Kindes muss, meint der DALAI LAMA, deshalb auch ein dem entsprechendes *Bewusstseinsmoment* als Ursache vorausgehen. In dem Augenblick, als mein Enkel zum ersten Mal in seinem Leben »Ich« sagte, erinnerte er sich nach dieser Theorie – natürlich völlig unbewusst – an seine frühere Existenz, in der er ebenfalls schon ein »Ich« war. Er überträgt dieses »Ich« von damals in die neue Gegenwart. Der Kreislauf des Lebens setzt sich fort.[58]

Doch woher kommt zum *ersten Mal* in der Geschichte des Lebens auf unserem – und wahrscheinlich auch auf anderen – Planeten das Wörtchen »Ich« (bzw. sein Äquivalent in anderen Sprachen)? Ist es nur ein zufälliges, letztlich sinnloses und unbedeutendes sogenanntes »Epiphänomen«, das immer dann auftaucht, wenn die Vernetzung der Nervenzellen in einem Nervenzentrum ein gewisses Maß an Komplexität erreicht hat? In den buddhistischen Traditionen ist das »Ich«, das Selbst, eine Illusion, die im Kreislauf der Wiedergeburten innerhalb des menschlichen Lebens weitergegeben wird. Erst der Erleuchtete, der sich aus diesem Kreislauf befreit hat und in das Nirwana eingeht, ist von der Illusion des »Ich« frei und dadurch erlöst. In frühen buddhistischen Schriften erfolgt die Evolution menschlichen Lebens auf der Erde – ähnlich wie bei Platon – durch einen »Fall« himmlischer Wesen, die ihr positives Karma, kraft dessen sie sich in höheren Sphären aufhalten konnten, erschöpft haben und deshalb auf der Erde wiedergeboren wurden, wo sie allmählich die heutige »grobstoffliche Körperlichkeit« annahmen und die Illusion eines »Ich« entwickelten.[59]

Innerhalb des biblischen Welt- und Menschenbildes steht das »Ich« in Korrelation zum »Du« und ist so die Voraussetzung für eine personale Begegnung unter Menschen und für eine Begegnung des Menschen mit Gott. Der biblische Gott kann nur in einer Ich-Du-Beziehung erkannt werden. In der Frage »Adam, wo bist du« wird Adam, der Mensch, als Ich vorausgesetzt, das Gott personal gegenübertreten kann und sich vor ihm verantworten soll. In der Dialogischen Philosophie, wie sie im Judentum von MARTIN BUBER, FRANZ ROSENZWEIG UND EMMANUEL LEVINAS entwickelt wurde, ist Gott das »ewige Du«, das in einer fortwährenden Schöpfung Adam, den Menschen, aus dem Nichts herausruft. Im Hören dieses Rufes ist Adams Existenz begründet. Würde Gott nicht mehr nach ihm rufen, würde – in dieser biblisch inspirierten Philosophie – Adam, der Mensch, aufhören zu existieren. Wenn das Ich nur ein Nebenprodukt zufällig angehäufter Nervenzellen ist und mein zweijähriger Enkel in seinem Ich-Gefühl einer Illusion erlag, gibt es nicht Adam, den Menschen. Er kann dann auch von tausend überirdisch schnellen Suchraketen und von Millionen himmlischer Heerscharen nicht unter dem Sternenstaub der 125 Milliarden Galaxien, auf dem Planeten Erde zufällig geformt zu einer »dritten Schimpansenart« (DIAMOND), herausgefunden werden. Er existiert nicht. Das Lächeln eines Kindes, Liebe, Zuwendung, Freundschaft, auch Hass, Wut und Trauer, Krieg und Mord – all dies sind dann nur kleine Wirbel in der Materie des Sternenstaubs, der sich einige astronomische Sekunden lang selbst reproduziert und dann wieder daliegt als toter Staub.

Das Selbst – eingezwängt zwischen »Es« und »Überich« und abhängig vom Gehirn

Ein Rest von Selbstwertgefühl blieb dem Menschen, auch wenn er sich als innerhalb der Evolution entstanden versteht, noch dadurch erhalten, dass er sich durch sein Selbstbewusstsein und seinen freien Willen vom Tier unterscheiden zu können glaubt. Doch auch an diesem Punkt wird seit der Entdeckung des Unbewussten durch SIGMUND FREUD heftig gerüttelt. Bewusstsein und Ich des Menschen, sagt die Psychoanalyse, sind nur die Spitze eines Eisberges, die ein kleines Stück aus dem Meer des unbewussten Seins herausragt. Die große Masse dessen, was den Menschen ausmacht, bildet das Unbewusste, das ihn mit dem vormenschlichen Leben und mit seiner Umwelt verbindet, nämlich seine angeborenen triebhaften Impulse und die Wünsche und Antriebe, die er infolge der auf ihn einwirkenden Erziehung angesichts der Forderungen der Gesellschaft aus seinem Bewusstsein in das Unbewusste verdrängt hat. Von dort her aber machen sich diese Verdrängungen häufig in psychischen oder auch körperlichen Symptomen bemerkbar. Der Mensch ist, sagt ihm die Psychoanalyse, nur sehr wenig »Herr im eigenen Hause«. Das meiste von dem, was er will und tut, ist nicht frei von seinem selbstbewussten Ich bestimmt, sondern von dem in ihm wirksamen Unbewussten. »Der Mensch kann tun, was er will«, sagt der Philosoph ARTHUR SCHOPENHAUER in der Nachfolge FREUDS, »aber er kann nicht wollen, was er will.«[60]
Dennoch hält FREUD grundsätzlich an der menschlichen Willensfreiheit fest. Er sagt, der Mensch müsse, um seelisch und körperlich gesund zu sein, lebenslang daran arbeiten, möglichst viel von seinem Unbewussten in das Bewusstsein zu heben. Das »Es« muss zum »Ich« werden, lautet die Devise der Psychoanalyse und der Psychotherapie. Der Nobelpreisträger Sir JOHN C. ECCLES geht in seiner neurophysiologischen Beschreibung der Funktionen der Großhirnrinde noch davon aus, dass das immaterielle, geistige Selbstbewusstsein des Menschen über besonders offene Zellkomplexe der dominanten (in der Regel linken) Hirnhemisphäre mit dem Gehirn in Wechselwirkung steht, einerseits also von ihm beeinflusst wird, andererseits aber auch selbst die Gehirnfunktionen beeinflusst, sie steuert und kontrolliert. Aus dieser Wechselwirkung erklärt er, wie es möglich ist, dass vom Menschen die Vielfalt neuronaler Ereignisse im Gehirn als einheitliche

bewusste Erfahrungsgestalt wahrgenommen wird. Um diese Einheit und die relative Einfachheit unserer bewussten Erfahrung, die sich von Augenblick zu Augenblick vollzieht, zu verstehen, schlägt er vor, den selbstbewussten Geist als eine Art »Scheinwerfer« zu verstehen, der »aus den ungeheuer vielen und vielfältigen Aktivitätsmustern in der Großhirnrinde herausliest und selektiert und diese selektierten Komponenten integriert, sie so zur Einheit bewusster Erfahrung organisierend.«[61] Das Selbstbewusstsein weckt und steuert so die Aufmerksamkeit, von der schon im Ansatz die Wahrnehmung und die daraus sich ergebende Handlung gelenkt wird.

Dieses Selbstbewusstsein entsteht nach ECCLES in den ersten zwei bis drei Lebensjahren durch den sozialen Kontakt des Kindes mit seiner Umwelt. Im Spiegel anderer Personen, die mit dem Kind korrespondieren, findet es zu seiner Identität und lernt »Ich« zu sagen. Einmal erwacht, steht dieses Selbstbewusstsein in ständiger Korrespondenz mit den neuronalen Ereignissen, die im Gehirn ablaufen. In der dominanten Hemisphäre der Großhirnrinde finden sich, sagt ECCLES, Gruppen von Nervenzellen, sogenannte »Moduln«, die in besonderer Weise für Kontakte nach außen offen sind. Sie bilden nach seinem Verständnis die Kontaktstellen für die Korrespondenz des Gehirns mit dem selbstbewussten Geist. Dieser tastet die Großhirnrinde ständig nach solchen offenen Moduln ab und liest aus ihnen die Erfahrungen heraus, die dann in das Bewusstsein treten. Umgekehrt wirkt über die Moduln auch das Selbst auf die Gehirnzellen ein. Im Schlaf ist die Aktivität dieser zum Geist hin offenen Moduln sehr gering. Fehlt ihre Aktivität ganz, befindet sich das Lebewesen in einem traumlosen Schlaf. Bei nur schwachen Aktivitäten dieser Gehirnareale können Erfahrungen, die der selbstbewusste Geist aus ihnen abliest, nicht voll in das Bewusstsein treten; sie treten aber unterhalb der Bewusstseinsschwelle, teilweise stark verzerrt, als Traum in Erscheinung. Bei starker Narkose und in Komazuständen kann das Ich keine Erfahrungen aus aktiven Moduln mehr ablesen. Es bleibt aber gleichsam in »Wartestellung« und führt bei aufwachender Gehirnaktivität wieder bewusste Erfahrungen herbei.

Was aber macht der selbstbewusste Geist, wenn »das Gehirn, das er abgetastet und sondiert und so wirkungsvoll und erfolgreich während eines langen Lebens kontrolliert hat, überhaupt keine Meldungen mehr gibt«?[62] Was also geschieht im Tod? ECCLES nennt dies die »letzte

Frage«.[63] Das Selbst ist für ihn der »Geist Gottes«. Es besteht aus mentalen Einheiten, die er »Psychonen« nennt. Da diese immateriell sind, können sie auch bestehen bleiben, wenn die Gehirnzellen nach dem Tod absterben. Sie können unser Bewusstsein an den »Weltgeist« koppeln, der das ganze Universum durchdringt und letztlich mit Gott identisch ist. Das Selbst trennt sich im Tod nicht von der Materie. Es steht dann nicht mehr in Wechselwirkung mit einem bestimmten menschlichen Gehirn, sondern mit dem gesamten Kosmos und durch ihn mit Gott.[64]

Die neueren Gehirnforscher bezeichnen dieses Konzept als rein spekulativ. Es kann nicht durch Experimente bestätigt werden. In seiner Suche nach einem Lebenssinn über den Tod hinaus zeigt sich auch hier kein Weg, der nahtlos von der naturwissenschaftlichen Welterkenntnis zu einer religiösen Weltsicht hinführt.

Selbst und freier Wille – eine Illusion? Zur modernen Gehirnforschung

Im ECCLESCHEN Gehirnmodell kann ich mich noch als geistige Person verstehen, die als solche zu freien, ethisch wertvollen Entscheidungen sowie zu wissenschaftlicher Wahrheitssuche und zu sinnvollem künstlerischen Schaffen fähig ist. Gegenwärtige Neurophysiologen kritisieren jedoch das ECCLESCHE Modell als »interaktiven Dualismus«.[65] Eine dualistische Sicht, nach der materielle, messbare und experimentell beobachtbare Vorgänge wie die Aktivitäten der Nervenzellen einerseits und immaterielle geistige Prozesse, die sich im Selbstbewusstsein abspielen, andererseits als gleichwertige – bei Eccles aufeinander einwirkende – Substrate der Wirklichkeit aufgefasst werden, wird von den meisten gegenwärtigen Gehirnforschern als »unwissenschaftlich« abgelehnt, weil sich die geistige Wirklichkeit als solche nicht experimentell erfassen und messen lässt. Nur das, was sich vom »Urknall« angefangen über die Expansion des Universums und die Evolution des Lebens auf dem Planeten Erde – grundsätzlich, wenn auch (noch) nicht faktisch – mathematisch genau beschreiben und experimentell nachweisen lässt, gilt als wissenschaftlich erfassbare, reale Wirklichkeit. Zwar wird der Vorwurf, die geistigen, vom menschlichen Selbstbewusstsein ausgehenden Wirklichkeiten seien in dieser Sicht nur »Epiphänomene«, also eine Art Nebenprodukte, gelegentlich zurückgewiesen. Dies erscheint jedoch als bloß verbale Aussage, da im naturwissenschaftlichen Weltbild diesen Wirklichkeiten kein benennbarer funktionaler Stellenwert zugewiesen wird.

Dabei verwickelt sich dieser Standpunkt deutlich in einen Selbstwiderspruch. Denn die Aussagen über den komplexen Aufbau und die komplexen Funktionen des Gehirns, die in subtilen Experimenten erforscht werden, verstehen sich ja selbst als wissenschaftliche, d.h. geistige, vom menschlichen Selbstbewusstsein formulierte Zusammenhänge, – die aber als solche der eigenen Theorie nach kein reales Substrat der Wirklichkeit darstellen. Im Bereich der Gehirnforschung führt also auch der streng naturwissenschaftliche Weg in den Irrgarten.

Der renommierte, mehrfach ausgezeichnete Direktor am Max-Planck-Institut für Hirnforschung in Frankfurt am Main, WOLF SINGER, hält »aus neurobiologischer Sicht« den Menschen nicht für sein Tun verantwortlich. Unsere Großhirnrinde umfasst auseinandergefaltet eine Fläche von etwa dreiviertel Quadratmeter, wobei ein *Quadratmillimeter* dieser Fläche ca. 40 000 Neuronen beherbergt, von denen jedes Einzelne wiederum 10 000 Kontaktstellen, sogenannte »Synapsen«, zu den anderen Nervenzellen hat. In diesem riesigen System, das seinem Ausmaß und seiner Komplexität nach mit dem Universum vergleichbar ist, findet sich SINGERS Forschungen nach kein Koordinationszentrum, an dem die millionenfachen vielfältigen Impulse zusammengeführt, synchronisiert und kontrolliert werden könnten (wie es auch im Universum keinen das Ganze organisierenden Mittelpunkt gibt). Selbst wenn im Gehirn synchronisierende Impulse experimentell gemessen und registriert werden könnten, wäre die uns heute zur Verfügung stehende Mathematik zu undifferenziert, um die damit verbundene Komplexität und Vielfalt analytisch beschreiben zu können. Wie soll aus dieser undurchschaubaren und deshalb für uns chaotischen Dynamik eine menschliche Entscheidungsfreiheit erwachsen? Zwar muss es, sagt SINGER, unter den Gehirnaktivitäten »Metarepräsentationen« geben, die Ergebnisse von Teilprozessen zusammenfassen, weil sonst keine ganzheitliche Wahrnehmung und keine koordinierten Bewegungen zustande kommen könnten. Es können aber keine abgrenzbaren Gehirnareale gefunden werden, wo diese Koordination geschieht. SINGER vermutet deshalb, »dass die Einbindung verteilter Neuronengruppen in diese Metarepräsentationen durch die zeitliche Synchronisation neuronaler Antworten erfolgt«.[66] Das menschliche Ich hat darauf keinen Einfluss.

Neurophysiologisch gesehen ist deshalb für SINGER die menschliche Willensfreiheit eine Illusion. Das Prinzip von Schuld und Sühne ist überholt. »Ein kaltblütiger Mörder hat eben das Pech, eine so niedrige Tötungsschwelle zu haben«,[67] sei dies genetisch bedingt oder eine Folge der Umwelteinflüsse, unter denen der betreffende Mensch aufgewachsen ist. Natürlich muss sich die Gesellschaft vor derart gefährlichen Menschen schützen, aber nicht, indem sie diese »bestraft«, sondern indem sie diese Menschen jeweils entsprechend der niedrigen Höhe ihrer Hemmschwelle gegenüber Fehlverhalten solange »verwahrt«, bis durch »Therapieprogramme« diese Hemmschwelle hinreichend angehoben worden ist.[68]

In dieser Sicht sind die Gräueltaten eines Kaiser NERO, die Tausende und Abertausende von Kreuzigungen im Römerreich, die »industrielle« Ermordung von 6 Millionen Juden im Naziregime, der Abwurf der Atombombe über Hiroshima und alle Verbrechen der Weltgeschichte ebenso wie die Pflege der Leprakranken durch DAMIAN DE VEUSTER und die Sorge MUTTER TERESAS um die auf den Straßen Kalkuttas Sterbenden und alle geschehenen und geschehenden Akte selbstloser Nächstenliebe nur die niemandem zurechenbare Folge zufällig und selbsttätig entstehender Verbindungen menschlicher Gehirnzellen.

WOLF SINGER ist einer der »exponiertesten ›Affenforscher‹«.[69] Als ihm der Hessische Kulturpreis verliehen wurde, musste er unter Polizeischutz gestellt werden, um nicht von Tierschützern angegriffen zu werden.[70] Singer verteidigt die Tierversuche mit der im Grundgesetz, Artikel 5, verankerten Freiheit der Forschung und Wissenschaft, die letztlich zum Wohl des Menschen betrieben wird. Er schreibt: »Wer handelt, ist verpflichtet und muss sich der Verantwortung stellen, nach bestem Wissen und Gewissen zu handeln.«[71] Mit dieser seiner Aussage gerät er jedoch in Widerspruch zu seinen neurowissenschaftlichen Feststellungen. Denn wenn der Mensch neurowissenschaftlich nachweisbar über keinen freien Willen verfügt, kann er auch nicht für sein Tun verantwortlich gemacht werden. Wenn SINGER in seinem Forscherdrang Tierversuche macht, d. h. in seinem Institut Tiere züchtet und sie nach Abschluss der Versuche tötet, hat er, in seinen eigenen oben zitierten Worten gesprochen, eben das »Pech« – oder, bezogen auf seine wissenschaftliche Karriere, das Glück – eine niedrige Hemmschwelle gegenüber dem Töten von Tieren zu haben. Doch was immer er tut, seiner eigenen Theorie nach ist er dafür nicht verantwortlich.

Zwar erfährt sich der Mensch nach SINGER in seinem subjektiven Erleben als frei, dieses oder jenes zu tun; in seiner Ich-Perspektive hat er einen freien Willen. Aus der wissenschaftlichen Perspektive betrachtet, entsteht dieses Gefühl der Freiheit jedoch aus der Unfähigkeit des Menschen, die Komplexität der in seinem Gehirn ablaufenden Prozesse zu durchschauen und in sein Gefühlsleben zu integrieren. Schon in den frühen Zeiten seiner Geschichte hat der Mensch diese scheinbare Unbestimmtheit seiner Regungen als »Willensfreiheit« gedeutet und dieses sein Selbstverständnis hat er von Generation zu Generation überliefert und die entsprechenden gesellschaftlichen Institutionen eingerichtet. Die Willensfreiheit ist also ein kulturelles soziales Konstrukt. Als solches ist sie zwar auch eine soziale Realität, die aber in der naturwissenschaftlich erfassbaren Wirklichkeit keine Grundlage hat. SINGER weist darauf hin, dass es in Religionen und Glaubensüberzeugungen Aussagen gibt, wonach Menschen in ihrem Reden und Tun von Mächten, die ihnen fremd sind – sei es von Gottheiten oder von Dämonen –, getrieben und »gelenkt« werden.[72] Er bringt dies unmittelbar in Beziehung zu pathologischen Phänomenen. In den meisten Formen der Schizophrenie, sagt er, haben die Patienten das Gefühl, von fremden, unpersönlichen Mächten gelenkt zu werden. »›Es‹ spricht zu ihnen und befiehlt, obwohl dieses ›Es‹ Teil ihres Selbst ist … Das halluzinierende Gehirn erzeugt selbst Aktivitätsmuster, die es als von außen kommend und es lenkend wahrnimmt.«[73] Wenn also Jesus oder Paulus sich vom Geist Gottes gelenkt und getrieben erfahren, ist dies neurophysiologisch gesehen ein pathologisches, auf Schizophrenie hinweisendes Phänomen.

Noch dezidierter als WOLF SINGER lehnt der in Bremen lehrende Gehirnforscher GERHARD ROTH die Willensfreiheit des Menschen als wissenschaftlich unhaltbar ab. SINGER unterscheidet, wie dargelegt, zwischen der Ich-Perspektive des individuellen Erlebens und der Er-Perspektive der Sachverhalte beschreibenden Wissenschaft. In der Ich-Perspektive, also dem subjektiven Erleben hat nach dieser Unterscheidung der Mensch einen freien Willen, er *erfährt* sich als frei, doch in der Er-Perspektive der Wissenschaft enthüllt sich dieses Erleben als Illusion. ROTH behauptet, dass auch die rein subjektiven Erlebniszustände der wissenschaftlichen Hirnforschung durchaus zugänglich sind. Er belegt dies an der Schmerzwahrnehmung. Bei einer Versuchsperson, die sich im Kernspintomographen befindet, kann er bei einem leichten Nadelstich – den der Patient auch durch Knopfdruck als Schmerzempfindung zu erkennen gibt – mit wissenschaftlicher Sicherheit im sensorischen Areal der Großhirnrinde sowie im sogenannten insulären und zingulären Hirnbereich Aktivitäten beobachten. Er kann also individuelles Empfinden anhand von Beobachtungen an bestimmten Gehirnaktivitäten nachweisen und dieses subjektive Empfinden auch durch Reizung der entsprechenden Gehirnareale beeinflussen.[74]

Auf ähnlich mechanische Weise kommt nach ROTH die menschliche Willenshandlung zustande. Hier ist allerdings das Zusammenwirken vieler motorischer Zentren innerhalb und außerhalb der Großhirnrinde notwendig. Die Aktivität des sogenannten supplementärmotorischen Kortex ist dabei dafür verantwortlich, dass wir das Gefühl haben, eine bestimmte Bewegungshandlung *gewollt* auszuführen. In Wirklichkeit ist kein »Ich« und kein geistiges Selbstbewusstsein am Zustandekommen einer Handlung beteiligt. Alles geht auf Kosten der selbständigen Aktivität der Gehirnzellen. Damit eine bestimmte Bewegungshandlung tatsächlich zustande kommt, müssen auch »die außerhalb der Großhirnrinde angesiedelten und damit völlig unbewusst agierenden Basalganglien an diesem Aktivierungsprozess mitwirken«.[75] In den Synapsen, den Kontaktstellen zwischen den Nervenzellen, sind in bestimmten Gehirnarealen die bisherigen Handlungserfahrungen sowie die ins Unbewusste abgesunkenen Interaktionen mit der natürlichen und sozialen Umwelt gespeichert. Kontrolliert werden diese gespeicherten Erfahrungen durch das Limbische System, einem Gehirnareal, das ebenfalls völlig unbewusst arbeitet. Nur durch dieses unbewusst arbeitende Zusammenspiel der für Emotionen zuständigen Gehirnbereiche entstehen die Wünsche und Absichten, aus denen heraus der Mensch handelt. Besonders beweiskräftig ist für ROTH, dass die genannten Tätigkeiten der unbewusst bleibenden Gehirnzellen, die zu Wünschen, Absichten und Handlungen führen, im Experiment schon »ein bis zwei Sekunden« *vor* dem Bewusstwerden des Handlungsprozesses zu beobachten sind. Schon rein zeitlich gesehen kann also das Bewusstsein keine Rolle beim Entstehen einer Handlung spielen. Ein freier Wille ist in dieser Sicht ausgeschlossen. Nicht der Mensch handelt, sondern sein selbsttätig wirkendes Gehirn.

Dieses besteht nach dem Neurophysiologen BENJAMIN LIBET aus schätzungsweise »100 Milliarden Nervenzellen, von denen jede Tausende von Verbindungen mit anderen Nervenzellen haben kann«, also billionenfach untereinander in Wechselwirkung stehen.[76] Die so entstehende Komplexität ist undurchschaubar, selbst wenn man den Code finden sollte, nach dem die billionenfachen Wechselwirkungen funktionieren. Bekannt sind die Experimente, die LIBET zum zeitlichen Ablauf einer menschlichen Handlung durchgeführt hat. In 40 Versuchen stellte er durch Messung der Hirnströme die Zeitpunkte fest, an denen a. bewusst die Absicht zu einer bestimmten Handlung (zur Bewegung eines Fingers oder der ganzen Hand) im betreffenden Menschen auftaucht, b. sich im Gehirn das Bereitschaftspotenzial zu dieser Handlung ausbildet und c. die Muskeln aktiviert werden, um die Handlung auszuführen. Dabei stellte er fest, dass sich das Bereitschaftspotenzial im Gehirn 350–400 Millisekunden[77] *bevor* die bewusste Absicht zur Handlung im Menschen auftaucht, ausbildet. Zwischen dem ersten Auftauchen des Handlungswunsches und der Ausführung liegen dann nochmals 200 Millisekunden.

Manche Hirnforscher, z.B. SINGER und ROTH, schließen aus der dem Handlungswunsch *vorausgehenden* unbewussten Ausbildung des Bereitschaftspotenzials, dass es keine freie Willensentscheidung gibt. LIBET selbst stellte in seinen Versuchen fest, dass der Mensch nach dem Auftauchen des Handlungswunsches noch 100–150 Millisekunden Zeit hat zu entscheiden, ob er dem Wunsch tatsächlich nachkommen will oder die Handlung unterlässt. Er habe, sagt LIBET, die Möglichkeit eines Veto. 50 Millisekunden vor Beginn der Muskeltätigkeit kann allerdings die Handlung nicht mehr aufgehalten werden. Andere Wissenschaftler stellen die Möglichkeit in Frage, das Auftauchen eines Handlungswunsches auf Millisekunden genau zu bestimmen. Außerdem bestehe ein großer Unterschied zwischen der – in der Vorbereitung des Experiments vorher abgesprochenen – Bewegung eines Fingers und einer auf den Menschen zukommenden existenziell wichtigen Entscheidung. Dass vor einer Handlung oder Aktivität das dazu notwendige Bereitschaftspotenzial vom Gehirn zur Verfügung gestellt wird, ist schon aus logischen Gründen notwendig, um den entsprechenden gezielten Handlungswunsch entstehen zu lassen.

Das hochkomplexe Gebilde unseres Gehirns hat sich nach Auffassung der modernen Naturwissenschaft im Laufe der etwa 3,5 Milliarden

Jahre der Evolution durch zufällige Mutationen und deren Selektion bei der Anpassung an die jeweilige Umwelt aus den am Anfang des Lebens stehenden einzelligen Lebewesen selbsttätig und ohne Zielvorgabe entwickelt. Die Nervenzellen eines Plattwurms sind strukturell nicht von unseren Gehirnzellen unterschieden. Verschieden ist nur die Anzahl und Komplexität des Zusammenwirkens dieser Zellen. Aus diesem Befund ergibt sich die heute viel diskutierte Frage, wie das Bewusstsein und Selbstbewusstsein, das, wie aufgezeigt, teilweise offensichtlich schon bei höheren Säugetieren und auch bei Vögeln aus dieser Komplexität entspringt, zu bewerten ist. Liegt der Sinn dieser Bewusstwerdung ausschließlich biologisch in den dadurch erschlossenen vielfältigeren Möglichkeiten, sich an die jeweilige Umwelt anzupassen? Alle geistigen Aktivitäten und Erzeugnisse, die darüber hinaus vom menschlichen Gehirn produziert werden, sind dann, wie oben ausgeführt, nur unwichtige Nebenprodukte der biologischen Entwicklung. Denn die Gedichte HÖLDERLINS, die Symphonien MOZARTS und BEETHOVENS, die Bilder und Skulpturen MICHELANGELOS, die philosophischen Systeme PLATONS, RENÉ DESCARTES' und IMMANUEL KANTS, die Lehrreden BUDDHAS und die neutestamentlichen Evangelien, aber auch der Lehrsatz des PYTHAGORAS oder andere nicht unmittelbar technisch nutzbare mathematische Gesetze tragen kaum zur biologischen Anpassung an die Umwelt bei. Besteht unser psychologisch-geistiges Erleben nur aus Illusionen, die unser evolutionär entstandenes Gehirn als »Nebenprodukte« erzeugt? – Der Mensch verliert sich im Irrgarten des evolvierenden Universums.

II. Erkennbare Ordnungsstrukturen

Wie finden wir aus dem kosmischen Irrgarten heraus? Wir können auch starke Ordnungsstrukturen im Kosmos erkennen.

Positive Aspekte in der Evolution des Universums

»Mutual Aid« (Gegenseitige Hilfe) neben »Survival of the Fittest«?

Es gibt auch Aspekte in den Lebensvorgängen auf unserem Planeten, in denen die Natur nicht als blutige Kampfarena, sondern als lebensfreundlicher Garten erscheint. Wo bleibt z.B. der von DAWKINS beschriebene Egoismus der Gene bei den vielen, oft sehr genau abgestimmten Symbiosen zwischen den Lebewesen? Anemonenfische etwa leben in enger Partnerschaft mit Seeanemonen. In kleinen Gruppen bewohnen die winzigen Fische Seeanemonen, sogenannte »Blumentiere«, die sich im Meeresgrund eingraben und mit ihren langen Nesselfäden Fische, Krebse und Schnecken einfangen und in ihren Magen befördern. Die kleinen Anemonenfische leben mit ihnen in friedlicher Symbiose. Sie schlafen sogar – von Feinden geschützt – in ihrem Magenraum. Als »Gegenleistung« putzen sie Schmutzteilchen von der Oberfläche ihrer Wirtsleute und vertreiben deren Feinde, indem sie gegen sie anschwimmen, dabei warnende Tok-tok-Laute ausstoßen und ihre bunten Körper abwehrend zur Schau stellen. Gewiss nützt diese »Zusammenarbeit« beiden Lebewesen; sie haben auf diese Weise mehr Lebensraum und können sich so auch besser fortpflanzen. Aber es ist »mystisch«, anzunehmen, dieses Verhalten werde mit mathematischer Genauigkeit vom »Egoismus der Gene« dieser Tiere hervorgerufen und gesteuert. Es hat sich eben so entwickelt und eingespielt, weil es beiden Lebewesen gut tut.

Meerestiere sind oft von lästigen Parasiten befallen. Um von diesen befreit zu werden, suchen sie sogenannte »Putzerstationen« auf, die sich an Riffen im Meer gebildet haben. Dort leben kleine »Putzerfische«, die an den größeren, sich ihrer »Station« nähernden Fischen Parasiten, Pilze, abgestorbene Gewebe- und Hautfetzen beseitigen und vorhandene Wunden reinigen. Auch größere Raubfische lassen sich auf diese Weise behandeln. Natürlich besteht dabei die Gefahr, dass die Putzerfische gefressen werden. Dies wird aber durch vielfältige Verhaltensweisen verhindert. Einerseits geben die den Dienst beanspruchenden größeren Fische durch ihre Körperhaltung – etwa indem sie sich reglos auf die Seite legen – zu erkennen, dass sie in friedlicher Absicht gekommen sind, und andererseits signalisieren die Putzerfische durch ein auffälliges Farbkleid und durch wippende Körperbewegungen, dass sie dienstbare Geister sind, die nicht aufgefressen werden wollen. Der Putzerlippfisch fordert durch solche Bewegungen die zu putzenden Fische auf, das Maul zu öffnen und schwimmt furchtlos auch in das Maul eines Raubfisches hinein. Bisweilen schließt der Raubfisch dabei anschließend das Maul, sperrt es aber auf ein Signal der Putzerfische hin ruckartig auf, damit diese wieder herausschwimmen können.

Sehr zielgenau arbeiten der Pistolenkrebs und die Wächtergrundel zusammen. Der Krebs ist fast blind und kann deshalb sich nähernde Feinde kaum erkennen. Die Grundel aber steht für ihn Wache. Während der Krebs die gemeinsame Wohnhöhle im Sand ausbaggert, wacht die Grundel am Eingang der Höhle und gibt eine drohende Gefahr durch schnelle Flossenbewegungen zu erkennen. Der Krebs flieht daraufhin in die Höhle und kommt erst wieder heraus, wenn die Grundel Entwarnung signalisiert.

Die Beispiele ließen sich zahlreich vermehren. Gewiss ist das Verhalten der Tiere hier sehr anthropomorph beschrieben. Krebse und Putzerfische haben ein zu kleines Gehirn, als dass sie bewusst so ziel- und zweckgerichtet, wie hier beschrieben, ihr Verhalten einrichten könnten. Aber die vielfältigen Formen der Symbiose, die sich im Laufe der Evolution ausgebildet haben, zeigen doch, dass es bei den sich bildenden Verhaltensformen nicht *ausschließlich* um das Fressen und Gefressenwerden und um die gezielte Weitergabe der Gene geht. Auch die gegenseitige Hilfe ist offenbar ein »Motor« in der Ausbildung des Verhaltens im Laufe der Evolution. Ein Verhalten dieser Art ist nicht – konträr zu den »natürlichen« Verhaltensweisen – erst im menschlichen Bereich möglich. Wo es sich im menschlichen Bereich ereignet, verwirklicht sich eine Tendenz, die auch schon in der Natur und im Kosmos angelegt ist.

PJOTR ALEXEJEWITSCH KROPOTKIN, der, selbst aus dem russischen Hochadel stammend, ähnlich wie Dostojewski und Tolstoi die zaristische russische Feudalherrschaft seiner Zeit kritisierte und bekämpfte, schrieb als Gegenentwurf zum Sozialdarwinismus seiner Zeit das heute noch wirksame Werk *Gegenseitige Hilfe in der Tier- und Menschenwelt*.[78] Dem evolutionstheoretischen Prinzip vom *Survival of the Fittest* stellt er das seiner Meinung nach in der Evolution hauptsächlich wirksame Prinzip *Mutual Aid*, »gegenseitige Hilfe«, gegenüber. Von einfachen Tierarten aufsteigend hält er dem evolutionstheoretischen Grundsatz vom erbarmungslosen Kampf ums Dasein in der Natur die Zusammenarbeit und den Zusammenhalt der Tiere entgegen. Dies beginnt bei staatenbildenden Ameisen und Bienen, geht weiter bei Insekten, Vögeln und mündet im Verhalten der Säugetiere, die – etwa als Wölfe – eine gemeinsame Jagdstrategie entwickeln, sich als Pflanzenfresser und mögliche Beutetiere zum gegenseitigen Schutz in Herden und Rudeln zusammenschließen, manchmal auch kranke Artgenossen versorgen und bei Rivalenkämpfen in der Regel durch ein ritualisiertes Verhalten schwere Verletzungen vermeiden.

Im Allgemeinen gehen Naturwissenschaftler von einem kritischen Realismus aus. Ihre Beschreibungen und Begriffe beziehen sich auf eine reale Außenwelt, die eine vom wahrnehmenden Subjekt unabhängige Existenz besitzt. In der Kopenhagener Deutung der Quantentheorie ist dieses Prinzip in Frage gestellt. Einige Biologen, vor allem die chilenischen Neurowissenschaftler HUMBERTO MATURANA und FRANCISCO VARELA stellen eine vom Subjekt unabhängige Außenwelt grundsätzlich in Frage; sie gehen davon aus, dass das, was wir als »Wirklichkeit« wahrnehmen, durch unsere Sinnesorgane und unsere vorgegebenen Einstellungen und Überzeugungen konstruiert ist (erkenntnistheoretischer »Konstruktivismus«). Man braucht nicht Anhänger dieser Erkenntnistheorie zu sein, um am Beispiel der Interpretation der Evolution einerseits durch DAWKINS und andererseits durch KROPOTKIN zu sehen, dass die jeweils vorgegebene weltanschauliche Überzeugung und Einstellung die Interpretation prägt: Bei DAWKINS bestimmt ein ausgeprägter Rationalismus und Individualismus die Darstellung der Evolution und bei KROPOTKIN ist sie geprägt durch den im damaligen Russland neu aufkommenden Sozialismus. In unserer vom Individualismus und Kapitalismus bestimmten Gesellschaft erfährt die Deutung DAWKINS eine größere Aufmerksamkeit. Die beschriebenen Phänomene sind jedoch weder in der einen noch in der anderen Interpretation widerspruchsfrei in die Theorie einzubinden. Die Phänomene lassen mehrere Deutungen zu. Entscheidend ist die *Perspektive*, aus der die Phänomene betrachtet werden.

Der evolutionstheoretische Grundsatz des »*Survival of the Fittest*« ist aus der Perspektive der zur Zeit DARWINS in England aufkommenden industriellen Revolution und des damit verbundenen aufstrebenden Unternehmertums formuliert; er ist nicht von DARWIN selbst geprägt worden. Vielmehr stammt er von dem britischen Sozialphilosophen HERBERT SPENCER. DARWIN ersetzte erst 1869 – auf Anraten seines Kollegen ALFRED RUSSEL WALLACE – in der 5. Auflage seines Hauptwerkes den vorher verwendeten Begriff *Natural Selection* durch den Spencerschen Begriff. ERNST HAECKEL, der DARWINS Evolutionstheorie in Deutschland publik machte und hier als erster rassenhygienische Überlegungen anstellte, dabei auch die Politik als angewandte Biologie bezeichnete, formulierte dieses Prinzip um zum »Sieg des Besten«. DARWIN hat sich in den späteren Ausgaben seines Buches »Die Abstammung des Menschen« positiv zu Haeckels Arbeiten geäußert, er fühlte sich also vom ihm richtig interpretiert.[79] Dazu steht allerdings in einem gewissen Widerspruch, dass DARWIN, der neben Medizin auch Theologie studiert hatte, seine Theorie von der evolutiven Entstehung der Arten mit der christlichen Schöpfungslehre zu verbinden suchte. Der »Urform«, von der »alle organischen Wesen … abstammen«, ist, schreibt er in seinem Hauptwerk, »das Leben zuerst vom Schöpfer eingehaucht worden«.[80] Er hat in seinen späteren Schriften auch gegen den aufkommenden Sozialdarwinismus Stellung genommen.

Die unmenschliche Deutung seiner Lehre, die im Nationalsozialismus zur Sterilisierung und Ermordung von Millionen unschuldiger Menschen geführt hat, wäre vielleicht nicht in dieser schlimmen Form entstanden, wenn DARWIN – evolutionsbiologisch ebenso richtig – statt vom »*Survival of the Fittest*« vom *natürlichen Aussterben des Erstarrten und nicht mehr Anpassungsfähigen* in der Evolution geschrieben hätte. Bezogen auf die Anzahl der Kubikzentimeter an Flüssigkeit ist es zwar völlig gleich, ob ich von einem »halb vollen« oder von einem »halb leeren« Glas Wein spreche.[81] Doch die Formulierungen haben verschiedene Konnotationen und von diesen hängt oft die Wirkungsgeschichte einer Aussage ab.

Zur Evolution: blinder Zufall oder kosmische Intelligenz?

Im Zusammenhang der modernen Naturwissenschaft klingt die Frage schon als solche »unwissenschaftlich«. Als »wissenschaftlich« gilt, fraglos von der These auszugehen, dass nichts in der kosmischen und biologischen Evolution teleologisch, d.h. zielgerichtet, verläuft, sondern alles sich aus dem Spiel des Zufalls und der Anpassung des zufällig Entstandenen an das schon Vorhandene ergibt. Wer diese These in Frage stellt, gerät in den Verdacht, er wolle nach einer offenen Stelle im naturwissenschaftlichen Erklärungsfeld Ausschau halten, um dann Gott als Lückenbüßer in dieses Feld einzusetzen.

Am stärksten ist die konstitutive Rolle des Zufalls in der Evolutionstheorie ausgeprägt worden. Lange Zeit galt es hier als »wissenschaftlich«, das Prinzip der Evolution mathematisch in einer Art Algorithmus zu sehen: Zufällige Mutation – Konfrontation des Entstandenen mit seiner Umwelt – wenn positiv anpassungsfähig: Auswahl und Weitervererbung – wenn nicht positiv anpassungsfähig: Aussterben. Seit einigen Jahren hat sich jedoch die Evolutionstheorie nach unterschiedlichen Aspekten differenziert. Es gibt die Synthetische Evolutionstheorie, die sich besonders mit der Entwicklung in Populationen beschäftigt, die Synergetische Evolutionstheorie, die mit Erkenntnissen der Chaostheorie arbeitet, und eine systemtheoretische Betrachtung der Evolution. Allen Theorien ist gemeinsam, dass *verschiedene* Faktoren die Evolution bestimmen, neben der Selektion z.B. auch die Variation und die Reproduktion. Unstrittig ist jedoch, dass die Entstehung der Arten auf dem Planeten Erde durch Evolution erfolgt ist, dass sie nicht umkehrbar ist und nicht auf ein vorgegebenes Endziel ausgerichtet ist. Der letztgenannte Aspekt steht in Widerspruch zu den Christushymnen des Neuen Testaments, nach denen alles »durch den *logos* geworden« ist (Joh 1,3) und alles »durch Christus« und »auf ihn hin« geschaffen wurde (Kol 1,16).

Hinsichtlich der Evolutionsmechanismen unterscheidet man zwischen der »Mikroevolution« und der »Makroevolution«. Bei der Mikroevolution handelt es sich um die Variation schon vorhandener Konstruktionsformen, etwa der Entwicklung von Hufen aus den Fußzehen bei Pferden, der Anpassung eines Schnabels an eine bestimmte Nahrung oder der Graufärbung der Schmetterlingsflügel beim Birkenspanner entsprechend der Verschmutzung der Birkenrinde durch die rußigen

Abgase in Industriegebieten. Veränderungen dieser Art können durch die herkömmliche Evolutionstheorie auf der Basis zufälliger Mutationen gut erklärt werden. Schwierig aber ist es, die Entstehung neuer Körperkonstruktionen auf diese Weise zu erklären. Wie kam es z. B. zu vierbeinigen Lebewesen? Wie entwickelte sich der Vogelschnabel? Man weiß, dass dieser sich nicht aus einem bezahnten Kiefer entwickelt hat. Offenbar gibt es zwei Zweige der Entwicklung, die unabhängig voneinander zur selben Funktion, nämlich der Nahrungsaufnahme geführt haben. Dasselbe gilt hinsichtlich der Entwicklung von Flügeln. Die Flügel der Vögel haben sich aus den vorderen Extremitäten der Dinosaurier entwickelt. Die Flügel der Insekten, etwa der Schmetterlinge, entstanden durch lappenförmige Ausstülpungen der Chininhaut der Tiere, obwohl beide Entwicklungen dieselbe Funktion haben, nämlich das Fliegen zu ermöglichen. Es gibt also parallel laufende Entwicklungslinien zur Hervorbringung derselben Funktion bei verschiedenen Arten. Dies widerspricht der – zumeist angenommenen – Vorstellung, die Vielfalt der Arten und ihrer Funktionen hätte sich nach dem Muster »zufällige Mutation und nachfolgende Selektion« von *einem* Ursprungslebewesen, etwa den Bakterien, wie die Zweige eines Baumes fortlaufend auseinander entwickelt.

Ein besonderes evolutionstheoretisches Problem bereitet die vergleichende Untersuchung der molekularen Bausteine der Lebewesen und ihrer Funktionen. Für die Atmung ist das Enzym Cytochrom C unabdingbar.[82] Das Molekül ist bei jeder Spezies etwas anders strukturiert. Von den 102 Aminosäuren, die es enthält, müssen aber immer 34 an ihrem vorgegebenen Platz sein, sonst kann das jeweilige Lebewesen nicht atmen und also nicht existieren. Man hat bisher keine Vorstufen des Ferments gefunden; seine Entstehung ist unbekannt. Die rein zufällige Entstehung des fertigen funktionsfähigen Ferments ist jedoch völlig unwahrscheinlich. Die Wahrscheinlichkeit der zufälligen Entstehung des Moleküls mit 34 konstanten Positionen von bestimmten Aminosäuren liegt mathematisch bei 1:20,[34] ist also wissenschaftlich kaum verwertbar. Kreationisten verwenden das Phänomen, um insgesamt die durch zufällige Mutationen bestimmte evolutionäre Entstehung der Arten in Frage zu stellen. Das ist jedoch nicht notwendig. Es genügt, anzunehmen, dass die Schöpfung nicht auf die Singularität des »Urknalls« beschränkt ist, sondern als *creatio continua* die Evolution des Universum von Anfang bis Ende begleitet. Der Impuls, der am

Anfang den Prozess *sein* aus nichts hervorgerufen hat, besteht weiter. Nur so sind die oben beschriebenen Emergenzen, die Entstehung von etwas substanziell Neuem, von Elementen, die in der vorausgehenden Situation nicht vorhanden waren, erklärbar. Wie für den »Urknall« gilt dies besonders auch für die Entstehung des Lebens, das in allen denkbaren Situationen, aus denen es entstanden sein könnte, definitionsgemäß vorher nicht vorhanden war.

Durch Zufall geprägte Evolution ist jedoch in der modernen Naturwissenschaft das Stichwort für die Entstehung des gesamten Universums. Nicht Gott hat die Milliarden von Galaxien mit ihren vielen Milliarden Sternen in weiser Zielsetzung und überragender Intelligenz geschaffen, sondern das riesige Wunderwerk hat sich ausgehend vom Urknall von selbst so entwickelt, wie wir es heute vorfinden und wird sich selbsttätig weiter entwickeln, bis es sich – bei der gegenwärtig zu beobachtenden starken Expansion – im Unendlichen und Wesenlosen verliert und der Vorgang *sein* zu Ende geht. Zwar folgt die Entwicklung den von der Physik entdeckten Naturgesetzen und Naturkonstanten, aber die moderne Physik geht im Allgemeinen davon aus, dass diese Gesetze und Konstanten zusammen mit der Expansion des Universums, also zusammen mit diesem, entstanden sind.

Nimmt man an, dass 10^{17} Universen existieren, ergibt sich aus der Wahrscheinlichkeitsrechnung, dass darunter sich auch ein Universum befindet, das genau die Naturgesetze und Naturkonstanten unseres Universums aufweist, eines Universums also, in dem die Entstehung von Leben und Intelligenz möglich ist. Dieses Leben und diese (unsere) Intelligenz sind dann ein Nebenprodukt der zufällig entstandenen verschiedenartigen Universen. Das sogenannte »Anthropische Prinzip«, das darauf hinweist, dass in unserem Universum die Naturgesetze und Naturkonstanten in großer Feinheit so aufeinander abgestimmt sind, dass sich auf dem Planeten Erde am Rande der Galaxie Milchstraße intelligentes Leben entwickeln konnte und entwickelt hat, ist, so gesehen, kein Hinweis auf eine Macht, die – entsprechend den biblischen Schöpfungserzählungen und entsprechend den Christushymnen im Neuen Testament – zielgerichtet die Evolution auf die Entstehung des Menschen hinlenkt. Auch wenn ich nicht von den oben genannten 10^{17} Universen ausgehe, kann sich, sagt die strenge Naturwissenschaft, die erwähnte Feinabstimmung immer noch »zufällig« bei der Evolution unseres Universums ergeben haben, so dass Leben und Intelligenz immer noch als zufälliges »Nebenprodukt« rein physikalischer Entwicklungen angesehen werden können. Doch kann aus nichts »zufällig« der Prozess *sein* entstehen? Und kann der Impuls, der dies bewirkte, nicht in der weitergehenden Evolution immer noch wirksam sein?

Das »Anthropische Prinzip«

Am 17. Februar des Jahres 1600 wurde GIORDANO BRUNO auf dem *Campo de' Fiori* in Rom bei lebendigem Leibe verbrannt, weil er neben seiner Ablehnung der Gottheit Jesu und des Jüngsten Gerichts (im damaligen dogmatischen Verständnis dieser Begriffe) die Existenz vieler »Welten« d.h. im heutigen Vokabular: vieler Universen, behauptet hatte. Heute sind die Verhältnisse genau umgekehrt. Das gesellschaftliche Bewusstsein hat sich um fast 180° gedreht. Zwar wird man nicht gerade gefoltert und verbrannt, wenn man die von GIORDANO BRUNO vertretene Multiversum-Theorie oder die Annahme einer (auf andere Weise geschehenen) zufälligen Entstehung der Naturgesetze und Naturkonstanten, die zur Existenz intelligenter Wesen auf dem Planeten Erde geführt hat, als unglaubwürdig ablehnt und eine lenkende Macht hinter dieser Entwicklung sieht; aber diese Sicht wird als »unwissenschaftlich«, als »mystisch« oder als »metaphysische Spekulation« gebrandmarkt. Wieder wird hier deutlich, wie die neuzeitliche Spaltung in das einerseits naturwissenschaftlich-objektivierende und andererseits philosophisch-theologische Denken der Entwicklung *beider* Bereiche der Wissenschaft geschadet hat.

Denn gewiss ist es kurzschlüssig und unreflektiert, angesichts des naturwissenschaftlichen Erklärungsnotstands, wie er durch das »Anthropische Prinzip« angezeigt ist, Gott als den Schöpfer und Lenker des Universums einzuführen; Gott muss auf diese Weise wieder als »Lückenbüßer« funktionieren. Doch andererseits wird auch die methodische Unbeholfenheit der Naturwissenschaft deutlich, wenn sie angesichts des Problems dem menschlichen Verstand die Existenz von 10 Trillionen Universen zumutet oder dazu auffordert, die unglaubliche Feinabstimmung der Naturkonstanten als blinden Zufall anzusehen. Das klingt nach der – auch nicht gerade wissenschaftlichen – Devise »Augen zu und durch«.

Die Astrophysik versucht auf verschiedene Weise mit dem »Anthropischen Prinzip«, d.h. mit der den Menschen ermöglichenden Feinabstimmung der Verhältnisse in unserem Universum, zurecht zu kommen. Einige Physiker versuchen das Problem durch einen Rekurs auf die sprachliche Logik zu bewältigen. Nach ihrer Ansicht besteht das Prinzip aus einer Tautologie. Es besagt ihrer Meinung nach nichts anderes, als dass es uns Menschen auf der Erde, die das Universum beobachten, gibt. Diese offensichtliche Tatsache beschreibt das »Anthropische Prinzip« (etwas umständlich), indem es die im Universum gegebenen Randbedingungen unserer Existenz aufzählt. Daraus auf einen Schöpfergott zu schließen, überschreitet nach diesem Ansatz nicht nur die Naturwissenschaft, sondern die wissenschaftliche Logik. Dass es uns gibt, und dass es überhaupt etwas gibt, ist für diese wissenschaftliche Logik kein Problem. Die sehr einfache Grundfrage »Warum sind wir Menschen?« oder noch grundsätzlicher: »Warum ist überhaupt etwas und nicht vielmehr nichts?« – es könnte ja auch nichts sein – gilt für die Naturwissenschaft als »metaphysisch« und fällt damit auch schon unter das Verdikt der »Unwissenschaftlichkeit«.

Es ist an dieser Stelle sinnvoll, sich die kosmische Feinabstimmung, die zur Entwicklung des Lebens und der Intelligenz auf der Erde geführt hat, ein wenig im Detail zu vergegenwärtigen.[83] Wäre die Anziehungskraft zwischen dem Atomkern und den ihn umkreisenden Elektronen nur ein wenig stärker oder geringer, würden die Atome, wie sie heute im Universum die Materie bilden, nicht existieren. Wäre sie stärker, würden die Elektronen in den Kern hineinstürzen oder es müssten andere Kerne gebildet werden; wäre sie schwächer, könnten die Elektronen im Atom nicht eingebunden werden, auch so wäre die Materie, aus der sich vor 3,5 Milliarden Jahren auf dem Planeten Erde Leben entwickelt hat, nicht vorhanden. Wäre die sogenannte »schwache Wechselwirkung«, von der die Verbrennung des Wasserstoffs in unserer Sonne gesteuert wird, nur geringfügig stärker oder schwächer, könnte der Wasserstoff in der Sonne nicht relativ gleichmäßig verbrennen; die Sonne könnte nicht, wie es zur Entstehung des Lebens notwendig war, viele Milliarden Jahre lang Licht und Wärme zur Erde senden.

Läge die Umlaufbahn unserer Erde näher an der Sonne (wie etwa die Umlaufbahn der Venus), wären Temperatur und Atmosphäre ungeeignet für die Entwicklung des Lebens (auf der Venus herrschen Temperaturen bis zu 500 Grad Celsius). Hätte der Mond, der unsere Erde umkreist, einen wesentlich geringeren Umfang (wie ihn z.B. die Jupitermonde haben), könnte er nicht dazu beitragen, die Neigung der Erdachse beim Umlauf der Erde um die Sonne zu stabilisieren. Winzige Störungen der Erdrotation würden sich im Lauf der vielen Jahrmillionen, die zur Entwicklung des Lebens notwendig waren, summieren, und die Neigung der Erdachse wäre starken Schwankungen ausgesetzt, die wiederum weitreichende Klimaveränderungen hervorrufen und dadurch die Entwicklung des Lebens auf der Erde verhindern würden.[84] Unser Mond bewegt sich (infolge der Gezeitenkräfte) pro Jahr um 4 cm weiter von der Erde fort; in rund zwei Milliarden Jahren ist er so weit von der Erde entfernt, dass er deren Rotation nicht mehr stabilisieren kann. Leben auf der Erde wird dann nur noch unter schwierigen Umständen möglich sein.[85]

Die notwendigen Feinabstimmungen ließen sich um ein Vielfaches vermehren. Läge unser Sonnensystem naher am Zentrum unserer Galaxie, wo sich wahrscheinlich ein ungeheuer starkes »Schwarzes Loch« befindet, wäre das von dort ausgehende Strahlungsfeld so stark, dass kein Leben im Bereich dieses Sonnensystems möglich wäre; läge es andererseits noch weiter am Rand unserer Galaxie, hätten sich in ihm nicht die für das Leben notwendigen schweren Elemente (vor allem Kohlenstoff) bilden können. Die organischen Moleküle, aus denen das Leben entstand, sind nur möglich durch eine »empfindliche Balance zwischen elektrischen und quantenmechanischen Kräften«[86]. MICHIO KAKU fasst zusammen: Es gibt einen »eindrucksvollen Katalog von Merkmalen, in denen unsere Erde genau das richtige Maß aufweist – Ausdehnung der Weltmeere, Plattentektonik, Sauerstoffgehalt, Wärmegehalt, Achsenneigung und so fort –, um intelligentes Leben hervorzubringen. Läge die Erde außerhalb dieser schmalen Zonen, wären wir nicht hier, um diese Fragen zu erörtern.«[87]

»Genosse Zufall«, der dies alles bewirkt, bläht sich angesichts des »Anthropischen Prinzips« zu einem selbst »mystischen« und »metaphysischen« Gebilde auf, das jedoch von der Naturwissenschaft dennoch als »rational« und innerhalb der wissenschaftlichen Grenzen verbleibend angesehen wird. Als wissenschaftlich gilt eine Theorie, wenn sie verifiziert oder falsifiziert werden kann. Wie aber soll dies hinsichtlich des aufgeblähten »Genossen Zufalls« geschehen? Der englische Königliche Hofastronom an der Universität Cambridge, MARTIN REES, rechnet mit der Möglichkeit einer riesigen Zahl von Universen, in denen die Naturgesetze anders aussehen als in unserem Universum.[88] Nur so lassen sich seiner Ansicht nach die detaillierten kosmischen Zufälle, die in unserem Universum zur Entstehung des Lebens auf dem Planeten Erde geführt haben, erklären. MICHIO KAKU folgt dieser Ansicht: »Unser Universum ist, wie es ist, weil angesichts der vielen Universen im Multiversum das Gesetz der großen Zahl und nicht der göttliche Plan zum Zuge kommt.«[89] Beginnend mit GALILEO GALILEI hat das »Gesetz der Zahl« den Schöpfergott verdrängt.

SMOLIN spricht von einer »Evolution von Universen« analog zur Evolution der Arten in der Entwicklung des Lebens auf dem Planeten Erde. Aus Schwarzen Löchern, sagt KAKU, werden immer neue Universen geboren und diejenigen Universen, welche die meisten Schwarzen Löcher haben, können sich am besten »fortpflanzen«. »Wie im Tierreich bedeutet dies, dass sich das Universum, das die meisten ›Kinder‹ in die Welt setzt, letztlich durchsetzt, indem es seine ›genetischen Informationen‹ – seine physikalischen Naturkonstanten – verbreitet.«[90] Also führt auch hier die tödliche Konkurrenz zum Universum, das Leben enthält, und dieses Leben entfaltet sich nach demselben Gesetz weiter auf den Leben tragenden Planeten. Immer überlebt – nach dem Gesetz des Zufalls und dem Gesetz der größeren Zahl – der »Fitteste«, das oder der am besten Angepasste. Nachzuprüfen ist diese Theorie, indem man die Zahl der Schwarzen Löcher in unserem Universum bestimmt und mit Hilfe von Computersimulationen nachweist, dass Universen mit anderen Naturkonstanten weniger Schwarze Löcher aufweisen.[91] Angesichts dieser »wissenschaftlichen« Theorie kann man fragen, ob die vorwissenschaftlichen Kosmologien, die von ursprünglich widerstreitenden guten und bösen Mächten, von Göttern und Dämonen erzählen, nicht plausibler sind als diese rationalistischen Konstruktionen.

Naturwissenschaftler zur Religion

Es gibt allerdings auch Physikerinnen und Physiker, die durch die im Universum zu beobachtenden fein abgestimmten Naturgesetze und Naturkonstanten zum Glauben an einen Schöpfergott geführt wurden. Dazu zählte schon ISAAK NEWTON, der die Gravitationsgesetze aufgedeckt hat, durch welche die Umlaufbahnen der Planeten und Sterne bestimmt sind. Die Genauigkeit und Schönheit dieser Gesetze und der durch sie bestimmten astronomischen Bewegungen waren für ihn ein Hinweis auf die Existenz Gottes. Wie in der Auseinandersetzung mit NIELS BOHR um die Unbestimmtheiten in der Quantenphysik deutlich wurde, verbürgte auch für ALBERT EINSTEIN Gott – von ihm etwas respektlos »der Alte« genannt – die Stabilität der Naturgesetze und Naturkonstanten. Als im April 1929 der New Yorker Rabbiner HERBERT GOLDSTEIN, aufgeschreckt von der Warnung kirchlicher Kreise vor dem Studium der Relativitätstheorie, ein Rückantwort-Telegramm mit der Frage »Glauben Sie an Gott?« an EINSTEIN schickte, telegraphierte dieser zurück: »Ich glaube an Spinozas Gott, der sich in der gesetzlichen Harmonie des Seienden offenbart, nicht an einen Gott, der sich mit dem Schicksal und den Handlungen der Menschen abgibt.« Was ist auch der einzelne Mensch angesichts der unbegrenzten Weite und Größe des Universums? An anderer Stelle spricht EINSTEIN von dem »verzückten Erstaunen über die Harmonie der Naturgesetzlichkeit, in der sich eine überlegene Vernunft offenbart«.[92] Gott ist für EINSTEIN das geistige Grundprinzip des Universums.

Auch MAX PLANCK, der Begründer der Quantenphysik verband die naturwissenschaftliche Forschung mit seiner religiösen Überzeugung. In den Naturgesetzen spiegelt sich auch für ihn das Walten einer »göttlichen Vernunft«. Forschung bedeutet für ihn die Annäherung an Gott. Anders als für EINSTEIN bezieht sich für MAX PLANCK das göttliche Walten auch auf das Schicksal des Menschen. Er wurde selbst schwer von Schicksalsschlägen getroffen: Unter der Nazi-Herrschaft verlor er seinen Lehrstuhl, seine beiden Töchter starben jeweils bei der Entbindung, sein Sohn wurde im Zusammenhang des Stauffenberg-Attentats auf Hitler von den Nazis hingerichtet. In dieser Situation sprach er vom »tapferen Ausharren im Lebenskampf« und von der »stillen Ergebung in den Willen der höheren Macht, die über dem Einzelnen waltet«.[93]

Der Quantenphysiker WERNER HEISENBERG, nach dem das von ihm entdeckte Gesetz der Unschärferelation benannt ist, sieht mit PLATON und PYTHAGORAS am Grund der Wirklichkeit die mathematische Symmetrie, die aus dem Chaos den Kosmos geschaffen hat, und er glaubt, dieser göttlichen Ordnung so unmittelbar gegenübertreten zu können, wie menschliche Personen einander gegenübertreten.[94]

Die Physikerin VERA KISTIAKOWSKY sieht ausdrücklich im »Anthropischen Prinzip« ein Zeichen für die Existenz Gottes. Sie schreibt: »Die wunderbare Ordnung, die sich in unserem Verständnis der physikalischen Welt offenbart, setzt ein göttliches Prinzip voraus.«[95] Der Professor für Mathematische Physik am Queens College in Cambridge, John Polkinghorn wurde Priester der Anglikanischen Kirche.[96] Der frühere Atomphysiker Hans-Rudolf Stadelmann arbeitet heute, wie erwähnt, als Gemeindepfarrer in der Schweiz.[97] Der Mathematiker Günter Ewald kommt vom Phänomen des Todes und der Todeserfahrung her zu einer die Naturwissenschaften überzeugend umgreifenden religiös-christlichen Weltsicht.[98]

Zahlenmäßig überwiegen jedoch die rationalistischen Skeptiker. Bisweilen werden auch zu kurzschlüssig astrophysikalische Daten und religiöse Überlieferung in Beziehung gesetzt. Anschließend an die Quantentheorie gibt es Versuche, Gott, menschliche Willensfreiheit und Unsterblichkeit mit Hilfe mathematischer Berechnungen wahrscheinlich zu machen oder sogar zu beweisen. Davon soll im Abschnitt über den Zusammenhang physikalisch-biologischer Phänomene mit dem menschlichen Geist die Rede sein.

Detailliert auf alte christliche Überlieferungen geht der Biochemiker und Zellbiologe am Clare College in Cambridge, Rupert Sheldrake, ein. Sheldrake hat mit seinen Thesen zur Erklärung der Entstehung der verschiedenen Formen im Naturgeschehen – der Formen der Kristalle, der Pflanzen, der Tiere und auch der Denk- und Verhaltensformen im menschlichen Bereich – eine bedenkenswerte Theorie entwickelt, die viele bisher unerklärliche Phänomene aufhellt und das mechanistische Weltbild der Naturwissenschaft auch noch des 20. Jahrhunderts begründet in Frage stellt.[99] Auch in seinen Ausführungen zur Relativitätstheorie und Quantentheorie erweist er sich als genauer Kenner der Materie. Er reagiert aber zu kurzschlüssig, wenn er in einer Interpretation der mittelalterlichen Engellehren des Dionysios Areopagita, des Thomas von Aquin und der Hildegard von Bingen die von der Quantentheorie beschriebenen Photonen mit den christlichen Engeln und religiösen Geistwesen mehr oder weniger gleichsetzt.[100]

Das Licht als gleichzeitig religiöses und physikalisches Phänomen. Engel als Lichtwesen

Gewiss spielen das Licht und Lichtwesen in fast allen Religionen eine bedeutende Rolle. In den Kosmologien vieler Völker geht die Welt aus Dunkelheit und Nacht hervor. Finsternis über der *tehom*, der Urtiefe, dem gähnenden Abgrund, ist der Ausgangspunkt der jüngeren biblischen Schöpfungserzählung, und das erste Wort des Schöpfers lautet: »Es werde Licht.« In der *Rigveda* entsteht die Welt aus einem »Ozean ohne Licht, in Nacht verloren« (*Rigveda* X, 129). Ein orphischer Hymnus spricht von der Nacht als »aller Wesen Ursprung«, Götter und Menschen werden aus ihr geboren.[101] Der altchinesische Philosoph LAOTSE sagt: »Alle Dinge haben im Rücken das Dunkel und streben nach dem Licht« (*Tao-te-King*, Spruch 42). Vielfach werden Sonne und Feuer als Gottheit verehrt. Bekannt ist aus dem Alten Ägypten der Sonnengott Re, den der Pharao ECHNATON in einem großen Hymnus preist. Literarisch verwandt ist damit der »Sonnengesang« des Franz von Assisi. *Schamasch* heißt der altbabylonische Sonnengott und im alten Griechenland wird *Helios* als Sonnengott verehrt. Der Name des *Zeus*, der auf dem lichten Olympus wohnt und von dort seine Blitze auf die Menschen herabschickt, ist abgeleitet von der indogermanischen Sprachwurzel *div*, die »leuchten« bedeutet. *Sol* ist im römischen Bereich die Sonnengottheit, spätrömisch als *sol invictus*, als »unbesiegte Sonne«, verehrt, eine Bezeichnung, die im aufkommenden Christentum auf Jesus bezogen wurde. Der aus der altiranischen Religion stammende, besonders von den römischen Legionen verehrte Kriegs- und Sonnengott *Mithras*, den Kopf mit einem Strahlenkranz umgeben, erscheint in der Sonnenwende des Winters, dem Zeitpunkt, von dem an die Sonne die Tage wieder länger erleuchtet. Die Christen haben die Geburt Jesu als die lichthafte Erscheinung Gottes in der Welt auf diesen Zeitpunkt gelegt. Im Hinduismus spielt *Agni*, der Gott des Feuers, eine wichtige Rolle. In allen vorgeschichtlichen Religionen wurde die dem Gott gewidmete Opfergabe dem Feuer, dem Repräsentanten der Gottheit auf der Erde, übergeben. In der griechischen Sage raubt *Prometheus* das Feuer aus dem göttlichen Bereich, dem es zugehört, und bringt es den Menschen. In den indischen Religionen streben die Menschen nach »Erleuchtung«, die bewirkt, dass sie aus dem Rad der Wiedergeburten in dieser Welt herausfinden und in den göttlichen Bereich aufsteigen können.

Licht ist der Raum, in dem Gott lebt. Er wohnt im Licht. »Licht umhüllt dich einem Mantel gleich«, heißt es im Psalm (104, 2). Nach der Weissagung des Propheten Jesaja wird bei der Geburt des Messias ein »gewaltiges Licht« über den Menschen aufstrahlen (Jes 9,1). Entsprechend erzählt die Geburtslegende im Matthäusevangelium, dass »die

Sterndeuter im Osten« bei der Geburt Jesu einen hellen Stern aufleuchten sehen und seinem Licht folgen, um das neugeborene Kind zu
sehen (Mt 2, 1–12). Dem Apostel Paulus begegnet der von den Toten
auferstandene Jesus vor Damaskus in einer überwältigenden Lichterscheinung (Apg 9,1–9). Nach dem Johannesevangelium ist Christus
das »Licht, das jeden Menschen erleuchtet« (Joh 1,9). Er ist »das Licht
der Welt« (Joh 8, 12) und die Menschen, die ihm folgen, sind »Kinder
des Lichts« (Joh 12, 36).

In den dualistischen Religionen stehen sich seit Ewigkeit der gute Gott
des Lichts und der Gott der Finsternis feindlich gegenüber. Nach dem
im Iran im dritten Jahrhundert n. Chr. von dem Propheten Mani gegründeten Manichäismus manifestiert sich dieser Gegensatz in der
Wirklichkeit des Kosmos und im Wesen des Menschen. Die himmlische
Lichtwelt ist durch die teuflische Finsternis verdunkelt. Gott ist Geist
und Licht, die Materie ist widergöttliche Dunkelheit. Die menschliche
Vernunft ist ein verbliebenes Lichtelement in der Welt. Mit seiner Hilfe
kann sich der Mensch durch Askese und Streben nach dem Geistigen
aus der Verstrickung in das Irdisch-Materielle befreien und – nach seinem Tod – in das göttliche Lichtreich zurückkehren. Viele Elemente
dieser Weltsicht sind auch im Platonismus und besonders im Neupla-
tonismus und in der Gnosis enthalten. Obwohl der biblische mono-
theistische Gottesglaube einer dualistischen Weltsicht entgegensteht,
sind über Platon und Augustinus doch auch Jahrhunderte lang gnos-
tisch-dualistische Elemente in das Christentum eingedrungen. Bei den
Katharern – d. h. wörtlich »den Reinen« – und anderen von der Kirche
oft grausam verfolgten Sekten gewann diese dualistische Weltsicht die
Oberhand.

Schon in frühen alttestamentlichen Texten ist von Boten Gottes die
Rede, die Gottes Ratschlüsse mitteilen und die Pläne Gottes verwirklichen. Als Abraham in blindem Gehorsam seinen einzigen Sohn als
Schlachtopfer töten will, erscheint ihm der *malak* Jahwes auf dem Antlitz seines dem Tod ausgelieferten Kindes und ruft ihm von diesem
»Himmel« aus zu: »Strecke deine Hand nicht gegen den Knaben aus
und tu ihm nichts zuleide!« (Gen 22,11 f.) Dem heidnischen Seher
Bileam wird der Engel Jahwes, der ihm einschärft, in seiner Weissagung nur das zu verkünden, was Jahwe ihm eingibt, im seltsam störri-
schen Verhalten seines Esels sichtbar (Num 22, 22–35). Aus Menschen,
Tieren, besonders geformten Steinen, günstigen oder ungünstigen

Winden bei der Seefahrt auf dem Meer können (gute oder böse) Engel sprechen.

In der griechischen Übersetzung des Alten Testamentes lautet ihre Bezeichnung *angeloi*, »Boten«, »Gesandte«. *Angeloi* wurde zu dem Wort »Engel« eingedeutscht. Sie erscheinen in den Texten in körperlich-menschlicher Gestalt, geben aber durch ihr plötzliches Erscheinen und ihr ebenso plötzliches Verschwinden und durch ihre Botschaft zu erkennen, dass sie nicht als materielle physikalische Wirklichkeiten zu verstehen sind. Beeinflusst von griechisch-platonischen und frühiranischen dualistischen Strömungen wurden im Frühjudentum, in der Zeit zwischen dem Alten und Neuen Testament, in außerkanonischen, meistens zur Apokalyptik gehörenden Texten, diese Gestalten zu himmlischen Lichtwesen. In seinem Spottlied auf den König von Babel bezeichnet der Prophet Jesaja den gestürzten König ironisch als »Sohn des Glanzgestirns«, der aus seiner Sternenhöhe hinabgestürzt wurde in die äußerste Tiefe der Unterwelt (Jes 14,10–19). Das »Glanzgestirn« wurde in den apokryphen Schriften identifiziert mit dem Morgenstern, der in der Antike *Luzifer*, »Lichtbringer«, genannt wurde. Verbunden mit dem König von Babel, der für Israel das Symbol aller widergöttlichen Mächte darstellte, wurde »Luzifer« mit dem Teufel gleichgesetzt, der wegen seines Hochmuts zusammen mit seinen Anhängern aus dem göttlichen Lichtbereich in die Hölle hinabgestürzt wurde.

Dieser Mythos steht im Hintergrund, wenn im Neuen Testament von den Engeln und vom Teufel geredet wird. Im Lukasevangelium wird erzählt, dass Jesus den Satan »wie einen Blitz«, d.h. als Lichterscheinung, vom Himmel stürzen sah (Lk 10,18). In der Geheimen Offenbarung des Johannes, dessen Autor die grausame Christenverfolgung unter dem römischen Kaiser Domitian heraufziehen sah, erscheinen der Satan in der Gestalt des Höllendrachen und die mit ihm kooperierenden Mächte fast dualistisch als der dunkle Widerpart Gottes. Andererseits ist die Geburt Jesu von Lichtengeln umgeben, die in der Nacht den Hirten auf dem Feld in hellem Lichtglanz erscheinen und ihnen die frohe Botschaft verkünden. In der tiefen Dunkelheit und Hoffnungslosigkeit die nach der Kreuzigung die Frauen um Jesus erfasst hat, erscheint der Lichtengel an Jesu Grab, wälzt den Stein weg, der es verschließt, und setzt sich darauf. »Seine Gestalt leuchtete wie ein Blitz und sein Gewand war weiß wie Schnee« (Mt 28, 3). Diese Lichterscheinung verkündet den Frauen Jesu Auferstehung.

Diese Rede vom Licht und von himmlischen Lichtwesen in den Religionen hat gegenüber den Aussagen über das Licht in der Physik einen völlig anderen Sprachcharakter. Es geht hier nicht um empirisch feststellbare und mathematisch berechenbare Phänomene, sondern um eine Beschreibung und Deutung der Höhen und Tiefen menschlichen Lebens. Auch in diesem gravierenden Unterschied des Sprachspiels kommt der tiefe Graben zwischen religiösen und naturwissenschaftlichen Aussagen zum Ausdruck. Es scheint, als seien es abgrundtief verschiedene Welten, die hier und dort beschrieben werden. Es ist ein – leider nicht geglückter – »Salto mortale« über den Abgrund hinweg, wenn SHELDRAKE die Photonen mit den Engeln gleichsetzt. Es hilft jedoch auch nicht weiter, die religiöse Rede als »symbolisch« und die naturwissenschaftliche Sprache als »realistisch« zu charakterisieren. Auf diese Weise wird der abgrundtiefe Graben zwischen den beiden Bereichen auch im Sprachlichen zementiert. Wie anders aber als durch Sprache können die beiden Welten wieder verbunden werden?

Auch die religiöse Rede bezieht sich auf Realität. Der Sturz des Königs von Babel und die Domitianische Christenverfolgung, die in der religiösen Rede angesprochen werden, sind harte geschichtliche Realitäten. Auch die Freuden und Leiden, die hinter der religiösen Rede stehen, sind real. Andererseits zeigt das große Interesse, das Astrophysik, Quantentheorie, Evolution und Gehirnforschung gegenwärtig bei vielen Menschen findet, auch wenn sie beruflich nichts mit der Naturwissenschaft zu tun haben, dass auch von den naturwissenschaftlichen Aussagen eine Aufhellung des Lebens im Ganzen und eine neue Orientierung in der Welt erhofft wird. Die religiös-philosophische Rede muss sich in einer neuen Art und Weise auf die Welt, wie sie von der Naturwissenschaft beschrieben wird, beziehen; und die Naturwissenschaft verurteilt sich selbst zu trockener Engstirnigkeit, wenn sie dort, wo – wie etwa beim »Anthropischen Prinzip« – von den eigenen Forschungsergebnissen her Fragen nach dem Sinn des Ganzen ins Spiel kommen, diese Fragen kurzschlüssig als »mystisch« und »metaphysisch« abqualifiziert und beiseite schiebt.

Das Licht ist ein Phänomen, das eine Art Schnittstelle zwischen den beiden auseinandergefallenen Daseinsbereichen einnimmt. Im vorkopernikanischen geozentrischen Weltbild bildete die Sphäre des Fixsternhimmels die Grenze zwischen dem Diesseits und dem Jenseits. Oberhalb der Fixsternsphäre begann das Empyreum, der himmlische

Lichtbereich, die Welt Gottes und der Engel. In dem durch die Relativitätstheorie beschriebenen relativistischen Universum fällt diese Grenze weg. Der gegenwärtig von den Teleskopen beobachteten, mit großer Geschwindigkeit sich vollziehenden Expansion des Universums sind keine räumlichen Grenzen gesetzt. Unsere Raumzeit entsteht mit dieser Expansion. Die einzige Grenze, die das relativistische Universum kennt, ist die Geschwindigkeit des Lichts. Wie oben beschrieben, haben das 1887 von MICHELSON und MORLEY durchgeführte Experiment (wie auch viele folgende Experimente) erwiesen, dass sich – entgegen den von Isaak Newton formulierten Gesetzen – die Lichtgeschwindigkeit nicht beschleunigen lässt. Die festgestellte Geschwindigkeit des Lichts im Vakuum von 299 792, 485 km/sec ist eine absolute Grenze für alle Bewegungen innerhalb unseres Universums.

Die Gleichungen der Relativitätstheorie ergeben, dass es nicht möglich ist, einen raumzeitlichen Gegenstand auf Lichtgeschwindigkeit zu beschleunigen. Die Annäherung der Bewegung eines Objekts an diese Geschwindigkeit ist nur *asymptotisch* möglich. Mathematisch ausgedrückt heißt das: Das bewegte Objekt erreicht die Lichtgeschwindigkeit »im Unendlichen«. Das bedeutet, dass es für die Gleichung keine reale Lösung gibt. Die Werte ergeben entweder »unendlich« oder »0«: Die Energie, die notwendig ist, um ein Objekt auf Lichtgeschwindigkeit zu beschleunigen, ist »unendlich« groß. Das Objekt würde bei Lichtgeschwindigkeit eine »unendliche« Masse annehmen. Seine Länge würde sich dabei auf »0« Meter verkürzen. Die Uhr in einem solchen Objekt würde stehenbleiben, es würde für das Objekt »0« Zeit vergehen. Das Objekt wäre aus unserer Raumzeit herausgefallen. Die Naturwissenschaft könnte sich nicht mehr mit ihm beschäftigen. Im relativistischen Universum beginnt das »Empyreum«, der »Himmel«, nicht jenseits des Fixsternhimmels, sondern jenseits der Lichtgeschwindigkeit.

Die oben im Zusammenhang der Quantentheorie beschriebenen irritierenden Phänomene, die, wie die Beschäftigung des DALAI LAMA mit dem Thema zeigte, unmittelbar in den Bereich des religiös-philosophischen Denkens einmünden, geben zu erkennen, dass sich hier die beiden Welten, einerseits die religiöse Rede vom Licht und den Lichtwesen und andererseits die naturwissenschaftliche Beschreibung der atomaren und subatomaren Welt berühren und überschneiden. Das Licht besteht aus elektromagnetischen Wellen, die in »Paketen« d.h. in Lichtquanten, abgegeben und absorbiert werden. Diese Photonen können sich nur darum mit Lichtgeschwindigkeit bewegen, weil sie (in ruhendem Zustand) keine Masse haben. In Bewegung verfügen sie zwar über eine begrenzte Energie, aufgrund derer man ihnen nach der Einsteinschen Formel zum Verhältnis von Energie und Masse ($E = mc^2$) im Bewegungszustand theoretisch auch eine Masse zuordnen kann, aber an sich (im Ruhezustand) besitzt das Photon die Masse 0. Als Teilchen nimmt das Photon theoretisch auch einen Raum ein, aber entsprechend den Unschärfen und Unbestimmtheiten in der Quantentheorie lässt sich dieser »Raum« nur als »Aufenthaltswahrscheinlichkeit« innerhalb eines »Betragsquadrats« bestimmen, was faktisch heißt, dass es keinen Raum einnimmt, wenn man es nicht durch eine Messung irgendwo »feststellt«. Durchdringt eine Lichtwelle Glas, Wasser oder andere Medien entsteht durch Kopplung des elektrischen Feldes mit den Atomen des Mediums eine langsamer sich bewegende Welle, deren Teilchen jedoch nicht mit den Photonen im Vakuum identisch sind. Photonen bewegen sich immer mit Lichtgeschwindigkeit. Deshalb stehen sie außerhalb der Zeit. Da wir uns auf dem Planeten Erde in einem völlig anderen Bewegungszustand befinden, können wir die Bewegung des Lichts *innerhalb unserer irdischen Zeit* feststellen und messen, doch diese Zeit existiert nicht für das Licht selbst.

Alles, was oben im Zusammenhang der Quantentheorie an irritierenden Phänomenen im Rahmen der physikalischen Betrachtungsweise das Sein Adams, des Menschen, als »Windhauch« erscheinen ließ, enthüllt sich dem religiös engagierten Menschen als Wirklichkeit, die in eine andere Dimension des Seins verweist. Unschärfe in der experimentellen Bestimmung, Erfassbarkeit der Phänomene nur im Rahmen der Wahrscheinlichkeit und Zufälligkeit prägen die Erfahrungen des menschlichen Lebens. Der Welle-Teilchen-Dualismus, der nicht nur das Phänomen des Lichts kennzeichnet, sondern auch Elektronen und andere Elementarteilchen umfasst und sich dadurch als Grundstruktur materiellen Seins enthüllt, diese sogenannte »Zustandsüberlagerung« wiederholt sich auf vielfältige Weise in der Ambivalenz menschlicher Verhältnisse und menschlicher Charaktere. Auch die nur sehr schwer erklärbaren Phänomene, wie die Beobachtung, dass einzeln durch den Doppelspalt geschickte Elektronen nach einiger Zeit dennoch auf der dahinter liegenden Wand ein Interferenzmuster zeigen, oder der oben beschriebene sogenannte »Tunneleffekt« entsprechen der Vielfalt menschlichen Lebens, in der oft Unerklärliches begegnet.

Besonders trifft das zu für das oben genannte Phänomen der »Verschränkung«, wonach Millionen von Lichtjahren voneinander entfernte Teilchen zusammen ein System bilden und unmittelbar aufeinander reagieren können. EINSTEIN sprach hier von einer »spukhaften Fernwirkung«, die jedoch darauf zurückgeht, dass der Zustand des verschränkten Systems nicht lokalisierbar ist.

Das Licht und die von ihm aus erschließbaren Phänomene weisen in einen Bereich außerhalb unserer vierdimensionalen Raumzeit und deren physikalischer Beschreibung. Die oben genannten religiösen Texte, die vom Licht und von Lichtwesen sowie ihren Widerparten, Dunkelheit und Finsternis, als Elementen der göttlichen Welt erzählen, können auf den heute verfügbaren naturwissenschaftlichen Erklärungen des materiellen Seins im Mikrobereich aufruhen. Sie können als die Fortsetzung dieser Erklärungen im Raum der menschlichen Lebenserfahrungen gelesen werden. Die Welten fallen nicht auseinander. Es öffnet sich ein Reich der Freiheit und Unbestimmtheit, das beide Bereiche umfasst. Wenn sich die Naturgesetze und Naturkonstanten, welche die Entstehung des Lebens und der menschlichen Intelligenz im Universum ermöglicht haben, im Laufe der Bildung und Ausbreitung der Materie zufällig so entwickelt haben, wie wir sie heute kennen, dann lässt sich zumindest metaphorisch von einer »kosmischen Intelligenz« sprechen.

Die mythischen Erzählungen von Boten Gottes, von guten und bösen Engeln, die Paulinische Rede von kosmischen »Mächten und Gewalten« (Röm 8,38; Gal 4,3), sind auf ihre Weise Ausdruck dieser Metaphorik. Stärker und wirklichkeitsgetreuer als in den oben erwähnten wissenschaftlichen Brückenbauten der Theologie zur Naturwissenschaft hin kommen in dieser Rede dann auch die Abgründe und Dunkelheiten der Welt und des Lebens in den Blick und können gedanklich bearbeitet werden. Dabei ist hier nicht unmittelbar von einem metaphysischen Gott die Rede, der in die Entstehung dieser Dunkelheiten hinein verwickelt ist, sondern es bleibt Raum zwischen ihm und der Welt.

Ordnung aus dem Chaos

In der jüngeren biblischen Schöpfungserzählung ertönt das Licht schaffende Wort Gottes gegenüber dem *Tohuwabohu* und gegenüber der *tehom*. *Tohu* ist die wasserlose, weglose Wüste, worin sich die Karawanen verirren und umkommen, *bohu,* »leer sein«, verstärkt diesen Begriff; und *tehom* ist die aufgewühlte, von Finsternis bedeckte Urflut. Die in das Babylonische Exil verbannten Israeliten hören dort vom Kampf Marduks gegen die Chaosmutter Tiamat, durch den die Welt begründet wird. Die Verbannten kompensieren ihre Ohnmacht, indem sie die Macht ihres einzigen Gottes weit über die Macht der Götter Babylons gesteigert sehen. Jahwe braucht nicht mit den Chaosmächten zu kämpfen; durch ein bloßes Befehlswort schafft er aus dem Chaos den Kosmos, aus Finsternis Licht. Doch diese Vorstellung vom Schöpfungshandeln Gottes ist an die Situation der in Babylon Verbannten gebunden. In der älteren biblischen Schöpfungserzählung formt Gott den Menschen aus Erde und haucht ihm den Lebensatem ein. Dann legt er für ihn einen wunderschönen Garten an und setzt den Menschen hinein, »damit er ihn bebaue und hüte« (Gen 2,15).

Diese ältere Vorstellung vom Schöpfungshandeln entspricht besser dem Gott, den Jesus seinen *Abba* nannte. Für den amerikanischen Mathematiker und Philosophen ALFRED NORTH WHITEHEAD ist Gott der »Poet der Welt«. Er leitet sie, sagt er, »mit zärtlicher Geduld«.[102] Den Schöpfungsvorgang bezeichnet er mit dem englischen Wort *lure,* »locken«. Als Poet hat Gott die Welt, den Prozess *sein,* (aus nichts) »hervorgelockt«. Nicht sein Befehlswort, sondern sein Dichterwort hat die Welt geschaffen. Das Bild lässt sich auch zu Gott als dem »Komponisten« des Universums formen. Sein dichterisches Wort, seine Schöpfungsmelodie, hat *sein* entstehen lassen. Gott hat mit seinem Dichterwort (das nicht in Worte einer gegenständlichen Sprache übersetzbar ist), mit seiner Schöpfungsmelodie (die für das menschliche Ohr nicht direkt hörbar ist) den Prozess *sein* wirksam werden lassen. Wie das klein geschriebene Tätigkeitswort es zum Ausdruck bringt, meint *sein* nicht zuerst eine Ansammlung gegenständlicher Wirklichkeiten, sondern einen *Vorgang*: Reden oder Erklingen. Der »Ton«, wie er in der älteren Schöpfungserzählung vom fürsorglichen (das Paradies für die Menschen schaffenden) Gott zum Ausdruck kommt, bewirkt *sein*. Nach der mathematisch-naturwissenschaftlichen Analyse des Anfangs unseres Universums hat dieser »Ton« in Milliardstel Sekunden – genauer: in der Zeit von 10^{-35} bis 10^{-32} Sekunden nach dem »Urknall« – unser gegenständliches, am Anfang mit heißem »Plasma« gefülltes Universum hervorgebracht.

Die Vorstellung vom worthaften Schöpfungshandeln Gottes hat sich in der Bibel durchgesetzt. »Im Anfang war das Wort«, heißt es lapidar am Beginn des Johannesevangeliums (Joh 1,1). Doch angestoßen vom babylonischen Schöpfungsmythos *Enuma elish* gibt es auch Texte, in denen *Jahwe* – wenn auch siegreich und überlegen – mit dem Chaosdrachen kämpft, ihn mit seiner Hand durchbohrt (Ijob 26,13) und *rahab*, ein anderes Meeresungeheuer, zerschlägt (Jes 51,9). Er zerschmettert die Häupter der Drachen (Ps 44,13 f.) und zermalmt die Köpfe des Leviathan (Ps 74,14) In der Geheimen Offenbarung des Johannes kämpft Christus gegen den siebenköpfigen Drachen. Das Schöpfungshandeln Gottes ist also auch nach dem Gesamtzeugnis der Bibel nicht ein unangefochtener, durch Gottes Allmacht widerstandslos bewirkter Vorgang, sondern ein mühevoller, vielfältiger und möglicherweise lange während er Prozess, der, denkt man an die Naturkatastrophen und das namenlose Leid der Kreaturen in unserer gegenwärtigen Welt, bis heute noch nicht abgeschlossen ist.

Die Entstehung des geordneten Kosmos aus dem Chaoskampf ist ein weit verbreitetes Motiv in den Mythen der Völker. Der auf dem Olymp in hellem Licht thronende Zeus besiegte die Titanen und seinen die eigenen Kinder verschlingenden Vater Kronos und schleudert sie in den Tartaros. Der frühe indische Hochgott Indra schlitzt den Leib des Drachen Vtra, der den fruchtbringenden Regen zurückhält, auf, so dass die Bäche und Flüsse Leben spendend in die Täler strömen. In einem ägyptischen Mythos geht – ähnlich wie in der biblischen Schöpfungserzählung – die Welt aus dem chaotischen Urmeer hervor. Es umspült und bedroht immer noch die Welt, besitzt aber auch eine regenerative Kraft; die Sonne wird bei ihrer nächtlichen Fahrt durch das Meer immer wieder erneuert.

Dieses letztgenannte Motiv ist auch ein Element der Chaostheorie, die ebenfalls zu den modernen Naturwissenschaften gezählt wird. Sie ist schon verschiedentlich zur Theologie in Beziehung gesetzt worden.[103] Durch die Chaosforschung wird das mechanistische und deterministische Weltbild ad absurdum geführt. Es zeigt sich, dass die Beschreibung der Wirklichkeit durch lineare Gleichungen, wie sie vor allem ISAAK NEWTON in der Beschreibung der von ihm entdeckten Gravitationsgesetze benutzte, nur einen kleinen Teil des Universums betrifft. Nur ein kleiner Teil der Wirklichkeit ist in Gesetze eingebunden, die eindeutige, mathematisch berechenbare Voraussagen ermöglichen. Erst eine – relativ willkürliche – Beschränkung, eine Abstraktion der tatsächlichen Verhältnisse, ermöglicht die lineare Berechenbarkeit.

So lässt sich, wie der französische Mathematiker und Physiker HENRI POINCARÉ schon Ende des 19. Jahrhunderts aufzeigte, zwar die Bahn des Mondes um die Erde und die Bahn der Erde um die Sonne je für sich mit Hilfe linearer Gleichungen genau berechnen und vorhersagen, aber diese Gleichungen werden unlösbar, wenn man die Bewegungen und Wirkungen *aller drei Gestirne zusammen* – tatsächlich wirken diese ja ständig gleichzeitig aufeinander ein – in die Berechnung einbezieht. In Wirklichkeit wirken aber nicht nur Sonne, Mond und Erde aufeinander ein, sondern auch die anderen Planeten des Sonnensystems, natürlich auch das vermutete Schwarze Loch im Zentrum unserer Galaxie, das von unserem Sonnensystem mit einer Geschwindigkeit von 220 km/sec umkreist wird, und ebenso die 100 Milliarden Sterne unserer Galaxie; ja durch die Kräfte der Gravitation ist unsere Galaxie auch mit anderen Galaxien verbunden, alles im Universum wirkt wechselseitig aufeinander ein, und es ist unmöglich dieses komplexe Zusammenspiel in linearen Gleichungen mathematisch zu beschreiben.

Trotz dieser chaotischen Vielfalt haben sich in der Evolution des Universums Strukturen ausgebildet: verschiedene Formen von Galaxien, Galaxienhaufen, riesige Leerräume, verschiedene Sternformationen und – wie auf unserer Erde zu sehen – lebendige Wesen und Beethovensche Symphonien. Aus dem Chaos können, wie der oben erwähnte ägyptische Mythos es ausdrückt, wunderbar geordnete Systeme erstehen.

Die Chaosforschung beschäftigt sich mit der Wechselbeziehung zwischen Chaos und Ordnung. Wie gehen geordnete, linear berechenbare Prozesse in ein Chaos über und wie entstehen aus unberechenbaren chaotischen Verhältnissen geordnete Strukturen? Man hat auf diese Fragen keine allgemein gültigen Antworten gefunden. Es gibt zwar Ähnlichkeiten in den verschiedenen Abläufen, aber keine linear berechenbare Prozesse für den Übergang von der Ordnung zum Chaos und vom Chaos zur Ordnung. Wie sollte es das auch geben? Das Chaos wäre damit ja eliminiert. Aber es lohnt sich, die Vielfalt dieser Prozesse ein wenig zu betrachten. Man sieht dann, dass die Wirklichkeit, die uns unmittelbar umgibt, aus solchen linear nicht berechenbaren Vorgängen aufgebaut ist. Der kosmische Irrgarten bleibt zwar als solcher erhalten, er lichtet sich aber durch die Chaosforschung doch ein wenig auf.

Zunächst wird sichtbar, dass winzige Änderungen in den Ausgangsbedingungen beträchtliche Folgen für den Fortlauf des Prozesses haben können. Der Meteorologe EDWARD LORENZ aus Massachusetts versuchte mit Hilfe nichtlinearer Gleichungen die Verhältnisse in der Atmosphäre zu modellieren, um eine möglichst genaue Wettervorhersage zu erarbeiten. Dabei gab er die Daten für Temperatur, Luftdruck und Windrichtung mit einer Genauigkeit von sechs Dezimalstellen hinter dem Komma in seinen Computer ein. Später wiederholte er die Rechnung, rundete dabei aber die eingegebene Zahl auf drei Dezimalstellen hinter dem Komma ab. Das Ergebnis dieser zweiten Rechnung war völlig verschieden vom ersten Ergebnis. Es entstand das Bild eines ganz anderen Wettersystems. Man veranschaulichte diese Erfahrung so, dass man sagte, der Flügelschlag eines Schmetterlings in China – als winzige Veränderung der Ausgangssituation – könne einen Wirbelsturm in Kalifornien auslösen.

Von hier aus fällt ein Licht auf die Phänomene, die oben mit den Begriffen »Fulguration« und »Emergenz« umschrieben wurden. Durch winzige Änderungen in den Ausgangsbedingungen der verschiedenen Entwicklungsprozesse können völlig neue und unerwartete Elemente entstehen. So sind die oben erwähnten »Sprünge«, die in der biologischen Evolution zu beobachten sind, und die extremen statistischen Unwahrscheinlichkeiten in der Mikroevolution – man denke an das Cytochrom C – zwar nicht zu »erklären«; aber sie sind doch in den größeren Zusammenhang von Vorgängen einzuordnen, die, wie z.B. das System des Wetters, häufig in der Natur vorkommen, in ihrer Entwicklung aber langfristig unberechenbar sind und relativ plötzlich unerwartete Phänomene hervorbringen. Die Evolution verläuft nichtlinear und chaosnah. Es ereignen sich Katastrophen, die zum Massenaussterben ganzer Arten (z.B. der Dinosaurier vor 65 Millionen Jahren) führen; in den dadurch frei gewordenen Lebensräumen breiten sich andere Arten aus und es entwickelt sich eine neue vielfältige Fauna. Löwen beißen die von ihrem vorhergehenden Haremsbesitzer gezeugten kleinen Artgenossen tot und kleine Putzerfische schwimmen furchtlos in das Maul gefährlicher Raubfische, das sie nach dessen Säuberung wieder unversehrt verlassen.

Wie oben in dem Kapitel *Leben aus Tod und Zerstörung* beschrieben, verläuft auch die Entwicklung des Universums nach diesem Muster. Von der zufälligen Entstehung der virtuellen Teilchen und Antiteilchen und ihrer gegenseitigen Zerstörung im physikalischen Vakuum über das zufällige Ereignis, dass einmal die gegenseitige Annihilation durch ein »quer laufendes« Teilchen unterbrochen wird, über die Entkoppelung von Materie und Strahlung etwa 380 000 Jahre nach dem »Urknall« sowie über den Vorgang der Geburt, des Sterbens und der Neuentstehung von Sternen und Galaxien im Gefolge von Supernova-Explosionen bis hin zur Bildung unseres Planeten Erde ereignen sich die Vorgänge ungeplant und zufällig, hervorgerufen nur durch die fortlaufende Abkühlung des Universums. Sie können nicht mit linearen Gleichungen berechnet und vorhergesagt werden. Es sind Prozesse der Zerstörung – etwa bei der gegenseitigen Vernichtung von Teilchen und Antiteilchen oder bei der Explosion von Supernovae – und der darauf folgenden Neubildung.

Der Biologe und Naturphilosoph HANS DRIESCH hat sich zu Beginn des 19. Jahrhunderts mit dem Phänomen beschäftigt, dass sich manche Tiere nach Verletzungen wieder selbst regenerieren können. Wenn bei einem Reptil eines der Glieder oder der Schwanz abgerissen wird, wachsen sie von selbst wieder nach. DRIESCH trennte Keime eines Seeigels im Zweizellenstadium und stellte fest, dass sich die auseinandergeschnittenen Keime jeweils zu vollständigen normalen Seeigellarven entwickelten.[104] Die Lebewesen haben offenbar in sich selbst den Plan ihrer Ganzheit und regenerieren sich nach diesem Plan. Zwar kann das nur bei Lebewesen beobachtet werden, die eine relativ frühe Evolutionsstufe verkörpern, aber auch der Gesundungsprozess bei einem kranken Menschen folgt, wachgerufen und angestoßen von einem Arzt, diesem Muster.

Aus Verletzung und Krankheit, aus gestörter Ordnung, aus Chaos, erwächst selbsttätig eine neue Ordnung, allerdings nur in sehr begrenztem Maße. Meistens, so scheint es zumindest, siegt das Chaos. Aber es gibt offenbar in der Natur eine Kraft, die darauf hinzielt, das Chaos zu überwinden und es in eine neue Ordnung zu überführen. Sowohl der Entwicklung des Universums wie der Evolution des Lebens und dem Wirken des menschlichen Geistes liegt diese Kraft zugrunde.

Wie lange hält diese Kraft dem Chaos stand? Ein Bach fließt in gleichmäßiger Strömung durch ein Tal. Ein Felsbrocken rollt in den Bach. Die gleichmäßige Strömung wird durch dieses Hindernis kaum gestört. Das Wasser teilt sich vor dem Stein und umfließt ihn. Regen setzt ein und lässt das Wasser anschwellen. Es fließt schneller. Nun bilden sich hinter dem Stein Wirbel. Diese sind jedoch sehr stabil und die Strömung hinter dem Stein wird bald wieder gleichmäßig. Schneeschmelze verstärkt die Wassermassen, der Bach hat jetzt eine sehr schnelle Strömung. Die Wirbel hinter dem Stein lösen sich vom Hindernis ab und treiben den Bach hinunter. Die Fließgeschwindigkeit ist nun nicht mehr gleichmäßig, sie schwankt infolge der mitgeführten Wirbel. Aber es zeigt sich, dass sich die Fließgeschwindigkeiten *periodisch* ändern. Eine neue Ordnung des Fließens hat sich gebildet. Nun kommt jedoch ein Platzregen hinzu und verwandelt das Gewässer in einen reißenden Wildbach. Jetzt hat, so scheint es, hinter dem Stein alle Ordnung aufgehört. Die Messung der Fließgeschwindigkeit liefert chaotische Ergebnisse. Die Bewegung der Wasserteilchen ist zufällig und nicht mehr berechenbar. Eine sogenannte »Turbulenz« hat eingesetzt. Genauere Untersuchungen lassen jedoch erkennen, dass sich Wirbel *in den Wirbeln* bilden und die Wirbel sich in ihrer Struktur ähnlich sind.[105] Auch im Chaos bleibt noch ein Rest der oben beschriebenen Ordnungskraft erhalten.

Die Ordnungskraft arbeitet mit einer sogenannten »Phasenkopplung« gegen das andrängende Chaos. Unser Körper, unser Rhythmus des Wachseins und Schlafens, unsere Müdigkeit, passen sich dem Rhythmus des Wechsels von Tag und Nacht an. Wir entwickeln eine Art innerer Uhr. Nachtarbeit ist so anstrengend und auf Dauer gesundheitsschädlich, weil sie diesen Rhythmus stört. Dunkle Gefängniszellen und Schlafentzug sind eine Form schwerer Folter. Der Rhythmus unseres Herzschlags passt sich unserer Tätigkeit an; er wird langsamer, wenn wir ruhen und steigert sich bei Anstrengung und Aufregung. Der Wechsel solcher Rhythmen ist für die Gesundheit notwendig. Herzschrittmacher dürfen nicht völlig gleichmäßig das Herz in Bewegung halten, sie müssen Änderungen des Rhythmus zulassen und auch selbst erzeugen. Das Zusammenspiel großer Orchester erfolgt hauptsächlich durch Phasenkopplung. Die Kunst des Dirigenten besteht darin, dass er durch seinen Ausdruck und durch seine Bewegungen das durch die Phasenkopplung bewirkte Zusammenspiel der Instrumente und Tonfolgen für alle sichtbar macht und entsprechend der Komposition, die vor ihm liegt, beeinflusst. Bands, Kammerorchester und kleinere Singgruppen kommen ohne Dirigenten aus, sie spielen sich durch Phasenkopplung aufeinander ein.

Die Rückkopplung ist ein in den Naturabläufen weit verbreitetes System. Sie begrenzt bestimmte Vorgänge und verhindert, dass sie ins Chaos abdriften. Wenn in einem Teich Hechte und Forellen zusammenleben, werden die Forellen zunehmend weniger, weil sie von den Hechten gefressen werden; und die Anzahl der Hechte nimmt zu. Die begrenzende Rückkopplung verhindert jedoch, dass die Forellen aussterben. Denn je weniger Forellen infolge der Beutejagd der Hechte noch leben, desto mehr müssen die Hechte hungern und werden an Zahl weniger. Jetzt nimmt die Anzahl der Forellen wieder zu und dementsprechend auch wieder die Anzahl der Hechte. Das Spiel beginnt wieder von vorne. Es kann jedoch auch ins Chaos abgleiten: Wenn durch irgendein Ereignis die Anzahl der Hechte einen gewissen Prozentsatz überschreitet, sterben zuerst die Forellen und dann wegen Nahrungsmangel auch die Hechte. Auch die Forellenpopulation stirbt aus, wenn sie nicht periodisch in ihrer Anzahl begrenzt wird, weil der Teich nicht unbegrenzt Nahrung für sie zur Verfügung stellt.

Der Mensch hat in der Technik in vielfacher Weise die in der Natur zu beobachtende Rückkopplung nachgeahmt. Der Thermostat in der Wohnung, der bei einer zu hohen Raumtemperatur die Heizung abschaltet und sie, wenn die Temperatur zu niedrig geworden ist, wieder anspringen lässt, arbeitet nach demselben Prinzip; er verhindert so einerseits eine Überhitzung, andererseits eine Unterkühlung der Wohnung. Diese begrenzende (negative) Rückkopplung vermeidet das Chaos. Es gibt jedoch auch die verstärkende (positive) Rückkopplung, die zum Chaos hinführt: Wenn das Mikrophon zu nahe an den Lautsprecher kommt, fängt es Töne aus diesem auf, gibt sie weiter an den Verstärker, der sie wiederum an den Lautsprecher weitergibt; das Ergebnis ist ein ohrenbetäubendes Pfeifen. Die Rückkopplung verkörpert ebenso wie die Nichtlinearität eine grundsätzliche Spannung zwischen Chaos und Ordnung in der uns umgebenden Wirklichkeit.

Wie wächst ein Baum? Die Eichel, die in fruchtbaren Boden gefallen ist, bringt einen Trieb hervor. Ist dieser nach unten gerichtet, hat er die Aufgabe, Wasser und Nährstoffe aus dem Boden aufzunehmen. Würde er jedoch geradlinig in den Boden hineinwachsen, könnte er nicht viel aus dem Boden aufsaugen. Die Eichel würde verkümmern. Deshalb teilt sich der Trieb in vielfacher Weise, um mit vielen Endungen möglichst viel Nährstoffe aufnehmen zu können. Es entsteht ein weit verzweigtes Wurzelgeflecht, das später dem emporwachsenden Baum auch Halt gibt. Ähnlich ergeht es dem nach oben wachsenden Trieb.

Auch er muss sich verzweigen, um möglichst viel Licht als Energiequelle für den wachsenden Baum aufnehmen zu können. An bestimmten, nicht linear vorausberechenbaren Punkten teilt sich der Stamm, der Ast, der Zweig und treibt Blätter hervor. Jede Abzweigung hat eine etwas andere Form und doch sind sich die vielen Verzweigungen in der Gestalt ähnlich. Jede Abzweigung erfolgt in Rückkopplung zur vorhergehenden Abzweigung. Man nennt solche – linear nicht beschreibbare – Verzweigungen in der Chaostheorie »Bifurkation«.[106]

Auf diese Weise entstehen die charakteristischen Formen in der Natur: die vielfältig verzweigten Bäume, Sträucher und Wurzeln, das Geflecht der Adern in unserem Körper, der in seiner Komplexität fast schon chaotisch anmutende »Bronchialbaum« in unserer Lunge und das Geflecht unserer Nervenfasern. Dieses Geflecht hat sein Zentrum in den 100 Milliarden Nervenzellen des Gehirns, wo jede dieser Zellen nochmals auf zehntausendfache Weise mit den anderen Gehirnzellen zusammenwirkt. Hier ist ein Komplexitätsgrad erreicht, der in seiner Undurchschaubarkeit ein Chaos darstellt. Tatsächlich gehört zur gesunden Funktion des Gehirns eine gewisse Unregelmäßigkeit, eine nicht berechenbare Fluktuation im elektrischen »Feuern« der Gehirnzellen. Im Bewahren und Hervorrufen von Erinnerungen und in der Aufrechterhaltung des Bewusstseins arbeiten die Gehirnzellen in vielfältigen Rückkopplungsschleifen ähnlich der – auf nichtlineare Weise hergestellten – Phasenkopplung im Orchesterkonzert. Werden diese chaotisch ablaufenden Prozesse durch zu viel Ordnung eingeengt, entstehen z. B. die Krankheitserscheinungen der Epilepsie und der Schizophrenie.[107] Zu viel Ordnung führt in der Natur zum Chaos.

Auch in der Gestaltung der Landschaft, der Gebirgsformationen, der Meeresküsten, der Wolkenfelder, arbeitet die Natur unsystematisch, aber doch mit einer gewissen Selbstähnlichkeit der entstehenden Formen. Wie lang ist die Küste Englands? Man kann mit ihrer Ausmessung an kein Ende kommen, weil bei genauem Hinsehen an jeder Stelle winzige Ausbuchtungen, Einkerbungen oder vorspringende Felskanten sichtbar werden, die bei einer genauen Ausmessung der Küstenlinie berücksichtigt werden müssten. Man spricht hier von einer »fraktal« verlaufenden Linie. Ähnlich gestaltet sind die Zacken eines Gebirgskamms, die Ränder der vor einem Gewitter sich auftürmenden Wolken, die Linie des am Himmel aufzuckenden Blitzes und das im Alter sich bildende »Gebirge« unserer Hautfalten. Höchst faltenreich und fraktal gestaltet ist unser Gehirn, wo auf diese Weise auf möglichst geringem Raum möglichst viele Zellen untergebracht werden können. Auch die oben beschriebenen durch »Bifurkation« erzeugten Phänomene – Bäume, Nervengeflecht, im Körper verlaufende Adern – sind fraktale Gebilde, ebenso die Konturen der Gas- und Staubwolken im Universum, aus denen sich Sterne und Galaxien bilden.

Überall in der Natur und im Universum begegnen wir Elementen, die aus der Spannung zwischen Ordnung und Chaos hervorgehen. Der – fortlaufende – Prozess der Schöpfung verläuft chaosnah. Die Mythen der Völker, in denen die Erschaffung des Kosmos durch den Kampf Gottes (der Ordnungsmacht) mit dem Chaos erzählt wird, entspringen einer Intuition, die durch die Chaostheorie auf nicht-mythische, wissenschaftlich-rationale Weise nachgezeichnet wird. Auch die in der Bibel sich findenden Anklänge an den Chaoskampf sollten nicht in theologischer Überheblichkeit als durch den Einfluss der Nachbarvölker bedingte »mythische Relikte« vorschnell abgetan werden. Gewiss widerspricht der biblische Monotheismus einer dualistischen Gottesvorstellung. Doch die Schöpfung des Kosmos durch den einen Gott in einem fortlaufenden Prozess *aus nichts* schließt, wie bei der Erörterung der Theodizeefrage zu sehen sein wird, ein, dass der Prozess *sein* nicht geradlinig erfolgt, sondern das Nichts, aus dem es hervorgerufen wurde, noch in sich trägt. Dieser Einbruch des Nichts wird vom Menschen als das Wirken einer schrecklichen Chaosmacht erfahren.

»Was die Welt im Innersten zusammenhält« (Goethe, Faust)

Das Bemühen, die Welt zu verstehen, ihre Grundstruktur zu erschließen, zu erkennen, »was die Welt im Innersten zusammenhält«, wie es in der Eröffnungsszene zu Goethes »Faust« heißt, beschäftigt den Menschen seit den Zeiten des *homo sapiens*; und es ist heute die Grundfrage der Physik und der Naturwissenschaft.

Zur Vorgeschichte der Fragestellung im Abendland

Die noch im mythischen Denken verhafteten Völker waren so stark von den unmittelbar wahrgenommenen Kräften der Natur und des Lebens angesprochen, dass sie in diesen Kräften dem Ursprung und den Grundmustern des Seins und des Kosmos nachzuspüren suchten. Übermächtige Sexualität und gigantische Gewalt im Kampf auf Leben und Tod sind in vielen Schöpfungsmythen der Ursprung der gegenwärtigen Welt. An der Meeresküste Kleinasiens erzählte man sich vom Flussgott *Okeanos*, der sich mit beständiger, gewaltiger Kraft durch die Flüsse in die *Thetys*, das Meer, ergießt und mit dieser Urkraft alles Sein und Leben durchdringt. Ein halbes Jahrtausend v. Chr. gab sich ein Adeliger aus der reichen Hafenstadt Milet namens THALES mit dieser Erklärung nicht zufrieden. Nicht die Titanen Okeanos und Thetys waren in seiner Sicht die *archè*, der Ursprung und das grundlegende Element der Welt und des Lebens, sondern das, was durch sie symbolisch ausgedrückt wurde: das *Wasser*, das als Feuchtigkeit die Erde, die Pflanzen, die Tiere und Menschen durchdringt. Im Bereich des abendländischen Denkens war THALES (schon nach dem Zeugnis des Aristoteles) der erste Mensch, der die mythologische Weltsicht durchbrach und eine naturphilosophische Erklärung des Kosmos versuchte.[108] Es ist kennzeichnend für diesen Anfang des abendländischen Denkens, dass in ihm die *archè*, das, »was die Welt im Innersten zusammenhält«, als ein gegenständlich Seiendes, nicht als *Vorgang*, etwa als Rede oder Klang, gedacht wird.

Wer das Urelement, den Urstoff, aus dem alles Sein und Leben besteht, herausgefunden hat, kann alles im Kosmos erklären. Diese Frage ließ deshalb im abendländischen Denken den Menschen bis heute nicht los. ANAXIMANDROS, etwas jünger als THALES, auch in Milet wohnend, löst sich vom unmittelbar sinnlich Anschaubaren und bezeichnet als *archè* das *Apeiron*, das Grenzenlose, Unbestimmbare, Unerschöpfliche – also eine Abstraktion vom sinnlichen Element des Wassers und des Meeres. ANAXIMENES, wieder um eine Generation jünger, ebenfalls aus Milet, sucht Abstraktion und sinnliche Wahrnehmung zu verbinden und nennt *aer*, die »Luft«, unsichtbar, aber doch real spürbar, als das grundlegende, alles durchdringende Element aller Dinge. Auch die *psychè*, die Seele, der Lebenshauch, besteht nach AXIMINES aus diesem realen *Stoff* – eine Vorstellung, die sich in ihrer Art heute in der modernen Gehirnforschung wiederholt, wenn in ihr die Neuronen und ihr chemisch-physikalisches Zusammenspiel als alleinige Ursache des Bewusstseins und der mentalen Vorgänge aufgefasst werden.

Die Entwicklung geht weiter. Für PYTHAGORAS, wiederum etwa eine Generation jünger als ANAXIMENES, in einer griechischen Kolonie in Unteritalien lebend, sind die Zahlenverhältnisse, wie sie in den Oktaven der Musik und in den Gesetzen der Mathematik in Erscheinung treten – ausgeprägt in wunderbarer Harmonie, möglich aber auch als schreckliche Disharmonie – der Ursprung und das Element, das alles Sein durchdringt. Angesichts der Bedeutung, die der Mathematik in der heutigen naturwissenschaftlichen Welterklärung zukommt, eine fast modern anmutende Vorstellung. Auch HERAKLIT aus der griechischen Kolonie in Ephesus steht in dieser Tradition. Zwar stellt er sich bewusst in Gegensatz zu seinen philosophischen Vorgängern und Zeitgenossen, aber die miletischen Naturphilosophen kritisiert er nicht. Besonders THALES und ANAXIMANDROS stehen ihm nahe. Seine Lehre beinhaltet nicht, wie man meistens annimmt, Spannung, Gegensatz und Bewegung, ausgedrückt in den Bildern des Feuers und des Flusses, seien der Urstoff des Seins. Vielmehr geht es ihm um die ursprüngliche Einheit der in der Welt wirkenden Gegensätze. »Alles [ist] eins« lautet ausdrücklich seine These (Fragm. 10,50).[109] Der *logos*, die dialektische Denkbewegung, verbindet die Gegensätze zur »gegenstrebigen Einheit«. Wachen und Schlafen, Sterblich und Unsterblich, Hohes und Tiefes, auch Gutes und Böses – alles ist dasselbe (Fragm. 36,48,58f.,60 u. ö.).[110] Durch den »Gegenlauf« bilden sie ein Ganzes. HERAKLITS Denken hat das neuzeitliche Denken stark beeinflusst. Das dialektische Denken GEORG WILHELM FRIEDRICH HEGELS und KARL MARX', die Betonung des Werdens gegenüber dem statischen Sein bei CHARLES DARWIN, auch FRIEDRICH NIETZSCHE und MARTIN HEIDEGGER weisen auf Heraklits Denken zurück.

PARMENIDES, etwa ein Jahrhundert später in Elea in Unteritalien lebend, in seiner Lehre vom Sein in einem gewissen Gegensatz zu HERAKLIT stehend, setzt in der Tradition des PYTHAGORAS das Sein mit dem Denken gleich. Was das Sein zum Sein macht ist dasselbe, was das Denken zum Denken macht. Materie und Geist haben eine gemeinsame Wurzel. PARMENIDES steht (wie auch HERAKLIT) noch diesseits der neuzeitlichen Spaltung des Denkens in Idealismus und Materialismus. Materie ist nicht »schlafender Geist« (STADELMANN) und Bewusstsein und Geist sind nicht das »Epiphänomen« eines hochkomplexen, im Gehirn vernetzten Nervensystems (GERHARD ROTH). PARMENIDES' Denkansatz erinnert auch an die Kopenhagener Deutung der Quantenphysik, wonach nur das vom Beobachter im Experiment Gemessene auch Wirklichkeit beanspruchen kann.

Ähnlich denkt auch der um eine Generation jüngere ANAXAGORAS, der, aus Kleinasien kommend, die Philosophie nach Athen brachte. Der *nous*, die Kraft der Vernunft, ist in seiner Lehre die *archè*. Er bewegt die unendlich vielen und unendlich kleinen Teilchen, die »Samen« (*spermata*), aus denen alle Dinge aufgebaut sind. Dieser *nous* ist aber von derselben Art wie die Teilchen, nur ist er so klein und fein zu denken, dass einem dabei nach den Worten KANTS »schwindlig werden möchte«. Der *nous*, von gleicher Art wie die »Samen«, lenkt deren Bewegung. ANAXAGORAS erlitt ein ähnliches Schicksal wie im Mittelalter GIORDANO BRUNO und GALILEI. Er sagte, die Sonne sei keine Gottheit, sondern bestehe aus glühendem Gestein und wurde deshalb (wie später Sokrates) von den Athenern wegen Gottlosigkeit zum Tod verurteilt. Nur aufgrund des Eintretens des mit ihm befreundeten PERIKLES wurde das Todesurteil in lebenslange Verbannung umgewandelt.

Mit DEMOKRIT, dem nach vielen Reisen durch die ganze damalige Welt in der reichen Handelsstadt Abdera in Thrakien lebenden Philosophen, beginnt die Aufspaltung des Denkens in Materialismus und Idealismus. Demokrit gilt als Begründer der noch heute in der Naturwissenschaft vertretenen Atomlehre. Das *Apeiron* des ANAXIMANDROS und das Sein des PARMENIDES, d.h. die *archè*, der Urgrund aller Wirklichkeit, besteht nach seiner Lehre aus nicht mehr weiter teilbaren und wegen ihrer Kleinheit nicht mehr sichtbaren körperlichen Teilchen (*atoma*), aus deren Verbindung sich die unterschiedlichen Dinge und Phänomene im Kosmos bilden. Auch Geist und Seele bestehen aus solchen Atomen. Sie werden aber in ihrer Bewegung nicht – wie bei ANAXAGORAS – von der *nous*, der Verstandeskraft, bestimmt, sondern von unveränderlichen Naturgesetzen. Der Glaube an Gottheiten und an ein Weiterleben nach dem Tod sind deshalb eine Illusion. Das entspricht genau dem Ansatz der heutigen Naturwissenschaft.

PLATON, eine Generation später in Athen lebend, hat in seinen uns überlieferten Schriften DEMOKRIT an keiner Stelle namentlich erwähnt.

Aber es ist als sicher anzunehmen, dass er die gesamte ihm vorausgehende Philosophie gekannt hat. Sein Schüler ARISTOTELES hat auch ausdrücklich die Lehre DEMOKRITS kritisiert. PLATONS bleibender Denkimpuls war nicht die Naturphilosophie, sondern die von SOKRATES geprägte Frage nach der *areté*, der »Tugend«. So kam er zu seiner Lehre von den *Ideen* als dem Ursprung der sichtbaren Welt und des Lebens, durch die er sich diametral vom mechanistischen Atomismus DEMOKRITS absetzte und das abendländische Denken für Jahrhunderte prägte. Die materielle Welt beinhaltet einen Absturz aus der Welt der Ideen; PLATON veranschaulicht in seinem Höhlengleichnis das sinnlich-materielle Leben mit dem Dasein in einer Höhle, in der die Menschen gefesselt nur die Rückwand der Höhle betrachten können, an der Schattenbilder der im Reich der Ideen beheimateten Wirklichkeit vorüberziehen. Erst der Tod – und vorwegnehmend schon der Philosoph – befreit den Menschen aus seiner Höhlenexistenz und lässt ihn – als Seele – wieder aufsteigen in das Reich der Ideen.

ARISTOTELES suchte die in Materie und Geist auseinandergefallene Wirklichkeit wieder miteinander zu verbinden. Dem platonischen *eidos*, »Idee«, (geistiges) »Bild«, von ihm auch *morphè*, »Form«, genannt, stellte er die *hyle*, die noch ungestaltete »Materie« so gegenüber, dass das eine nicht ohne das andere erfahrbare Wirklichkeit werden kann: *proto hyle, materia prima* ist zwar die Grundlage allen Werdens, selbst aber formlos, gestaltlos und so nicht als Wirklichkeit erfahrbar. Erst wenn irgendeine »Form« ihr Gestalt gibt, wird sie wirklich. Auch das erinnert an die Aussagen der Quantenphysik. Umgekehrt ist aber bei ARISTOTELES auch die »Form« rein als solche, ohne sich in Materie auszuprägen, keine erfahrbare Wirklichkeit. Erst aus beidem zusammen entsteht unsere Welt. Diese Sicht der Welt ist von THOMAS VON AQUIN übernommen worden und prägte die kirchliche Philosophie. Doch im volkstümlichen Christentum war die platonische Sicht lebendig: Danach besteht der Mensch aus Leib und Seele; und die Seele steigt nach dem Tod entweder auf zu Gott im Himmel oder stürzt hinab in die Unterwelt, wo das Fegefeuer oder gar die Hölle auf sie warten. Diese volkstümliche Vorstellung war so stark, dass sich das abendländische Denken bis zur Gegenwart mit diesen platonischen Vorstellungen auseinandersetzen muss. Kein Denker in dieser Tradition konnte sich dem platonischen Dualismus entziehen, auch wenn der Idealismus umschlug in den Materialismus. A. N. WHITEHEAD schreibt: »Die sicherste allgemeine Charakterisierung der philosophischen Tradition Europas lautet, dass sie aus einer Reihe von Fußnoten zu Platon besteht«.[111] Seit Platon war die Frage nicht mehr zu umgehen, ob der Geist, das Bewusstsein, die Ideen, der Ursprung und Urgrund der Wirklichkeit sind oder die Materie. GALILEI, der, wie eingangs beschrieben, den bis heute gültigen naturwissenschaftlichen materialistischen Realismus begründet hat, stellte (sehr zu seinem persönlichen Schaden) in seinem Hauptwerk *Dialogo* die noch in kirchlich-religiösen Denkmustern befangenen Anhänger des geozentrischen Weltbildes als Dummköpfe hin; ähnlich distanziert schrieb schon DEMOKRIT von der Unwissenheit derer, die sich »lügenhafte Märchen über das Leben nach dem Tode vorspiegeln« (Fragm. 297). Materialisten halten sich für Realisten. Zwar sind sie – so schon DEMOKRIT – in erkenntnistheoretischer Hinsicht kritisch; man kann die winzigen Materieteilchen, aus denen die Welt besteht, ja nicht sehen. Aber sie leben wie LUDWIG FEUERBACH in dem stolzen Bewusstsein, auf überweltliche, idealistische Vertröstungen verzichten zu können.

So, wie PLATON dem Materialismus DEMOKRITS – wenn auch ohne ihn namentlich zu nennen – seinen Idealismus entgegensetzte, so setzte in der Neuzeit KARL MARX dem Idealismus FRIEDRICH HEGELS seine materialistische Weltsicht gegenüber, um dadurch, wie er sagte, Hegels Dialektik »vom Kopf auf die Füße zu stellen«.

Das Problem besteht darin, dass die Welt, in der wir leben, so vielfältig und so verschiedenartig ist. Was hat die Neunte Symphonie BEETHOVENS mit einem Einzeller, etwa einer Bakterie, wie sie am Ursprung des Lebens standen, gemeinsam? Und was hat das Lebewesen gemeinsam mit dem Gemisch von Quarks, Elektronen und Photonen, die im »Urknall« inflationär sich ausbreitend das Universum, Raum und Zeit, begründeten? Hinzu kommt die Unterschiedlichkeit der Charaktere und Verhaltensweisen: Was haben – besonders wenn ich mit der modernen Hirnforschung die menschliche Willensfreiheit in Frage stelle – Kaiser Nero, der die Christen zur Volksbelustigung in der Arena den wilden Tieren zum Fraß vorwarf, oder Adolf Hitler, der sechs Millionen Juden ermorden ließ, mit Sokrates, Jesus von Nazaret oder Buddha gemeinsam? Besteht das alles aus *einer* Grundsubstanz, aus *einem* »Stoff«? ALBERT EINSTEIN, der bis zu seinem Lebensende nach einer Theorie suchte, in der die Relativitätstheorie und die Quantentheorie widerspruchsfrei vereinbar sind, so dass die gesamte Wirklichkeit durch

eine gemeinsame mathematische Struktur darstellbar wäre, hat selbst-
kritisch und zweifelnd zu diesem – heute noch mit großer Anstrengung von vielen Seiten her unternommenen – Versuch einer »panphy-
sikalischen« Welterklärung geäußert: »… dann müsste man eine
Symphonie von Beethoven als Luftdruckkurve darstellen«.

Drei Welten? Der Lösungsvorschlag Karl Poppers

Zwei Wege, die Vielfalt der Wirklichkeit auf einen Ursprung zurückzuführen, haben sich im abendländischen Denken herausgeschält: Der
eine, von DEMOKRIT ausgehende Weg ist der *materialistische* Monismus. Er ist in der heutigen Naturwissenschaft stark vertreten. In dieser
Welterklärung werden alle Phänomene auf physikalisch-chemische
Wirklichkeiten zurückgeführt. Psychische Zustände wie Freude und
Trauer, bewusstes Wahrnehmen, Denken und Problemlösen, künstle-
risches Schaffen ergeben sich aus dem elektromechanischen und chemischen Zusammenwirken der Nervenzellen im Gehirn. Der andere
Weg wurde als erster von PLATON begangen. Er besteht in dem Versuch, eine geistige Wirklichkeit (Ideen) als Ursprung der Welt anzuset-
zen und in einem *idealistischen* Monismus die physikalischen und materiellen Phänomene davon abzuleiten: Materie als »schlafender Geist«
(STADELMANN).
SIR KARL POPPER, bekannt durch seinen kritischen Rationalismus
(wonach eine wissenschaftliche Aussage nur dann als solche gelten
kann, wenn sie grundsätzlich falsifizierbar ist) suchte das Problem dadurch zu klären, dass er *drei* verschiedene »Welten« annahm, die aber
zueinander in einer eindeutigen Wechselwirkung stehen.[112] Sie weisen
sich vor allem dadurch als »wirklich« aus, dass sie »kausal auf gewöhnliche, reale materielle Dinge wirken«.[113]
Die »Welt 1« besteht aus dem »Universum physikalisch-chemischer
Gegenstände«.[114] Dazu gehört nach POPPER auch der Bereich der Biologie, sofern für lebende Wesen als solche – für Menschen, Tiere und
Pflanzen – die physikalischen und chemischen Gesetze bindend sind.
Neben den physikalisch-chemischen Gegenständen und Zuständen
gibt es auch *psychische* Zustände, die sich zwar *in* den lebenden Wesen
finden können, aber in ihrer *Eigenart* doch nicht zureichend physikalisch-chemisch erklärt werden können. Ein Zahnschmerz beispiels-

weise kann zwar in seinem *Zustandekommen* physikalisch-chemisch erklärt werden, aber die *Empfindung* des Schmerzes – die wesentlich zu dem Phänomen »Schmerz« gehört – ist ein psychischer Zustand, der als solcher die »Welt 2« kennzeichnet. Alle psychischen Motivationen – Popper nennt als Beispiel den Ehrgeiz eines Bergsteigers, trotz physischer Erschöpfung den Gipfel zu erreichen – gehören der Welt 2 an. Die Wechselwirkung mit Welt 1, wodurch die »Wirklichkeit« des Phänomens ausgewiesen ist, ist klar: Erstens werden die psychischen Zustände (wie etwa das Empfinden beim Zahnschmerz) durch physikalisch-chemische Vorgänge bewirkt und zweitens können sie selbst wiederum physische Vorgänge bewirken: etwa meinen Gang zur Zahnarztpraxis oder mein verbissenes Weiterklettern am Berg.

Ein besonderes Augenmerk legt Popper auf »Welt 3«. Zu dieser Welt gehören »Erzeugnisse des menschlichen Geistes, wie Erzählungen, Mythen, Werkzeuge, wissenschaftliche Theorien (wahre wie falsche), wissenschaftliche Probleme, soziale Einrichtungen und Kunstwerke«.[115] Viele Elemente der Welt 3 gehören sowohl zu Welt 1 wie zu Welt 2, etwa Skulpturen, Gemälde, Bücher. Als Gegenstand mit einer gewissen Anzahl von Seiten und einem bestimmten Gewicht ist das Buch eine Element der Welt 1, sein Inhalt dagegen gehört zu Welt 3. Obwohl vom Menschen geschaffen, können Gegenstände der Welt 3, sind sie einmal vorhanden, ein Eigenleben führen. Sie haben einen gewissen Grad an Autonomie. Eine Theorie oder ein Buch können Wirkungen ausüben, die ihr Autor nicht vorausgesehen hat und die er möglicherweise in keiner Weise wollte. Elemente der Welt 3 können entdeckt werden wie eine bisher unbekannte Pflanzenart. Die Einführung des Zahlensystems ist eine menschliche Erfindung. Ist es aber einmal vorhanden, kann ein Mensch entdecken, dass es gerade und ungerade Zahlen gibt sowie Zahlen, die nur durch die Zahl 1 und sich selbst teilbar sind, die sogenannten Primzahlen. Der Vorgang der Entdeckung, der meistens auch von Emotionen begleitet ist, ist ein Element der Welt 2, aber das, *was* entdeckt wurde, ist eine objektive Gegebenheit der Welt 3.

Der grundlegendste Lernprozess der Welt 3 ist für Popper das Erlernen einer Sprache. Die Fähigkeit dafür ist biologisch und genetisch verankert. Auch der Drang zur Erforschung und Entschlüsselung der jeweils vorgegebenen Welt ist uns angeboren; er findet sich auch bei den Tieren. Aber die Entschlüsselung vorgegebener Laute oder Zeichen zur Form einer sprachlichen Verständigung ist ein kultureller

Akt, auch wenn sich, wie oben ausgeführt, dazu schon Ansätze im Tierreich finden. Die »materielle genetische Grundlage«, sagt POPPER geht hier über sich selbst hinaus. Die Entschlüsselung der Laute oder – etwa beim Lesen – der Zeichen erfolgt unter normalen Bedingungen unbewusst; aber bei Ausdrucksschwierigkeiten oder bei Hörschwierigkeiten sowie beim Lesen besonders schwieriger Textpassagen wird der Vorgang meist wiederholt und dadurch in das Bewusstsein gehoben. Hier liegt die Grundlage kultureller Tradition. Es bleibt aber bei POPPER ungeklärt, woher der schon im Biologischen spürbare Drang zur Ausbildung von Sprache kommt.[116]

Die Bedeutung der Welt 3 wird sichtbar, wenn man sich vergegenwärtigt, dass ihre Elemente auch in unkörperlicher, nichtmaterieller Weise existieren können. Es gibt mathematische Probleme oder Lösungen mathematischer Probleme, die man bisher noch nicht entdeckt hat, und doch existieren sie, sonst könnte man sie nicht eines Tages entdecken. Das Erfassen und Verstehen solcher neu entdeckter nichtmaterieller Gegenstände geschieht also ohne sinnlichen Kontakt, da sie ja nicht materieller Natur sind. Das ist für Popper ein wichtiger Hinweis darauf, dass es nicht möglich sein kann, alle Vorgänge und die gesamte Wirklichkeit auf physikalisch-materielle Elemente zurückzuführen.

Andererseits zeigt jedoch die mögliche Wechselwirkung der verschiedenen 3 Welten untereinander, dass Welt 1 und Welt 3 (und natürlich auch die Welt 2) nicht starr abgegrenzt und unabhängig voneinander existieren. Bei aller Verschiedenheit bestehen Wechselwirkungen zwischen den 3 Welten. Die Musik einer Beethovenschen Symphonie ist bestimmt ein Element der Welt 3. Aber auch wenn die Tonfolge nur im Gehirn des Komponisten vorhanden sein sollte und nicht in Form einer geschriebenen Partitur, und auch wenn sie darüber hinaus das Schicksal erleiden müsste, niemals aufgeführt zu werden, ist sie doch da. Dabei ist sie unter der Voraussetzung des physikalischen Elements der Luft, d. h. unter der Voraussetzung ihres *möglichen* Erklingens (in Gestalt einer »Luftdruckkurve«) geschaffen worden.

Poppers Vorschlag erscheint plausibel. Er vergewaltigt keine der im Universum vorhandenen Wirklichkeiten. Er lässt diese in ihrer jeweiligen Eigenart bestehen und zeigt gleichzeitig auch ihre notwendigen Verbindungen und möglichen Wechselwirkungen auf. Vor uns liegt die *eine* Wirklichkeit. Doch der Faustische Drang zu erkennen, »was die Welt im Innersten zusammenhält«, worin ihre letzte, nicht mehr auf andere Elemente zurückführbare Wirklichkeit besteht, ist durch die POPPERSCHE Theorie nicht geklärt. Die Suche danach geht deshalb weiter.

Inhaltsleere Quanteninformation als Grundsubstanz? Neuere Versuche

Neuere Versuche einer Totalerklärung der Wirklichkeit gehen von der Quantenphysik aus. Dazu hier zwei Beispiele. Mit Hilfe dieser Theorie versucht der amerikanische Professor für mathematische Physik, FRANK J. TIPLER, in einem umfangreichen Werk zusammen mit den vielfältigen Phänomenen der Wirklichkeit gleichzeitig auch die Existenz Gottes und die Wahrscheinlichkeit der Auferstehung von den Toten zu erklären und mathematisch nachzuweisen.[117] Leben ist für ihn eine Art der Informationsverarbeitung. Der menschliche Geist und die menschliche Seele sind »ein hochkomplexes Computerprogramm«. Unter »Person« versteht er ein Computerprogramm, das auf Fragen sinnvolle Antworten zu geben vermag.[118] Computer, die (in Zukunft) über diese Eigenschaft verfügen, sind seiner Meinung nach ebenfalls Personen, denen man »in vollem Umfang« die Menschenrechte zubilligen muss.[119] Anschließend an TEILHARD DE CHARDIN – von dem er sich jedoch in wissenschaftlicher Hinsicht deutlich abgrenzt – spricht er von Gott als dem »Omegapunkt«, auf den die Entwicklung des Universums mathematisch notwendig zuläuft und in den hinein das Universum am Ende »emuliert«, d.h. in vollkommener, von der Ausgangsrealität nicht mehr zu unterscheidender Simulation einmündet. Dadurch ist die Unsterblichkeit allen Seins und Lebens – und damit auch die Unsterblichkeit des einzelnen menschlichen Individuums – garantiert. Der »Grundstoff«, aus dem alle Universen und alle Phänomene *in* den Universen – vom Elektron bis hin zu den höchsten Kunstwerken und zu dem im Omega-Punkt vom Tod auferstehenden Menschen – bestehen, ist die *Information*, die in der Quantenphysik als physikalische Größe das letztlich fassbare Element bildet. Theologie und Religion – man muss ergänzen: Literatur, Kunst und Musik – sind in dieser Sicht Fachgebiete der Physik. Mathematische Physik ist die alles umfassende Wissenschaft.
Es handelt sich hier vom Ansatz her eindeutig um einen konsequent durchgeführten materialistischen Monismus nach dem Muster DE-

MOKRITS. TIPLER selbst versucht, diese panphysikalische Weltsicht mit der Auffassung des ARISTOTELES zu verbinden, indem er sein Grundelement der Wirklichkeit, die »Information«, mit dem Begriff der »Form« bei ARISTOTELES gleichsetzt.[120] Dabei übersieht er aber, dass bei Aristoteles die »Form« klar von der Materie verschieden ist, während die »Information« im Sinne der Quantenphysik selbst ein physikalisches Element darstellt. ARISTOTELES ist nicht wie TIPLER ein materialistischer Monist.

Differenzierter durchgeführt ist der Versuch der Autoren THOMAS UND BRIGITTE GÖRNITZ.[121] Wie der Untertitel des Buches sagt, handelt es sich auch bei diesem Versuch darum, die Quantenphysik zur Grundlage einer durchgängigen Welterklärung zu machen. Auch hier ist die höhere Mathematik die grundlegende Arbeitsmethode. Beide Autoren verstehen sich als Naturwissenschaftler. THOMAS GÖRNITZ ist Professor für Didaktik der Physik an der Johann Wolfgang Goethe-Universität in Frankfurt und seine Frau BRIGITTE GÖRNITZ ist promovierte Tierärztin. BRIGITTE GÖRNITZ ist aber darüber hinaus Diplompsychologin und arbeitet als Psychotherapeutin in München. Eine größere Sensibilität für die Eigenart seelisch-geistiger Prozesse durchzieht das Werk. Dennoch werden auch diese Prozesse durchgehend quantentheoretisch, d.h. physikalisch erklärt. Der nicht mehr weiter zerlegbare »Grundstoff«, aus dem das Universum besteht, ist auch hier die Quanteninformation, also ebenfalls eine physikalische Größe. Die Autoren betonen jedoch die absolute Abstraktheit dieses ihres Grundbegriffs. »Information ist dasjenige, was übrig bleibt, wenn jeder konkrete Träger [und, so möchte ich GÖRNITZ ergänzen: jeder konkrete Inhalt und jegliche konkrete Bedeutung] weggedacht wird.«[122] Der Begriff bezeichnet in ihrer Arbeit eine völlig inhaltsleere Wirklichkeit, die als solche mit materiellem oder eben auch geistigem Inhalt gefüllt werden kann. Die Autoren nennen sie »Protyposis«, gebildet aus griech. *typeo*, »ich präge ein« und der Vorsilbe *pro*, »vor«. »Information« im Sinne der Arbeit ist also dasjenige, dem ein materieller oder geistiger Inhalt eingeprägt werden kann.

»Die Gedanken sind so real wie die Atome.«[123] Mit Recht sehen die Autoren in dieser »Gleichberechtigung« und dem gleichen Seinsniveau geistiger und materieller Wirklichkeit eine Nähe zu PARMENIDES, der Sein und Denken gleichgesetzt hat.[124] Hier besteht auch nachvollziehbar eine gewisse Nähe zur *materia prima* des Aristoteles, die als solche keine erfahrbare Wirklichkeit ist, sondern erst der Prägung durch eine »Form« bedarf (die ihrerseits aber selber erst eingeprägt in Materie zur erfahrbaren Wirklichkeit wird). Von diesem Ansatz aus betrachten die Autoren in ihrem Werk den Dualismus von Geist und Materie, von Idealismus und Materialismus, als überwunden. Selbstbewusst schreiben sie: »Durch die damit gefundene Äquivalenz von Materie, Energie und Quanteninformation können die Vereinheitlichungsbestrebungen der Physik abgeschlossen werden.«[125]

Die von den Autoren angestrebte Vereinheitlichung von Geist und Materie setzt ein sehr hohes Abstraktionsniveau voraus. Die Autoren nehmen an, dass in Zukunft die Gehirnentwicklung des Menschen die Fähigkeit zur Abstraktion immer stärker ausbilden wird. Dabei ist diese »verbunden mit Interesse, Leidenschaft und Liebe für den Umgang mit dem Symbolischen. Aus ihm erwachsen Kunst, Mathematik und die anderen Wissenschaften.«[126] Als »unzulässige Missinterpretation« betrachten die Autoren es, wenn man ihre Ausführungen als den »Versuch eines Gottesbeweises« interpretiert. »Transzendenz« ist nach ihrem Verständnis etwas, »das die Möglichkeit der Beweisbarkeit übersteigt«.[127] Religion und Theologie fallen hier nicht in das Fachgebiet der Physik. Es wird zudem gesehen, dass der Entwicklungsfortschritt im logischen Denken allein nicht für eine sinnvolle Gestaltung des Menschseins ausreicht, sondern auch die Emotionen und die körperlichen Zustände nicht verdrängt werden dürfen.[128] Richtung und Inhalt der Ausführungen von BRIGITTE und THOMAS GÖRNITZ sind human und christlich. Aber methodisch bestehen sie aus einer Interpretation mit Hilfe abstrakter Mathematik. Es ist nicht ersichtlich, wie Religion, Theologie und weitere das Rationale übersteigende Bereiche des Lebens auf andere, nicht-physikalische und nicht-mathematische Weise in die vorliegende Totalerklärung der Wirklichkeit einbezogen werden sollen.

Insgesamt gesehen liegt deshalb auch in diesem Versuch der Verbindung von Geist und Materie ein *panphysikalisches* Konzept vor. Die Grundlage des Konzepts ist die Quantenphysik. Diese wird ausgeweitet zur Erklärung auch psychischer und geistiger Phänomene. Ebenso wie in dem oben beschriebenen Versuch von FRANK J. TIPLER legt auch hier ein längerer »Mathematisch-physikalischer Anhang« die Grundzüge der im Buch angewandten Methode vor. Er dokumentiert das hohe – und mathematisch geprägte – Abstraktionsniveau, mit dem in dem Buch gearbeitet wird. Das Buch ist in deutscher Sprache geschrieben, aber seine tatsächliche Sprache ist, wie der »Anhang« dokumentiert, die Mathematik. Kann in dieser Sprache der Kosmos und das in diesem sich – wahrscheinlich auf vielen Planeten und auf vielfältige Weise – findende psychisch-geistige Leben zureichend beschrieben werden?

»Während sich in den Labors seit einem Vierteljahrhundert nichts grundlegend Neues mehr tut, schweift die Fantasie der Theoretiker umso weiter«, schreibt TOBIAS HÜRTER in der Wochenzeitschrift DIE ZEIT.[129] Der in der Nähe von Genf für 3 Milliarden Euro gebaute Teilchenbeschleuniger LHC, der im September 2008 seinen Betrieb aufgenommen hat, soll die Teilchen, deren Nachweis für eine Gesamttheorie der Physik fehlen, auffinden und damit eine »Theorie von allem«, die »Weltformel«, ermöglichen. Einstweilen ersetzen einige Physiker die fehlenden empirischen Befunde durch abstrakte mathematische Berechnungen. Dabei lassen sich, wie in dem oben beschriebenen Buch TIPLERS nachzulesen ist, gleichsam nebenbei auch Gott und die Unsterblichkeit mathematisch nachweisen. Mit dem entsprechenden Abstraktionsgrad lässt sich die Welt rechnerisch abrunden. Die oben erwähnte Stringtheorie, nach der 10^{-33} cm lange und 0 cm dicke Energiefäden die Grundbestandteile des Universums und Tausender anderer Universen bilden, ist, so urteilt der Physiker LAWRENCE KRAUSS von der Case Western Reserve University zu Recht, »reine Mathematik«, sie sagt nichts über die Welt aus.[130]

Geben empirische Befunde, gekoppelt mit ihrer mathematischen Beschreibung, eindeutig Auskunft über die Welt? Wir haben in den obigen Überlegungen schon verschiedentlich erkenntnistheoretische Fragestellungen berührt. Die Quantentheorie warf die Frage auf, ob nur das als real gelten darf, was vom Menschen in seiner Messung festgestellt wird. In der Abgrenzung Adams gegenüber der Schimpansenhorde begegneten uns die nach IMMANUEL KANT dem menschlichen Denken vorgegebenen Anschauungsformen und die Kategorien des Verstandes – Raum, Zeit und Kausalität – als Wahrnehmungs- und Denkzwänge, die im Laufe der Evolution im Zuge der Anpassung der Lebewesen an ihre Umwelt entstanden sind. Im Zusammenhang der Frage nach dem Ursprung und Wesen des menschlichen Selbstbewusstseins stießen wir auf die Frage, ob das Ich nur ein »Epiphänomen« der im Lauf der Evolution sich im Gehirn zentrierenden Nervenzellen ist. Die moderne Gehirnforschung ließ das Ich im Zusammenhang der Frage nach der Willensfreiheit als Illusion erscheinen. Es ist hier nicht der Ort, die Fragen der Erkenntnistheorie detailliert zu entfalten. Doch die Art und Weise, wie in den oben beschriebenen Arbeiten von der Quantentheorie ausgehend die Welt im mathematischen Kalkül als Gesamtheit dargestellt wird, lässt stark an den radikalen Konstruktivismus denken, wonach die Welt, die wir vor uns haben, schon beginnend mit der Sinneswahrnehmung, im menschlichen Gehirn von uns konstruiert wird.

Das Universum als ein von Energie getragener dynamischer Prozess

Bei der Suche nach dem, »was die Welt im Innersten zusammenhält«, gilt es heute – nach DARWIN und EINSTEIN – vom Prozess der Evolution auszugehen. Die Frage ist dann nicht, ob Quarks, Photonen, Strings oder inhaltsleere Quanteninformationen die Grundbestandteile der Wirklichkeit sind, aus denen so unterschiedliche Phänomene wie das Erklingen einer Beethovenschen Symphonie und der Kollaps eines Sterns zu einem Schwarzen Loch, das grausame Wüten Kaiser Neros und das heilende Handauflegen Jesu aus Nazaret entstanden sind. Die Frage nach einem letzten *gegenständlichen* Element der Wirklichkeit ergibt sich aus einem vergegenständlichenden *Denken*, das schon die antike griechische Philosophie charakterisierte und – wie von ALFRED NORTH WHITEHEAD kritisiert – in unserer Sprache zur Überbetonung der Substantive, d.h. der »Ding«-Wörter, führt.
In einem als evolvierend zu denkenden Universum ist die Realität nicht eine Summe von Gegenständen, die in immer kleinere Elemente, zuletzt in »Elementarteilchen«, zerlegt werden können, sondern Realität ist als fortlaufender *Prozess* zu verstehen, der sich unterschiedlich differenziert.[131] Im evolvierenden, von einer Singularität, dem »Urknall«, aus sich entwickelnden Universum ist *sein* ein Tätigkeitswort, das die verschiedenen, unterschiedlichen Vorgänge dynamisch miteinander verbindet. Es gibt hier schon vom Denkansatz her keine genauen, starren Grenzlinien zwischen den verschiedenen – gegenständlich gedachten – Seinsbereichen wie dem Anorganisch-Materiellen, Organisch-Lebendigen und Psychisch-Geistigen. Alle Vorgänge im Universum

sind von dem einen Ursprung her – wie schon bei Popper zu sehen – wechselseitig aufeinander bezogen. Auch das im »Urknall« sich vollziehende explosive Ausbreiten des Quark-Gluonen-Plasmas wurde durch einen *Vorgang*, durch Gottes (unhörbare) Schöpfungsrede, durch den (für menschliche Ohren unhörbaren) Klang seiner Schöpfungsmelodie, (aus nichts) hervorgerufen. Das Erklingen Hölderlinscher Gedichte und Mozartscher Symphonien, das Gleichniserzählen und Heilen Jesu und die Meditationen Buddhas sind auf diese Weise schon im »Urknall« grundgelegt. Die 13,7 Milliarden Jahre von damals bis heute sind nur eine astrophysikalische Zahl, die als solche nichts mit den genannten Vorgängen zu tun hat. Bei Gott sind nicht nur tausend, sondern auch Milliarden Jahre »wie ein Tag« (vgl. Ps 90,4).

Doch auch die tödlichen Tsunamis und die Konstruktion der Atombombe sowie die Ermordung von 6 Millionen Juden durch die Nationalsozialisten, alle Katastrophen und Gräuel der Menschheitsgeschichte sind durch Gottes Schöpfungsrede möglich geworden. Das ist christlich (unter der Voraussetzung des Gottes Jesu) nur denkbar, indem man annimmt, dass die göttliche Schöpfungsrede in vielen Teilen von gottfremden Mächten grausam verfälscht und missgestaltet wurde. Dazu mehr im Zusammenhang der Theodizeefrage.

Jedenfalls gilt: Nicht gegenständlich fassbare Elemente materieller, geistiger oder virtueller Art, die ich miteinander vergleichen könnte, sind der letzte Grund der Wirklichkeit. Dieser Grund besteht in der Dynamik, der Kraft, der Energie, die im »Urknall« wirksam wurde und die noch heute das Weltall auseinander treibt. Sie besteht überwiegend aus der sogenannten »Dunklen Energie«, deren Wirkung zwar festzustellen ist, deren Struktur, deren Herkunft und deren Wirkweise jedoch nicht bekannt sind. Es wäre aber, wie schon oben gesagt, ein Kurzschluss, diese »kreative Kraft des Universums« mit Gott gleichzusetzen.[132] Gott wäre dann so in die Welt eingebunden, dass die Aussage, er sei als solchermaßen immanenter Gott gleichzeitig auch der Welt transzendent, nicht mehr nachvollziehbar ist. Als »Urgrund« ist er seiend und als Seiender ist er ein Teil der gegenständlich seienden Welt. Nur wenn Gott in paradoxer Weise sowohl als seiend als auch nicht seiend gedacht wird, kann er als der transzendente Schöpfer der Welt in Erscheinung treten. Der Prozess *sein* ist nicht identisch mit Gott, sondern als »Erstling« von Gott aus nichts hervorgerufen (1 Kor 15,20).

Innerhalb des Physikalischen bedeutet das den »Vorrang« der Energie vor der Materie. Beim Wort »Universum« denken wir zuerst an die 125 Milliarden Galaxien mit je 100 Milliarden Sternen. Dabei macht aber diese uns in ihrer Struktur bekannte, »gewöhnliche« Materie nur 4 % der im Universum vorhandenen Masse und Energie aus. 96 % des Universums bestehen aus »dunkler« Energie (73 %) und »dunkler« Materie (23 %), deren Struktur und Wirkweise uns unbekannt sind. Die dunkle Energie treibt das Universum, d. h. die Raumzeit, seit 13,7 Milliarden Jahren auseinander. Sie begründet seine Existenz. Nach dem von Einstein entdeckten Zusammenhang von Energie und Masse ($E = mc^2$) sind diese beiden Größen ineinander verwandelbar. Auch in dieser Umwandlungsformel kommt das Übergewicht der Energie gegenüber der Materie deutlich zum Ausdruck: Wird Materie in Energie verwandelt, wie etwa bei einer Kernexplosion, d. h. bei einer in Kettenreaktion verlaufenden Kernspaltung, so wird z. B. ein Gramm der Spaltmasse mit dem Quadrat der Lichtgeschwindigkeit multipliziert, also mit 300 000 mal 300 000, d. h. mit der unvorstellbaren Zahl von 900 Billionen. Dementsprechend ist die Hitze und Zerstörungskraft, die dabei frei werden. Soll umgekehrt Energie in Materie umgewandelt werden, müssen zwei Elementarteilchen fast auf Lichtgeschwindigkeit beschleunigt und mit dieser Energie zum Zusammenstoß gebracht werden; erst aus dieser ungeheuren Energie entstehen Protonen und andere – bisher vielleicht noch unbekannte – Elementarteilchen. Energie ist die maßgebende Größe im Kosmos. ¸Bosonen¹

Sprache, »göttliche Schöpfungsrede«, ermöglicht den Prozess *sein*

Energie ist keine gegenständliche Größe, kein »Ding«. Energie ist Kraft, die das Weltall durchzieht. Es ist eine irreale Abstraktion, »Information« ohne Inhalt, ohne Sender und Empfänger und ohne Informationsträger vorzustellen und aus diesem »Elementarteilchen« mathematisch *sein* im Universum in seiner Verschiedenartigkeit ableiten zu wollen.[133] Psalm 19, der das Lob der Schöpfung zum Inhalt hat, beginnt mit den Worten:

»Die Himmel rühmen die Herrlichkeit Gottes,
vom Werk seiner Hände kündet das Firmament.
Ein Tag sagt es dem anderen,
eine Nacht tut es der anderen kund,
ohne Worte und ohne Reden,
unhörbar bleibt ihre Stimme.
Doch ihre Botschaft geht in die ganze Welt hinaus,
ihre Kunde bis an die Grenzen des Kosmos.« *(Ps 19,2–5)*

Das Universum ist, sagt der Psalm, von einer *Rede* durchdrungen. Es
hat eine sprachliche Struktur. Die gegenständlichen Wirklichkeiten –
»Tag« und »Nacht« – sagen einander ohne Worte mit unhörbarer
Stimme diese »Rede« zu. Sie durchdringt das Universum: »Ihre Kunde
läuft bis an die Grenzen des Kosmos.« Nicht im gegenständlichen Sein,
sondern im Weitersagen der Schöpfungsrede liegen der Sinn und die
Bedeutung der einzelnen Wirklichkeiten. Der Prozess *sein* wird von ihr
getragen.
Die Aussage des Psalms korrespondiert mit der jüngeren Schöpfungserzählung (Gen 1,1–2,4a). In ihr schafft Gott die Welt durch sein Wort.
Die gegenständlichen Wirklichkeiten des Universums – Licht, Tag und
Nacht, Wasser und Himmelsgewölbe, Land und Meer, Bäume und
Pflanzen, Sonne, Mond und Sterne, Meerestiere und Vögel, Kriech-
tiere und Tiere des Feldes und die Menschen – alles gründet im Wort
des Schöpfers. Alles hat deshalb sprachliche Struktur, eines »spricht«
zum anderen. Bezogen auf die moderne Astrophysik könnte man
»übertexten«: »Ein Quark, ein Atom, ein Molekül, ein Stern sagt es
dem anderen, ein Gluon, ein Photon, ein Elektron tut es dem anderen
kund« – seit 13,7 Milliarden Jahren.   *(Information)*
»Im·Anfang war das Wort« (Joh 1,1). *Logos*, »Wort«, meint dabei,
wie Vers 14 »Und das Wort ist Fleisch geworden« zu erkennen gibt,
nicht das vereinzelte Befehlswort *Jahwes* in der jüngeren Schöpfungsgeschichte, sondern Christus als das Mensch gewordene Wort Gottes.
Jesus aus Nazaret ist die Zusammenfassung der göttlichen Schöpfungsrede, von der schon im Alten Testament der Psalmdichter sagt: »Durch
das Wort des Herrn wurden die Himmel geschaffen, ihr ganzes Heer
durch den Hauch seines Mundes« (Ps 33,6). Wenn Gott sein Wort aus-
sendet, schmilzt das Erstarrte, Eis wird zu Wasser (Ps 147,18). Das
Wort Gottes, das die Welt geschaffen hat, »ist ein Ausfluss seiner Liebe«

(Sir 42,15). Gott ruft in ihm alles Seiende beim Namen (Jes 40,26). Im Hintergrund steht im Johannesevangelium sicher auch der philosophische Logos-Begriff, besonders in seiner damals verbreiteten stoischen Ausprägung, wonach der Logos das göttliche Prinzip ist, das die Welt durchdringt und zusammenhält. Wahrscheinlich kannte der Verfasser des Johannesprologs auch die Lehre des jüdischen Philosophen PHILO VON ALEXANDRIEN, für den der Logos, gleichbedeutend mit der *nous*, der »Vernunft«, Gottes erstes Geschöpf bedeutet. Im relativ späten Johannesevangelium ist der Logos als Christus schon gleichbedeutend mit »Gott«. Doch mehr als ein Jahrhundert vor dem Konzil von Nizäa, auf dem die Kirche sich mit der Lehre des ARIUS von Jesus als einem »Geschöpf« Gottes auseinandersetzte, ist hier noch nicht die dogmatische Aussage von der Trinität und der wesenhaften Gottheit Jesu im Blick. Vielmehr ist eine hymnische Steigerung zu spüren, wenn der Verfasser sagt: »Im Anfang war das Wort, und das Wort *war bei* Gott, und das Wort *war* Gott« (Hervorhebung von mir). Das Wort »Gott« ist hier als Prädikat gebraucht:[134] Der Logos ist wesenhaft göttlich, Gott steht authentisch hinter seinem Wort, er ist eins mit seinem Wort, ohne jedoch mit ihm identisch zu sein. Das von ihm gesprochene Wort ist frei. Es kann das göttliche Fluidum, aus dem es kommt, durch das Universum weitertragen. Es kann aber auch »verdreht« und verfälscht werden. *(vgl. die „Schlange" im Paradies)*

Der Logos als göttliche Schöpfungsrede ist eine von Vernunft geleitete, *worthafte* Dynamik, eine *worthafte* Energie, die das Universum durchzieht. Sie ist Ursprung und Grund des Universums. Diese »Rede« schafft *sein*. Sie verbindet Materie und Geist, physikalische Berechnung und ergreifende Musik. Sie gibt beidem den gleichen Grad an Realität. Versunkene Meditation und zugewandt heilendes Erzählen werden von dieser worthaften Energie wachgerufen und auch die Negation, das sinnlose, grausame Töten und Zerstören, lebt – als Auflehnung und Widerspruch gegenüber dem Schöpfungswort – doch auch von ihm. Alles hat in ihm seinen Bestand. Würde diese »Rede« verstummen, fiele alles in nichts zurück.

Diese »Rede« ermöglicht *sein* – im Anfang des Universums, in den 13,7 Milliarden Jahren seines bisherigen Bestehens und in den vielen Milliarden Jahren seiner möglichen noch zukünftigen Existenz. Durch »sein machtvolles Wort«, das sich in der Endzeit im Christus Jesus verkörpert hat, trägt Gott das All, schreibt der Verfasser des Hebräerbriefs

(Hebr 1,3). Der tragisch mit 36 Jahren in das Dunkel des Wahns versinkende Dichter FRIEDRICH HÖLDERLIN hatte eine Ahnung von der Kraft des dichterischen Wortes, die *sein* schafft und erhält, wenn er schreibt: »Was aber bleibet, stiften die Dichter«. Die jüdische Lyrikerin ROSE AUSLÄNDER, die nach der Eroberung ihrer Heimatstadt Czernowitz durch nazifreundliche Truppen jahrelang in Ghettos und Kellerverstecken leben musste, um der Deportation in ein Vernichtungslager zu entgehen, schreibt, dass nur ihre Lyrik sie sein und leben ließ. In dem Gedicht »Mutterland« heißt es:

>»Mein Vaterland ist tot,
>sie haben es begraben im Feuer.
>Ich lebe in meinem Mutterland
>Wort.

>»Ich glaube an die Wunder
>der Worte,
>die in der Welt wirken
>und die Welten erschaffen.«[135]

Im Wort gründet auch ihre Hoffnung. In der Zeit ihrer schweren Krankheit, die sie zehn Jahre lang bis zu ihrem Tod an das Bett fesselte, dichtet sie: »Ich schreibe mich ins Nichts, es wird mich ewig aufbewahren.«[136] Die Energie des Wortes hat das Universum geschaffen und trägt es als sein Grund. Diese Energie aber lässt sich weder durch lineare, noch durch nicht-lineare Differenzialgleichungen berechnen und in ihrer Entfaltung beschreiben. Berechnen lässt sich nur das gegenständlich Seiende, das von ihr hervorgebracht wird.

»Göttliche Schöpfungsrede« als »Engelsprache« (Johann Georg Hamann)

Die göttliche Schöpfungsrede ruft aus nichts das Universum (und alle möglichen Universen) hervor. Nach der Quantenphysik waren es zuerst die Quantenfluktuationen im Vakuum und die daraus gebildeten virtuellen Teichen, die sich sofort wieder gegenseitig vernichteten, bis bei einem Teilchen das entsprechende Antiteilchen (zufällig!) fehlte und sich im »Urknall« das sich bildende Quark-Gluonen-Plasma explosionsartig zum Universum ausbreitete. Vakuum-Energie, Quantenfluktuationen, Quarks, Gluonen, Elektronen, Photonen sowie die ungeheure Hitze und Energie des Anfangs waren die erste »Resonanz« auf die göttliche Schöpfungsrede. »Rede« setzt einen personalen »Sprecher« voraus. Und auch die Antwort auf diese »Rede«, die durch die Rede hervorgerufene Resonanz setzt ein geistig-personales Element voraus, das mit der entstehenden Materie und Energie verbunden ist. Wie oben schon angedeutet, bezeichnet die biblische Überlieferung diese kosmischen geistig-personalen Mächte als *angeloi* (Engel), als »Boten« Gottes, weil von ihnen die göttliche Schöpfungsrede »in die ganze Welt hinaus … bis zu den Grenzen des Kosmos« (Ps 19,5) weitergetragen wird.

Nach JOHANN GEORG HAMANN, dem Zeitgenossen HERDERS, KANTS und GOETHES im späten 18. Jahrhundert, liegt hier der Ursprung der menschlichen Sprache.[137] Die vielen verschiedenen Sprachen, die sich, beginnend schon im Tierreich, auf dem Planeten Erde gebildet haben, sind die stammelnde und bruchstückhafte »Übersetzung« der von den Engeln im Kosmos weitergegebenen göttlichen Schöpfungsrede. »Reden heißt übersetzen«, sagt HAMANN.[138] Da die göttliche Schöpfungsrede eine poetische Rede ist, beinhaltet diese »Übersetzung« den tastenden Versuch, sie im eigenen Lebensraum nachzudichten. Die Maler und Bildhauer, die Musiker und Komponisten, die Mystiker und tiefschürfenden Philosophen, vor allem die Dichter, leisten diese nachdichtenden Übersetzungsversuche. Sie stehen deshalb der *sein* schaffenden kosmischen Sprachdynamik besonders nahe. ROSE AUSLÄNDER, HÖLDERLIN, NOVALIS, GEORG TRAKL, PAUL CELAN – in vielen Dichtern lebt das Gespür, dass das dichterische Wort über den Tod hinaus trägt, über den Tod hinaus Kraft gibt, zu *sein*.

Das nur bruchstückhaft und stammelnd übersetzbare kosmische Wortgeschehen ist die *Matrix*, welche die Übersetzung von einer Menschensprache in die andere logisch erst möglich macht. Der von DESCARTES ausgehende und in der beginnenden Deutschen Aufklärung von LEIBNIZ aufgegriffene Gedanke, in Analogie zur Logik der mathematischen Zeichensysteme eine *lingua universalis*, eine »Universalsprache« zu konstruieren, in der alle möglichen Denkinhalte mit Zeichen versehen und zueinander logisch in Beziehung gesetzt werden, ist für

HAMANN Ausdruck der ursündlichen menschlichen Hybris, in der die Philosophen des »erleuchteten Zeitalters« zu »geneigten Lesern der Finsternis« werden.[139] Die einlinig zweckgerichtete abstrakte Bezeichnung der materiellen und gedanklichen Wirklichkeiten und ihre rational-logische Systematisierung beraubt diese Wirklichkeiten ihres Wortcharakters. Sie werden dadurch nichtssagend. H_2O ist nicht gleichbedeutend mit dem »Wasser«, nach dem sich SAINT-EXUPÉRY verdurstend in der Wüste sehnt. Die Versuche, eine rasch erlernbare Esperanto-»Sprache« mit genau definierten Worten und einfachster Grammatik zu konstruieren und flächendeckend auf der Erde einzuführen, sind gescheitert. In keiner Schule erlernen die Kinder diese »Sprache«. Sie ist nicht auf Dauer praktizierbar, weil in ihr die Wirklichkeiten ihren Sprachcharakter verloren haben und »nichtssagend« geworden sind. In dieser »Sprache« kann nicht mehr das kosmische Wortgeschehen, das nach Psalm 19 das Universum durchzieht und dessen stammelnde Übersetzung die in den Völkern gewachsenen Sprachen sind, hindurchtönen und sie spannend machen. Esperanto übersetzt nichts. Sie wäre konsequent durchgeführt keine Sprache, sondern der Tod der Sprache. In der biblischen Erzählung vom »Turmbau zu Babel« (Gen 11,1–9) kommt zum Ausdruck, dass eine Einheitssprache für alle Menschen eine den Himmel stürmende Hybris darstellt.

Die oben beschriebenen Versuche, im Anschluss an die Quantenphysik in mathematischer Logik die vielfältigen Elemente des Universums zu harmonisieren, sind Neuauflagen dieses Versuches. Sie verzwecken die Mathematik zu einer Art Esperanto. Doch Mathematik ist die Wissenschaft von den Zahlen. Sie gründet auf einigen wenigen einfachen Axiomen, »die eigentlich nur genau definieren, was zählen heißt«.[140] PYTHAGORAS war fasziniert von den einfachen, »schönen« Zusammenhängen, die sich in den Zahlenverhältnissen erschlossen. Er entdeckte, dass gleichgespannte schwingende Saiten harmonisch zusammenklingen, wenn ihre Längen in einem einfachen rationalen Zahlenverhältnis stehen. Mathematik und Musik empfand er als zusammengehörig. Aus beiden sprach zu ihm die göttliche Schöpfungsrede. Sie lässt sich aber nicht, wie Tipler das versucht, zu Gleichungen ausdifferenzieren, mit deren Hilfe Gott und die menschliche Unsterblichkeit bewiesen werden.

HAMANN weiß noch nichts von einem knapp 14 Milliarden Jahre zurückliegenden »Urknall«, von dem aus sich das Universum entwickelt hat, so dass alles in diesem Universum als von *einer* Quelle ausgehend und deshalb ursprunghaft verbunden gedacht werden muss. Dennoch sucht auch er (wie schon die antiken Philosophen) mit großer intuitiver Kraft nach der ursprünglichen Einheit aller Wirklichkeit: der Einheit von Materie und Geist, von Leib und Seele, von sinnlicher Wahrnehmung und abstrahierendem Verstand. Der auf Nikolaus Cusanus zurückgehende Begriff der *coincidentia oppositorum* (des Zusammenfallens der Gegensätze) spricht ihn im tiefsten Fundament seines Denkens an.[141] Diese Einheit liegt für ihn begründet in der göttlichen Schöpfungsrede, die *sein* ermöglichend das Weltall (und, so wäre heute vielleicht zu ergänzen: alle möglichen Welten) durchzieht. Nicht ein gegenständliches Etwas, sondern sprachliche Dynamik, sprachliche Energie, ist nach Hamann der einende Ursprung und Urgrund der Wirklichkeit, das, »was die Welt im Innersten zusammenhält«.

In der Dynamik dieser (nonverbalen) »Sprache«, in der Kraft dieser göttlichen Schöpfungsrede, aus der alles *sein* entspringt und die auch die späteren gegenständlichen Differenzierungen trägt, ist Materielles und Geistiges untrennbar miteinander verbunden. Die Versuche der aufklärerischen Zeitgenossen Hamanns, eine von allem Sinnlichen und Bildhaften »gereinigte«, an der mathematischen Logik orientierte, abstrakte Sprache zu sprechen, beinhalten in seiner Sicht eine »Selbstverstümmelung« des Menschen, in der er sich gewaltsam vom *sein* schaffenden und *sein* ermöglichenden Ursprung »abschneidet«.[142] Auch wenn der in dieser Weise »aufgeklärt« denkende Mensch – wie in unserer Zeit Thomas und Brigitte Görnitz – *nachträglich* die Bedeutung der Emotionen und der »körperlichen Zustände« hervorheben,[143] ist durch die Art des Denkens und Sprechens vorgängig doch schon die Verbindung zum kreativ einenden Ursprung abgeschnitten.

Was ist wirklich? »Im Worte sehen« (Hamann)

Kritischer und hypothetischer Realismus

In unserem Alltagsleben bewegen wir uns in einem naiven Realismus. Wir nehmen an, dass die Wirklichkeit so beschaffen ist, wie wir sie mit unseren Sinnesorganen wahrnehmen. Die Naturwissenschaft versucht diese Wahrnehmungen möglichst genau zu beschreiben und ihren inneren Zusammenhang in allgemein gültigen, mathematisch formulierten Gesetzen darzustellen. Dabei entsteht ein *kritischer* Realismus, weil die möglichst feine Zergliederung der wahrgenommenen Realität deutlich macht, dass der äußere Augenschein die innere Struktur des Wahrgenommenen – etwa den Aufbau der Materie aus Molekülen und Atomen – nicht erkennen lässt. Wirklich ist aber immer noch das, was sich *grundsätzlich* (vielleicht mit Hilfe eines Elektronenmikroskops oder eines Teilchendetektors) wahrnehmen und mathematisch berechnen lässt. Da man aber nicht mathematisch beweisen kann, dass die so gewonnene Erkenntnis *vollkommen* mit der realen Welt übereinstimmt, spricht man von dem *hypothetischen* Realismus der Naturwissenschaft.[144]

In einer rein idealistischen Weltsicht hätte die moderne Naturwissenschaft kein Fundament. Wenn, wie in der Philosophie JOHANN GOTTLIEB FICHTES die Objektwelt erst mit der Setzung des Ich des Menschen erzeugt wird, ist die Naturwissenschaft ein Teilgebiet der Psychologie, welche die Strukturen und Verhaltensweisen des menschlichen Ich zu ergründen sucht. In seiner Stellungnahme zur Quantenphysik sagt EINSTEIN ausdrücklich, dass die Begriffe der Physik eine »reale Außenwelt« voraussetzen und dass die Gegenstände, die von der Physik untersucht werden, eine »von den wahrnehmenden Subjekten unabhängige ›reale Existenz‹ beanspruchen«. Andernfalls wäre die physikalische Untersuchung einzelner Phänomene und »die Aufstellung empirisch überprüfbarer Gesetze« sinnlos.[145] Die Quantenphysik hat aber, wie oben beschrieben, diesen naturwissenschaftlichen Realismus in Frage gestellt. Wo sich ein Elektron befindet und in welchem Zustand es existiert (ob als Welle oder Korpuskel) oder ob es überhaupt existiert, wenn sein Ort und sein Zustand nicht gerade gemessen und beobachtet werden, ist in dieser Physik nicht vorauszusagen. Der menschliche Beobachter als Subjekt des zu untersuchenden Vorgangs wird selbst ein Element des Untersuchungsvorgangs. Die Möglichkeit einer vom wahrnehmenden Subjekt unabhängigen Realität ist in Frage gestellt. »Wenn wir aus den atomaren Erscheinungen auf Gesetzmäßigkeiten schließen wollen, so stellt sich heraus, dass wir nicht mehr objektive Vorgänge in Raum und Zeit gesetzmäßig verknüpfen können, sondern [...] Beobachtungssituationen. Nur für diese erhalten wir empirische Gesetzmäßigkeiten«, sagt WERNER HEISENBERG.[146] Zu den »Beobachtungssituationen« gehört konstitutiv auch der subjektive Beobachter. Diese Aussagen erinnern an die von dem anglikanischen Bischof GEORGE BERKELEY zu Beginn des 18. Jahrhunderts vertretene idealistische Position, wonach *sein* identisch ist mit *wahrgenommen werden* sowie an die Identifikation von Denken und Sein durch PARMENIDES in der Antike.

Deshalb setzt hier – von der Naturwissenschaft selbst angestoßen – neu eine Diskussion darüber ein, was erkenntnistheoretisch als »real« anzunehmen ist. Die Diskussion geht aus von der Unterscheidung IMMANUEL KANTS in das »Ding an sich« und die auf es zurückgehenden sinnlich wahrgenommenen und in einem mathematischen Formalismus beschreibbaren »Erscheinungen«. *Raum* und *Zeit* sind für KANT sinnliche »Anschauungsformen«, die unsere Wahrnehmung ermöglichen und bestimmen. Wir können nicht hinter die so gegebenen »Erscheinungen« zurück. Außerdem ist die Tätigkeit unseres Verstandes durch vorgegebene »Kategorien« geprägt, die wir ebenfalls nicht ausschalten können. Wir können z. B. nicht grundsätzlich vermeiden, bei den uns begegnenden Ereignissen nach deren Ursachen zu fragen. Kausalität, Einheit, Vielheit, Notwendigkeit, Möglichkeit und Wirklichkeit sind vorgegebene »Kategorien« unseres Verstandes, die es uns erst ermöglichen, gedankliche Verbindungen herzustellen.

Die moderne Naturwissenschaft sucht hier deutlich zu machen, dass Anschauungsformen und Kategorien keine metaphysischen, also gleichsam naturgesetzlich unserem Verstand eingeprägte Elemente sind. Die allseits akzeptierte, vor allem durch die Entdeckung der kosmischen Hintergrundstrahlung experimentell verifizierte Theorie von der Entstehung unseres Universums im »Urknall« schließt ein, dass Raum und Zeit *mit* dem »Urknall« entstanden, also nicht metaphysisch vorgegeben sind. Dasselbe zeigen die Beobachtungen der Quantenphysik. Die atomaren und subatomaren Teilchen lassen in manchen

Experimenten – z. B. in der oben beschriebenen Beobachtung verschränkter Photonen oder im Doppelspalt-Experiment – erkennen, dass sie grundsätzlich nicht lokalisierbar sind, also unräumlich, a-lokal, existieren; wir müssen (und können) sie also, auch wenn es Anstrengung kostet, – trotz der vorgegebenen Anschauungsformen von Raum und Zeit – unräumlich denken. Auch den zeitlichen Kategorien scheinen sie enthoben. Ein Radium-B-Atom zerfällt in der Regel innerhalb einer halben Stunde; es können aber auch ein ganzer Tag oder 10 Jahre vergehen oder es zerfällt überhaupt nicht. Das Verhalten der einzelnen Elementarteilchen lässt sich nur mit bestimmten Wahrscheinlichkeiten voraussagen. Es gibt in diesem grundlegenden Bereich der Wirklichkeit auf einzelne Teilchen bezogen keine berechenbaren Zeitabläufe und keine strenge Kausalität. Wir müssen (und können) das Verhalten dieser einzelnen Teilchen unabhängig von einem kontinuierlichen Zeitablauf und unabhängig von eindeutig determinierenden Ursachen denken.

Evolutionäre Erkenntnistheorie

Auch die evolutionäre Erkenntnistheorie, wie sie besonders von den Biologen KONRAD LORENZ, GERHARD VOLLMER, RUPERT RIEDL und auch von dem Philosophen KARL POPPER vertreten wird, bestreitet, dass die Kantischen Denk- und Anschauungsformen unserem Verstand »a priori«, d. h. von allem Anfang an (also »metaphysisch«) eingeprägt sind. Sie suchen aufzuzeigen, dass sie sich vielmehr im Lauf der *Evolution* (die als umfassende Theorie zur Zeit KANTS noch unbekannt war) im Tierreich herausgebildet haben, sich also auf Erfahrung gründen.

Ein Pantoffeltierchen, das bei seiner Vorwärtsbewegung mit seinen Härchen an einen Stein stößt, weicht erst etwas zurück und bewegt sich dann in einer anderen Richtung weiter. Es hat also offenbar schon eine gewisse Raumvorstellung. Je komplexer das Nervensystem der in der Evolution entstehenden Lebewesen wird, desto komplexer und differenzierter wird auch ihr Wahrnehmungsvermögen und ihre Fähigkeit, Wahrgenommenes in der Vorstellung miteinander zu verbinden. Während Fische – in der Evolution relativ frühe Lebewesen – im Allgemeinen zwei seitliche Augen haben, sodass sich kein gemeinsames, die

Wahrnehmung beider Augen verbindendes Blickfeld und deshalb auch keine unmittelbare Raumvorstellung ausbilden kann, entwickelte sich bei Schleimfischen und Grundeln ein steiles Kopfprofil, das es ermöglicht, dass die Augen nach vorne wandern und nebeneinander zu stehen kommen. Der Schleimfisch kann so ein Insekt, das vor ihm auf einem Stein sitzt, mit seinen Augen im Raum fixieren und es erschnappen. Während die Singvögel seitliche Augen haben, mit deren Hilfe sie über ein (unverbundenes) Blickfeld von annähernd 360°, aber ohne räumliche Tiefe, verfügen, hat sich bei Raubvögeln ein beidäugiges Sehen entwickelt, sodass sie ihre Beute aus großer Höhe wahrnehmen und sich auf sie herabstürzen können.

Unsere stammesgeschichtlichen Vorfahren waren Baumbewohner. In luftiger Höhe sprangen diese Tiere von Ast zu Ast und von Baum zu Baum. Dabei war es lebenswichtig, den Abstand zum nächsten Haltepunkt sowie dessen Höhe oder Tiefe richtig einzuschätzen. Eine Fehlinterpretation konnte tödlich sein. So kam es, dass sich bei Tieren unserer Gattung eine komplizierte dreidimensionale Raumvorstellung ausgebildet hat, die so stark in unseren Genen verankert ist, dass wir uns nichts außerhalb des Raumes vorstellen können. Räumlich zu denken, ist deshalb von unserer Stammesgeschichte her eine uns zwingend vorgegebene Form der Anschauung.

Dasselbe gilt für die Kategorie der Zeit. Schon Einzeller und Pflanzen können Licht von Dunkelheit unterscheiden. Wenn die Sonne aufgeht, öffnen sich die Kelche der Blumen, und wenn es Nacht wird, schließen sie sich wieder. Alles Leben spielt im Rhythmus von Tag und Nacht, von Frühjahr, Sommer, Herbst und Winter. Nichts Lebendiges fällt aus diesem Rahmen heraus. Unser Leben ist eingebunden in den Rhythmus unseres Pulsschlags und unseres Atmens. Deshalb können wir uns alles Geschehen nur innerhalb eines zeitlichen Rahmens vorstellen. Obwohl wir wissen, dass Raum und Zeit erst durch den »Urknall« entstanden sind und in dieser Entstehung eine zusammenhängende, durch die Sternmassen gekrümmte Raumzeit bilden, fragen wir – völlig unlogisch – wie kleine Kinder immer wieder, »wann« und »wo« dieser »Urknall« stattgefunden hat. Die Zeit ist ebenso wie der Raum eine in der Evolution uns zugewachsene Anschauungsform, hinter die wir nicht zurück können.

Auch für die von KANT beschriebenen Kategorien des menschlichen Denkens gilt Ähnliches. Ein umfallender Baumstamm kann nicht nur einen Menschen, sondern auch ein Tier erschlagen. Das Tier weicht ihm deshalb aus. Schon vor Jahrmillionen sind Mutationen positiv selektiert worden, die dem Lebewesen die Fähigkeit vermitteln, Folgeereignisse als solche zu erkennen. Wenn einige Male jeweils ein Glockenzeichen ertönt, bevor die Fressschale hingestellt wird, dann läuft dem Pawlowschen Hund allein beim Ertönen des Glockenzeichens schon der Speichel im Mund zusammen. Natürlich ist das nur eine Zeitfolge, ein *post hoc*, nicht ein *propter hoc*. Aber dadurch, dass ein bestimmtes Ereignis *regelmäßig* auf ein anderes bestimmtes Ereignis folgt, kann bei Mensch *und* Tier der Eindruck entstehen, dass die Abfolge *immer* so und nicht anders, also gleichsam *notwendig*, geschieht. Tiere, die genetisch so geprägt sind, dass sie auf mögliche gefährliche Folgen eines aktuellen Ereignisses abwehrend reagieren, haben einen Überlebensvorteil. Sowohl das Schimpansenbaby wie auch der menschliche Säugling heben reflexhaft abwehrend ihre Hände, wenn man ihnen einen Film zeigt, in dem ein großer Ball auf sie zuläuft. Sie erkennen, dass die große, auf sie zu rollende Kugel *Ursache* dafür sein kann, dass sie von ihr überrollt und verletzt werden. Zwar kennen sie nicht den Begriff der Ursache, den Konrad Lorenz im Unterschied zur bloßen zeitlichen Abfolge durch eine dabei geschehende Energieübertragung definiert.[147] Doch die Evolution hat diejenigen Lebewesen, die stets aufeinander folgende Ereignisse als solche erkennen und logisch miteinander verknüpfen, bevorzugt, sie können leichter überleben.

Unser Denken ist durch das Abstraktionsvermögen charakterisiert. Kopernikus, Kepler und Galilei haben von der sinnlichen Erfahrung, dass die Sonne am Morgen im Osten aufgeht und am Abend im Westen untergeht, abstrahiert. Sie vertrauten stattdessen den logischen Schlüssen, die sie aus völlig anderen Beobachtungen (z. B. aus der Bewegung der Jupitermonde) zogen. Unser heutiges Weltbild gründet auf experimentell gewonnenen Fakten und völlig abstrakten mathematischen Berechnungen, welche die gewonnen Fakten logisch zueinander in Beziehung setzen. Aus den Berechnungen ergeben sich Folgerungen, die wiederum durch Experimente bestätigt werden. So baut sich das Bild unserer Welt auf. Der Normalbürger kann diese Abstraktionen nicht nachvollziehen. Trotzdem glauben wir, dass die Wirklichkeit so beschaffen ist, wie die moderne Physik sie darstellt. Das geschieht vor allem dann, wenn die abstrakten Berechnungen Voraussagen machen, die durch Experimente bestätigt werden. Immer mehr erfolgt der Erwerb neuer Erkenntnisse und die Einsicht in neue Zusammenhänge nur noch durch abstrakte Schlussfolgerungen und komplizierte Berechnungen. Die sogenannte »Superstringtheorie«, die in dem Bemühen, Relativitätstheorie und Quantenphysik in einer einheitlichen Theorie zu verbinden, gegenwärtig am weitesten fortgeschritten ist, arbeitet bisher nur mit abstrakten Formeln und logischen Schlüssen. Man hofft, dass der 2008 in Betrieb genommene Teilchenbeschleuniger LHC (*Large Hadron Collider*) erste experimentelle Hinweise bringen wird.

Hier ist allerdings auch der Punkt, an dem wir den Lebensraum verlassen, an den angepasst sich unser Wahrnehmungs- und Erkenntnisvermögen evolutionsgeschichtlich entwickelt hat. Das gilt sowohl für den Makrokosmos, wie er von den Gleichungen der Relativitätstheorie beschrieben wird, als auch für den mikrokosmischen Bereich der atomaren und subatomaren Teilchen der Quantenphysik. An diese Räume braucht sich ein Lebewesen, das sich auf dem Planeten Erde entwickelt, nicht anzupassen. Darum überschreiten sie unser Vorstellungsvermögen. Was wir in einer klaren Nacht am Himmel sehen, sind hellere und schwächere, weit entfernte Lichtpunkte, nicht aber Objekte von der Größenordnung und Strahlkraft unserer Sonne. Diese Lichtpunkte sind nur *Chiffren* für ungeheuer große und gewaltige Wirklichkeiten. Ebenso ist die »Plancklänge« von 10^{-33} cm, die nicht mehr weiter unterteilbar ist, nur eine Chiffre für unvorstellbar Kleines. Auch die Zeitangaben der Astrophysik sind abstrakte Chiffren. Niemand kann sich die 13,7 Milliarden Jahre vorstellen, die unser Universum existiert. Unser Lebensraum ist der *Mesokosmos*, der Bereich der mittleren Größen, der ein Zeitmaß von wenigen Sekunden bis einige Tausend Jahre und ein Größenmaß von einem Millimeter bis zu einigen Tausend Kilometer umfasst. In *dieser* Welt hat sich die Menschengattung entwickelt.

Die Überschreitung dieses unseres Lebensraums ist Ausdruck des Strebens nach dem Unbegrenzt-Absoluten, das uns als Lebewesen mit einem hochkomplexen, im Gehirn zentrierten Nervensystem kennzeichnet. Die christliche Anthropologie spricht vom Menschen als dem Wesen der Selbsttranszendenz, das in seinem Vorgriff auf das Absolute offen ist für die in Jesus geschehene und geschehende Selbstmitteilung Gottes.[148] Diese Selbsttranszendenz eignet aber im Verständnis der von der modernen Naturwissenschaft beschriebenen Welt allen Lebewesen mit einem hinreichend entwickelten Nervensystem, sei es, dass diese auf unserem Planeten oder auf anderen Sternen leben. Der *homo erectus*, der vor etwa 1,7 Millionen Jahren seine afrikanische Heimat verließ und auf immer neue Horizonte hin seinen Lebensraum überschritt (wobei er über China hinaus bis Java und in anderer Richtung bis nach Bilzingsleben in Thüringen[149] gelangte), war offenbar schon von dieser Transzendenzdynamik bewegt. In den biblischen Texten überschritt der Mensch seinen Lebensraum besonders in der Wahrnehmung der Zeit: »Tausend Jahre sind für dich wie der Tag, der gestern vergangen ist«, betet der Psalmdichter (Ps 90, 4). »Tausend Jahre« sind für den biblischen Verfasser ebenso eine Chiffre für unvorstellbar Großes, wie es heute für uns die 13,7 Milliarden Jahre der Existenz unseres Universums sind. Für Gott sind auch sie »wie der Tag, der gestern vergangen ist«. Paulus sieht, obwohl unser Universum noch viele Milliarden Jahre bestehen wird, schon vor 2000 Jahren die Schöpfung in »Geburtswehen« liegen (Röm 8, 22), um den neuen Himmel und die neue Erde zu gebären. Noch für die eigene Generation erwarten die frühen Christen das in der Apokalypse angekündigte Ende der Welt (Mk 13,30). Die Zeitmaße verschwimmen im Ausgriff nach dem Absoluten.

Die Evolutionstheorie, die sogar in dem eingangs zitierten kirchlichen Orientierungspapier als »more than a hypothesis« eingestuft wird,[150] macht uns klar, dass die Fähigkeit zur Abstraktion keineswegs nur dem *homo sapiens* zukommt, sondern das Leben insgesamt auf ihr beruht. Das oben erwähnte Pantoffeltierchen, das bei seiner Fortbewegung an ein Hindernis stößt, fragt nicht nach der genaueren Natur und Beschaffenheit dieses Hindernisses. Es kann aus einem Stein bestehen, aber auch aus dem Wrackteil eines gesunkenen Schiffes oder aus einer Pflanze. Doch dem Tierchen begegnet einzig und allein ein »Hindernis«, das zu umgehen ist. Von allem anderen abstrahiert es. Eine junge Katze läuft jedem sich bewegenden kleinen Gegenstand nach und erst, wenn sie hineinbeißt, stellt sie fest, dass es vielleicht nur ein Stofftier und keine Maus ist. Von solchen konkreten Einzelheiten abstrahiert sie bei ihrer Verfolgungsjagd. Ein Schimpanse kann durchaus drei Bananen von nur einer unterscheiden, und wenn man ihn vor einen Spiegel stellt, abstrahiert er von allem, was sich sonst im Spiegel zeigt; ja er abstrahiert sogar von der ihm gut bekannten Tierart, die sich ihm darstellt, und erkennt im Gegenüber niemand anderen als sich selbst.

Grundsätzlich kann sich der Mensch durch sein abstraktes Denkvermögen nicht vom Tierreich abgrenzen. Räumliches und zeitliches Wahrnehmen sowie kausales Denken, auch das Abstraktionsvermögen, sind in den Jahrmillionen der Evolution des Lebendigen auf dem Planeten Erde durch Anpassung an die Umwelt entstanden. Sie wurden positiv selektiert. Deshalb ist, sagen die oben genannten Vertreter der evolutionären Erkenntnistheorie, eine wenigstens *teilweise* Übereinstimmung zwischen dem so geprägten Wahrnehmen und Denken und den Strukturen der Realität anzunehmen. Der hypothetische Realismus der Naturwissenschaft ist von daher berechtigt.

Erkenntnis durch sinnliche Anschauung mit Hilfe von Begriffen

Aus der Gruppe der Biologen selbst jedoch erheben sich Einwände. Die angesehenen Neurobiologen HUMBERTO MATURANA und FRANCISCO VARELA, die das Prinzip der Selbstorganisation in der Entwicklung des Lebendigen überzeugend herausgearbeitet haben, neigen der Erkenntnistheorie des radikalen Konstruktivismus zu, die heute an die Stelle des oben genannten konsequenten Idealismus JOHANN GOTTLIEB FICHTES getreten ist. Wir *konstruieren* ihrer Meinung nach die Welt. In der evolutionären Erkenntnistheorie sehen sie einen logischen Zirkelschluss: Die beschriebenen Beobachtungen und Überlegungen zur evolutionären Entstehung der Anschauungsformen von Raum, Zeit und der Verstandeskategorien wurden, sagen sie, *selbst* mit Hilfe eben dieser vorgegebenen Anschauungs- und Denkformen gemacht. Wir können diese »Brille« nicht ablegen. Deshalb sagen die evolutionstheoretischen Betrachtungen und Beobachtungen ihrer Meinung nach nichts darüber aus, wie die Welt (auch die stammesgeschichtlich uns vorausgehende Tierwelt) wirklich – ohne »Brille« betrachtet – aussieht.

Formal ist diese Überlegung zwar richtig. Die Realität der Welt lässt sich ebenso wenig beweisen wie die Realität Gottes. Aber die Stimmigkeit, in der sich die beschriebenen Phänomene ineinander fügen, gibt doch den berechtigten Anlass für die *Hypothese*, dass auch unsere mit der »Brille« der Kantischen Wahrnehmungs- und Denkformen bestückten Augen wenigstens teilweise eine vom beobachtenden Subjekt unabhängige Realität in ihr Blickfeld bekommen. Jedenfalls ist es für den Menschen vernünftig, in seinem Leben und Handeln den hypothetischen Realismus der Naturwissenschaften zugrunde zu legen. Die idealistische Ich-Metaphysik FICHTES und der Radikale Konstruktivismus, wie ihn in unserer Zeit ERNST VON GLASERFELD entwickelt hat,[151] kommen, auch wenn sie den Solipsismus, den Rückzug auf das eigene Selbst ablehnen, doch nicht zu einem gleichwertigen Gegenüber von Personen, das spontanes Handeln und spontanen Dialog ermöglicht. Die in der jüdischen Tradition gründende Dialogische Philosophie sieht dagegen – vor allem bei EMMANUEL LEVINAS, aber auch schon bei MARTIN BUBER – gerade in der Wahrnehmung des *Du* den Ursprung für die Entwicklung des eigenen Ich und die Grundlage für die Annahme einer vom Subjekt unabhängigen realen Welt: In der Wahrnehmung des Du erkenne ich, dass mir ein *Anderer*, ein *Anderes*, gegenübersteht, das eigenständig existiert.

Zwar neigt der hypothetische Realismus der neueren Physik und Biologie, sofern er alles Sein auf den Ursprung des Universums im »Urknall« und der darauf folgenden Entwicklung zurückführt, zu einer materialistischen Grundposition. Doch in der Annahme einer Singularität des Anfangs unseres materiellen Universums wird die Materie nicht (wie z.B. in vielen hinduistische Traditionen) als ewige Substanz gedacht. Hinzu kommt, dass in der Quantenphysik der Begriff der Materie den Charakter des Absoluten völlig verliert und, wie oben angeführt, in der »Kopenhagener Deutung« (etwa bei NIELS BOHR) die Materieteilchen erst zusammen mit dem Beobachter, der eine Messung durchführt, als Realität in den Blick kommen. Hier ist genügend Raum für eine biblische, kontingente Sicht der Welt.

Es gilt ja auch zu sehen, dass der Idealismus nicht von sich aus zum Gottesglauben hinführt. In der Überlieferung PLATONS wird SOKRATES – im Sinne PLATONS sicher ein idealistischer Philosoph – wegen *asebeia* (»Unfrömmigkeit«, »Gottlosigkeit«) zum Tode verurteilt; und auch die frühen Christen wurden im Römerreich des »Atheismus« angeklagt. Der Idealismus neigt dazu, Gott so sehr als das ganz Andere, Transzendente zu denken, dass dieses Denken in der (heidnischen) Volksfrömmigkeit als »atheistisch« erscheint.

Das idealistische und das realistisch-materialistische, an der sinnlichen Wahrnehmung orientierte Denken bedürfen einander. Sie ergänzen sich gegenseitig. KANT hat das klar in dem bekannten Satz formuliert:

»Gedanken ohne Inhalt sind leer, Anschauungen ohne Begriffe sind blind.« Wenn die sinnliche Anschauung nicht durch Ideen und Begriffe gelenkt wird, kann es zu verheerenden Folgen kommen. Allein aus der sinnlichen Anschauung kann ich z. B. nicht erkennen, was der Begriff »Mensch« beinhaltet. Ist der Mensch ein auf zwei Beinen aufrecht gehendes Wesen mit zwei Armen, das sich mit anderen Menschen unterhalten kann? Was ist dann aber mit behinderten, verkrüppelten Menschen, die vielleicht auch noch geistig gestört sind? Sind das keine Menschen? Handelt es sich hier, wie die nationalsozialistische Ideologie sagte, um »lebensunwertes Leben«, das man töten darf?

Nach PLATON ist uns die Idee des Menschen von der höchsten Idee, der Idee des Guten, eingegeben. Zwar sind wir, wie er in seinem berühmten »Höhlengleichnis« erzählt, in einer Höhle so gefesselt, dass wir nur die auf der Höhlenwand sich abzeichnenden Schattenbilder der wirklichen Dinge, die an einem Feuer vorübergetragen werden, sehen können. Unter diesen Schattenbildern erscheint jedoch auch die Idee des Menschen. Ein gegenständlich nicht beschreibbarer Ausdruck des Schattenrisses sagt uns, was ein »Mensch« ist. Dem »Schattenriss« können Arme und Beine fehlen, er kann einen unförmigen Kopf tragen – und doch sagt uns die durch das Schattenbild vermittelte Idee, der »Begriff«, dass wir einen »Menschen« vor uns haben. Anschauungen ohne Begriffe sind blind, Begriffe ohne Anschauung sind leer. Erst aus beidem zusammen entsteht das, was »wirklich« ist.

Gerade aber, weil beide, Begriff *und* sinnliche Anschauung, zusammengehören, dürfen sie nicht nach Art des neuplatonischen Dualismus getrennt und zwei verschiedenen Sphären zugeordnet werden. Im »Urknall« und im ersten Lebenskeim auf dem Planeten Erde ist beides ungetrennt zusammen. Im Laufe der Evolution des Universums und der Evolution des Lebens entsteht eine immer komplexer werdende Ausdifferenzierung des singulären Anfangs: Der Weg führt vom sogenannten »Quark-Gluonen-Plasma«, das in den ersten Mikrosekunden nach dem »Urknall« entstand, zur Bildung der verschiedenen Elementarteilchen, zu deren Zusammenschluss zu Atomen, zur Bildung von Sternen und Galaxien, zur Entstehung von Bakterien, zur Ausformung komplexer Tier- und Pflanzenarten und schließlich zur Bildung intelligenter Lebewesen, die auf dem Planeten Erde »Menschen« genannt werden. Die Differenz von Geist und Materie, von Begriff und sinnlicher Anschauung, ist nur *eine* der unendlich vielen Ausdifferenzierungen, die auf dem langen Weg der Evolution von knapp 14 Milliarden Jahren erfolgt sind.

Die Sprache als apriorische Anschauungs- und Denkform

Johann Georg Hamann lebte zur gleichen Zeit mit Kant in Königsberg und war mit ihm befreundet. In seiner Schrift »*Metakritik über den Purismum der Vernunft*« setzte er sich sachkundig mit Kants Vernunftkritik auseinander. Dabei wird deutlich, dass Hamann nicht als irrationaler Kritiker der Aufklärung eingeordnet werden kann. Hamann unterschied genau zwischen einem oberflächlichen, aufklärerischen Rationalismus – er bezeichnete ihn als »Sophisterei« und »leeren Schematismus«[152] – und einem angestrengten, vernunftgeleiteten Denken, wie er es bei Kant vorfand. Hamann stimmt Kant darin zu, dass unsere Wahrnehmung und unser Denken durch vorgeprägte Anschauungs- und Denkformen bestimmt sind. Doch er akzeptiert nicht, dass diese völlig voraussetzungslos, gewissermaßen »metaphysisch«, dem menschlichen Verstand eingeprägt sind. Das *Apriori* menschlicher Wahrnehmung und menschlichen Denkens besteht für Hamann in der Sprache: »Laute und Buchstaben sind reine Formen *a priori*, in denen nichts, was zur Empfindung oder zum Begriff eines Gegenstandes gehöret, angetroffen wird.« Aber sie sind sinnlich wahrnehmbare »Elemente aller menschlichen Erkenntnis und Vernunft« und haben sich »durch den beharrlichen Einfluß der beyden edelsten Sinne, Gesichts und Gehörs, in die ganze Sphäre des Verstandes so allgemein und notwendig gemacht als Licht und Luft für Aug, Ohr und Stimme sind.«[153]

Hamans Formel für die menschliche Erkenntnis lautet: »Im Worte sehen«. Genauer meint Hamann damit das Gotteswort, wie es uns in der Bibel, aber auch im »Buch der Schöpfung« gegeben ist. Diese in der Sprache uns vorgegebenen Anschauungs- und Denkformen mindern aber nicht die Fähigkeit der Wahrnehmung und Erkenntnis der realen Welt. Sprache ist stammelnde »Übersetzung« der göttlichen Schöpfungsrede. Sie geht also auf das göttliche Schöpfungshandeln zurück und verstärkt unsere Wahrnehmung: »Unsere Augen haben die Schärfe des Adlers, gewinnen das Licht der Engel, wenn wir in Deinem Worte alles sehen.«[154] Sprache ist für Hamann nicht ein vom Menschen erfundenes Werkzeug zur Verständigung und Mitteilung, das er, wenn er es nicht braucht, beiseite legen kann. Nicht in metaphysisch ausgeprägten Kategorien, sondern in der jeweils vom Kind erlernten (oder zumindest erahnten) *Sprache* besteht für HAMANN die »Brille«, die der Mensch nicht ablegen kann und durch die er die Welt und das Leben betrachtet. »Die Grenzen meiner Sprache sind die Grenzen meiner Welt«, schreibt fast zwei Jahrhunderte später LUDWIG WITTGENSTEIN, der 1922 mit seiner Arbeit *Tractatus logico-philosophicus* den sogenannten *»linguistic turn«*, die Hinwendung zur Sprache, in der philosophischen Erkenntnistheorie einleitete.[155] Ohne, wenn auch noch so rudimentäre Sprache, ohne in unserem Gehirn wenigstens ansatzweise vorhandene worthafte Strukturen besteht unsere Sinneswahrnehmung aus einer fließend bewegten Palette von Eindrücken, die nur durch unsere jeweils gegebenen instinktiven Triebwünsche eine gewisse Struktur erhalten. Ein Baum ist für einen vorüberstreunenden Hund etwas anderes als für ein Pferd, das sich bei großer Sommerhitze unter das Schatten spendende Blätterdach stellt. Die jeweiligen Bedürfnisse prägen hier die Wahrnehmung und die dadurch vermittelte Wirklichkeit. Diese Wirklichkeit ist nicht »Welt« in dem umfassenden, auf das Ganze des Seins hin ausgreifenden Sinne, wie ein Lebewesen die Wirklichkeit von der Sprache her wahrnimmt und denkt.

HAMANN kannte noch keine Evolutionstheorie. Doch seine Überlegungen zum Sprachursprung und zur Bedeutung der Sprache für unsere Wahrnehmung der Wirklichkeit sind offen für deren Verstehenshorizont. Wie oben im Anschluss an JARED DIAMOND aufgezeigt, gibt es auch im Tierreich deutliche Ansätze zu einer worthaften Verständigung. Auch bei einem aus dem Tiersein herausgewachsenen Ursprung der menschlichen Sprache lässt die *Intensität ihres Ausdrucks*, ihre Formung in Dichtung, Musik und Kunst darauf schließen, dass bei ihrer Entstehung Impulse mitwirkten, die nicht bloß auf Nützlichkeit und bessere biologische Anpassung hinzielen.

Die göttliche Schöpfungsrede, die den Prozess *sein* aus nichts hervorrief, durchzieht alles Geschaffene; sie liegt allem Geschaffenen zugrunde. Vom »Urknall« an ereignet sich in der Evolution des Universums eine ständige Steigerung der Komplexität des Entstehenden: Der Weg führt vom anfänglichen Quark-Gluonen-Plasma über die Bildung von Atomen und Molekülen, über die Zusammenballung von Sternen und Galaxien zur Entstehung einzelliger Lebewesen und von diesen zu

Pflanzen und Tieren mit immer komplexer werdender Bauart bis hin zur Zentrierung der Nervenzellen innerhalb eines fein ausgeprägten Gehirns mit Milliarden miteinander wechselwirkenden Neuronen – mit deren Hilfe Sprache als stammelnde »Übersetzung« der göttlichen Schöpfungsrede möglich wird. Wahrscheinlich ist diese allem Geschaffenen zugrunde liegende Schöpfungsrede der Ursprung und die treibende Kraft der fortlaufenden Komplexitätssteigerung im Universum. Die göttliche Schöpfungsrede will gehört werden. Sie ist das, was »die Welt im Innersten zusammenhält«.

Dabei bedarf es vieler »Übersetzungsversuche« dieser Rede, d.h. vieler Sprachen, um eine Ahnung der vielfältigen Bedeutungen der worthaften Wirklichkeit vernehmbar zu machen. Der deutsche Philosoph MARTIN HEIDEGGER hat einmal darauf hingewiesen, dass nach dem Wörterbuch das Wort für »Himmel« im Japanischen »koto ba« heißt. Wörtlich bedeutet *koto ba* aber das Sich-Öffnen der Lotosblume. Ein in dieser Sprache aufgewachsener Mensch nimmt etwas anderes wahr, wenn er zum Himmel aufblickt als ein Angehöriger der deutschen Sprache. Wieder sehen wir: Die Sprache bestimmt unsere Wahrnehmung der Welt. Sie liefert die vorgegebenen Anschauungsformen und Denkkategorien. Erst alle in unserer Welt – und im Universum – entstandenen und immer neu entstehenden Sprachen *zusammen* spiegeln (stammelnd) die göttliche Schöpfungsrede wider. Welche Verarmung wäre ein Esperanto! Erst die vielen gewachsenen Sprachen eröffnen »Welt«.

Alle Wirklichkeit hat Wortcharakter. Kinder finden es nicht seltsam, dass in den Märchen Tiere, ja auch Bäume und Steine reden. Uns Erwachsenen ist – im Horizont eines wissenschaftlichen Weltbildes – die Fähigkeit zu dieser Wahrnehmung abhanden gekommen. C. G. JUNG, der Begründer der Archetypenlehre, schreibt: »Es bedurfte schon einer beispiellosen Verarmung an Symbolik, um die Götter als psychische Faktoren, nämlich als Archetypen des Unbewussten, wieder zu entdecken.« Eine Psychologie »wäre und ist auch in der Tat ganz überflüssig in einer Zeit und in einer Kulturform, welche Symbole hat«.[156]

Im aufkeimenden Leben auf dem Planeten Erde – und irgendwann sehr wahrscheinlich auch auf anderen Planeten – gewinnt die sprachliche Verbundenheit allen Seins eine neue Intensität und in der stammelnden Artikulierung dieser vom Ursprung her nonverbalen Sprache in Tanz, Felsmalerei, Musik, und lautlichem Ausdruck durch nervlich höher entwickelte Lebewesen findet sie zu sich selbst und offenbart ihre *sein* schaffende Kraft. *künstlerische = schöpferische*

Dichter und Künstler machen die dem Geschaffenen entsprechende Art der Wahrnehmung. »Füllest wieder Busch und Tal still mit Nebelglanz«, schreibt GOETHE in seinem Gedicht »An den Mond«. Der ägyptische Pharao ECHNATON und FRANZ VON ASSISI dichten einen Gesang an die Sonne. SUSANNE K. LANGER berichtet im Anschluss an WOLF-GANG KÖHLER von dem Schimpansenweibchen »Tschego«, das einen vom Wasser gerundeten und polierten Stein in der Hautfalte zwischen Bauch und Oberschenkel tagelang mit sich herumtrug, ihn keinesfalls abgeben wollte und ihn abends mit in ihr Schlafnest nahm.[157] Auch Tiere, wohl alle Lebewesen, nehmen – wenn z. T. auch rudimentär – den im Geschaffenen liegenden worthaften An-Spruch wahr.

»Engel« als wahre oder falsche Boten des Schöpfergottes

Die Wirklichkeit hat Sprachcharakter. In der göttlichen Schöpfungs-rede sind Materie und Geist, sinnliche Wahrnehmung und geistiger Anspruch ursprunghaft vereint. Von der göttlichen Rede hervorge-rufen, haben alle Wirklichkeiten Sprachcharakter. Ein Mensch, ein Baum, ein Tier, ein Stein, ein stimmlicher Laut, ein feststellbares Ereig-nis drücken eine Botschaft aus, sie »sprechen«. Dabei bilden Materie und Geist in dieser »Sprache« eine ursprüngliche, untrennbare Ein-heit. Das »Sprechen« geht zwar von materiellen Wirklichkeiten und Vorgängen aus, ist aber in seinem *Inhalt*, in dem, was es sagt, diesen Wirklichkeiten gegenüber frei. Aus ein- und derselben materiellen Wirklichkeit kann eine tröstlich-befreiende, aber auch eine erschre-ckende und belastende »Botschaft« zu mir sprechen.

Mit Bezug auf die erwähnte Bemerkung EINSTEINS zur Symphonie Beethovens könnte man sagen: Die Töne bedürfen, um gehört zu wer-den, notwendig der Luft, in der sich die Schallwellen fortpflanzen, aber ihr musikalischer Gehalt, ihre musikalische Aussage besteht unabhän-gig von der Luftdruckkurve, von der sie physikalisch getragen werden. Das von Gott gesprochene schöpferische Wort, seine Schöpfungsmelo-die, bewegt sich zwar in der materiellen Wirklichkeit – »eine Nacht sagt es der anderen« (Ps 90,4) – sie hat jedoch ein eigenes Sein und Leben. Das Sein und Leben eines gesprochenen Wortes entfaltet sich in freier

Weise. Wie oft ärgern sich Politiker über die (von ihnen nicht beabsichtigte) Wirkung, die ihre Worte auslösen! Ein gesprochenes Wort kann von den Zuhörern so »verdreht« werden, dass die vom Sprecher beabsichtigte Aussage in ihr Gegenteil verkehrt wird. Doch einmal gesagt, lässt es sich in seiner Folgewirkung kaum mehr beeinflussen. Nach biblischer Vorstellung »verdrehen« die von der göttlichen Schöpfungsrede hervorgerufenen Wirklichkeiten in ihrer geistig-personalen Ausstrahlung schon am Anfang des Universums das schöpferische Gotteswort. Sie verdunkeln die göttliche Schöpfungsrede. Auf weite Strecken hin überschreiben sie den Text dieser Rede mit gegensätzlichen, anders gearteten Aussagen. Sie verfälschen den Text der göttlichen Schöpfungsrede.

Dennoch sind diese »Mächte und Gewalten« (1 Petr 3,22) nur geschaffene Wesen, die niemals dualistisch neben Gott stehen. In Jesus kommt das ursprüngliche Schöpfungswort Gottes so stark zum Ausdruck, dass Jesus über allen Engeln steht (1 Petr 3,22). Alle Engel sind auf ihn hin ausgerichtet. In Jesus verkörpert und offenbart sich die dichterische Schöpfungsrede Gottes in einer Weise, dass im Licht dieser Offenbarung die mit dem »Urknall« entstehenden wirkmächtigen dynamischen Strukturen des Kosmos beginnen, wieder in ihrer ursprünglichen, unverfälschten Gestalt erkennbar zu werden. Auf diese Weise existieren seit knapp 14 Milliarden Jahren *angeloi*, »Boten« Gottes.

Dennoch vermag auch noch die verfälschte Schöpfungsrede zu faszinieren. Für EINSTEIN spricht aus der Harmonie der Naturgesetzlichkeit eine »überlegene Vernunft«, die er mit Gott gleichsetzt.[158] Ähnlich denken alle oben zitierten von einem Gottesglauben beseelten Naturwissenschaftler. Für EINSTEIN und für diese Wissenschaftler sind die Naturgesetze faszinierende »Boten« Gottes, *angeloi*, »Engel«, die von seiner »überlegenen Vernunft« künden. Dabei ist es naturwissenschaftlich keineswegs sicher, ja es kann gar keine Aussage der Naturwissenschaft sein, dass die Naturgesetze und Naturkonstanten unabhängig vom »Urknall« bestehen, gewissermaßen als zeitloses geistiges Ideengeflecht, in dessen Rahmen sich das Universum entwickelt. Viele Naturwissenschaftler nehmen an, das sich diese Gesetze *zusammen mit dem Universum* entwickelt haben.[159] Die andere Auffassung wäre nicht biblisch, sondern platonisch. Das »Reich der Ideen« besteht nach PLATON vor und über der materiellen Welt; diese entsteht durch Abfall aus dem Reich der Ideen. Diese Vorstellung entspricht jedoch nicht den

Unbestimmtheiten im Verhalten der Elementarteilchen, wie die Quantenphysik sie beschreibt und sie widerspricht auch der Theorie vom »Urknall«, nach der es kein zeitliches »Vorher« und kein räumliches »Außerhalb« gibt. Naturgesetze und Naturkonstanten spiegeln nicht unmittelbar die göttliche Schöpfungsrede wider, die *sein* aus nichts hervorruft. Vielmehr entwickeln sich diese Gesetze zusammen mit der Expansion des Universums, also zusammen mit der sich bildenden und evolvierenden Materie. Biblisch sind Engel geschaffene Wesen.

EINSTEIN sieht allerdings deutlich, dass sich diese »Engel« und der Gott, von dem sie künden, »nicht mit dem Schicksal und den Handlungen der Menschen« abgeben[160]. Sie helfen den Tieren und Menschen in schwerer Not nicht. Biblisch aber kann dem Notleidenden ein Mensch, möglicherweise auch ein Tier oder ein Ereignis, die ihm begegnen, zum rettenden »Engel« werden. Der Folterknecht wird allerdings seinem Opfer als »Teufel« begegnen. Nach biblischer Überlieferung gibt es deshalb gute und böse, Gott dienende und von Gott »abgefallene« Engel. Zwar können sie immer nur aus der von Gott geschaffenen Wirklichkeit heraus, also aufgrund der göttlichen Schöpfungsrede, sprechen, aber sie können eine Botschaft verkünden, die Gott und seiner Botschaft widerspricht. Sie können – wie die Schlange in der Paradies-Erzählung – die göttliche Schöpfungsrede verfälschen. Gott ruft mit seiner Rede den Prozess *sein* ins Leben, hält diesen aber nicht diktatorisch in seiner Verfügungsgewalt, sondern lässt ihn sich frei entwickeln.[161] Tatsächlich wurde so seine Schöpfungsrede gründlich verfälscht. Die »Engel«, die in dieser verfälschenden Weise sprechen, werden zum Gegenspieler und Widersacher Gottes und der Menschen, die wie ein Ankläger vor Gericht (hebräisch *satan*) die Dinge zum Bösen verdrehen und Verwirrung stiften. Sie werden zu griech. *diaboloi*, »Lästerer«, »Verwirrer«, ein Wort, das ins Deutsche mit »Teufel« übersetzt wurde.

Tatsächlich sind, nimmt man die Erkenntnisse der Tiefenpsychologie und der modernen Gehirnforschung auch nur einigermaßen ernst, weder die Schönheit und Größe menschlichen Wirkens noch dessen bisweilen grauenhafte Abgründigkeit, Grausamkeit und Bosheit allein als Menschenwerk, als Ergebnis freier menschlicher Willensentschlüsse, erklärbar. Diese Wirklichkeiten können sich nicht aus Materieteilchen, die in ihrer physikalischen Substanz nichts-sagend sind, entwickelt haben. Nur weil diese Materieteilchen in eine – z. T. schrecklich verfälschte – ungegenständliche Sprache, eine das Universum durchdringende und teilweise verfälschte sprachliche Matrix, eingebunden sind, können sie in ihrer Entwicklung die teilweise großen und beglückenden und teilweise Grauen erregenden Wirklichkeiten der menschlichen Geschichte hervorbringen.

DARWIN hat, wie oben dargestellt, beeinflusst von der Ideologie der zu seiner Zeit in England aufkommenden Industrialisierung, die Schöpfungsrede einseitig gelesen, indem er, angeregt durch SPENCER und WALLACE, das Prinzip des *Survival of the Fittest* als das durchgehende Prinzip der Evolution beschrieb. Die Ideologen des Nationalsozialismus sind völlig der dämonisch verfälschten Schöpfungsrede verfallen, indem sie eine Rassenideologie, die vielen Millionen Menschen den Tod brachte und unsagbares Leid auf dem Planeten Erde verursachte, aus ihr herausgelesen haben. Die Ermordung von 6 Millionen Juden innerhalb weniger Jahre, aber auch die Gräueltaten der Roten Khmer unter POL POT in Kambodscha[162] oder in der Antike eines Kaiser Nero und die anderen ungezählten Gräuel der menschlichen Geschichte sind nur möglich und denkbar, sofern die göttliche Schöpfungsrede – nicht völlig, aber in weiten Teilen – verfälscht und brutal in ihr Gegenteil verkehrt, den Kosmos durchdringt.

Auschwitz ist in der Monstrosität der dort und in anderen nationalsozialistischen Konzentrationslagern begangenen Verbrechen nicht *nur* das Werk willentlich herbeigeführter menschlicher Bosheit. Das sicher auch. Aber dass eine dermaßen abgründige Verbrechermentalität unter relativ vielen Menschen entstehen konnte, dass sich in menschlichen Gehirnen das Bereitschaftspotenzial zu diesem Ausmaß furchtbarer Verbrechen aufbauen konnte, ist *auch* eine Naturkatastrophe wie verheerende Erdbeben und Hunderttausende von Menschenleben fordernde Flutwellen. Diese Katastrophen sind der schreiende Widerspruch zur göttlichen Schöpfungsrede, die den Prozess *sein* hervorgerufen hat. Sie tendieren zum Nichts, zur Ver-»nichtung«. Dennoch sind diese Katastrophen, sofern sie *sind*, auch selbst vom Prozess *sein* getragen; als grässlicher Widerspruch sind auch sie noch Teil der Schöpfung.

Der *Satan*, der Widersacher der Schöpfung, der – begegne er in menschlicher Gestalt oder in Gestalt von Naturkatastrophen – den Prozess *sein* zu korrumpieren sucht, kann zwar Menschen massenhaft und auf grausame Weise töten, er kann Städte in Schutt und Asche legen, herrliche Dome und Kunstdenkmäler zerstören und Bücher verbrennen, aber er kann nichts von dem, was *ist*, wirklich ver-*nichten*. Er kann ja selbst nur deshalb wirken, weil er *ist*, weil und sofern er Teil hat am Prozess *sein*, den Gott in seiner Schöpfungsrede hervorgerufen hat. Die Grenze zu *nicht sein* kann er deshalb nicht überschreiten, weder kann er dies selbst noch kann er seine Opfer in *nicht sein* zurückschicken. Darum bleiben die Opfer dieser Katastrophen trotz ihres Todes und ihrer Zerstörung in die Schöpfung eingebunden. Ihre Ver-*nichtung* ist nicht möglich. Nur die eine unsagbare Wirklichkeit, die, beheimatet zwischen *sein* und *nicht sein*, aus nichts den Prozess *sein* hervorruft, kann diesen Prozess (oder Elemente dieses Prozesses) wieder zu nichts werden lassen.

Alfred North Whitehead spricht von der »objektiven Unsterblichkeit« alles dessen, was *ist*. »Einzelwesen ›vergehen stetig‹, aber objektiv sind sie unsterblich.«[163] Diese Aussage klingt abstrakt. Sie ist kein unmittelbarer Trost für die Millionen und Abermillionen der Opfer, die in den vergangenen, gegenwärtigen und (innerhalb unserer Zeitrechnung) auch künftigen Katastrophen ihr Leben verloren haben oder verlieren werden. Doch sie gibt Anlass zur Hoffnung. Diese Opfer sind einbezogen und bleiben einbezogen in den fortlaufenden Schöpfungsprozess, in die *creatio continua*, in der ständig neu *sein* aus nichts hervorgerufen wird. Ich kann deshalb hoffen, dass dieser Prozess auch sie neu (und anders) zu *sein* ruft.

Naturkatastrophen, Krankheit und Tod: Leben in der vom Ursprung her verfälschten Schöpfung

In dem angeborenen Bemühen, auf die Rede der Schöpfung in Lauten und Gesten, in Tänzen und Ritualen zu reagieren und sich auf diese Weise den gegebenen Lebensverhältnissen anzupassen und sich mit Lebewesen des selben Lebensbereichs auszutauschen, wachsen Tieren und Menschen jene Anschauungsformen und Verstandeskategorien zu, die ihr Wahrnehmen und Denken prägen. Soweit sie sich jedoch als Reaktion auf eine durch geistig-personale Elemente schon vormenschlich teilweise *verfälschte* Schöpfungsrede entwickelt haben, bewirken sie auch eine *verfälschte* Wahrnehmung der Wirklichkeit. Nach den Aussagen der Quantenphysik ist das Subjekt, das im atomaren und subatomaren Bereich – d.h. im Bereich der Grundelemente unseres Universums – einen gesetzmäßigen Zusammenhang im Naturgeschehen herausfinden will, selbst untrennbar in den zu beobachtenden Vorgang hineinverwoben.[164] Wenn dieses Subjekt in seiner Existenz, in seinem Wahrnehmen und Denken (ohne es zu wissen) von einer vormenschlich verfälschten Schöpfungsrede geprägt ist, werden auch die von ihm aufgedeckten Gesetzmäßigkeiten – in die er selbst unlösbar hineinverwoben ist – die Wirklichkeit nicht so widerspiegeln, wie sie von ihrem Geschaffensein her ist. Generell ist uns der Grad der Übereinstimmung zwischen der von den menschlich erforschten Naturgesetzen beschriebenen Welt und der wirklichen Welt unbekannt.

Alles, was ist und was sich ereignet, angefangen von der inflationären Ausbreitung des Quark-Gluonen-Plasmas in den ersten Sekundenbruchteilen nach dem »Urknall« bis hin zur Aufführung einer Symphonie Beethovens in unserer Zeit, ist eingebettet in die – vom Ursprung her teilweise erschreckend verfälschte – sprachliche Matrix des Universums. Hinsichtlich der von den Menschen innerhalb dieses Rahmens aufgedeckten Naturgesetze heißt das: Wenn sich, wie die gegenwärtigen astronomischen Beobachtungen es nahe legen, die Ausdehnung des Universums zeitlich unbegrenzt fortsetzt und dadurch letztlich alles im Kältetod zerfließt, sich *nicht sein* auflöst, verläuft dieser Prozess zwar entsprechend den von Menschen herausgefundenen Gesetzen, aber es ist damit nicht auch schon gesagt, dass der Schöpfer des Universums diese Gesetze so eingerichtet hat und die entsprechenden Abläufe will. Ebenso ist es fraglich, ob das (auch in seiner oben angesprochenen *gemäßigten* Interpretation) »unmenschliche« Gesetz des *Survival of the Fittest*, das (nach menschlicher Einsicht) den Ablauf der Evolution des Lebens auf dem Planeten Erde bestimmt, so vom Schöpfer des Universums vorgesehen ist. Die Verschiebung der unterirdischen Kontinentalplatten und die vulkanischen Vorgänge im Erdinnern, durch welche die schrecklichen, jeweils viele Tausend Tote fordernden Erdbeben und Flutwellen hervorgerufen werden, folgen sogenannten »naturgegebenen« Gesetzmäßigkeiten. Doch »Natur«, wie der Mensch sie erkennt, ist nicht gleichbedeutend mit der Schöpfung Gottes. In den Naturgesetzen und Naturabläufen, wie menschliche Wissenschaft sie beschreiben, kommt auch die vom Ursprung her teilweise radikal verfälschte und in ihr Gegenteil verkehrte göttliche Schöpfungsrede zum Ausdruck.

Die Prozesse von Krankheit und Tod verlaufen nach biologischen Gesetzmäßigkeiten. Die Frage ist, ob diese Gesetzmäßigkeiten die ursprüngliche Schöpfungsrede widerspiegeln oder ob sie Ausdruck ihrer möglicherweise doppelten (vormenschlich-diabolischen und menschlichen) Verfälschung sind. In den großen religiösen Traditionen der Menschheit gab es in frühester Zeit keinen Glauben an ein angenehmes und freudig erfülltes Weiterleben nach dem Tod. Im Totenreich wird nach frühjüdischer Überzeugung Jahwe nicht mehr erfahren und gepriesen (Ps 6,6). Im Hinduismus der frühen (vedischen) Zeit sind sogar die Götter sterblich und wehren sich gegen den Tod. Unabhängig davon, dass der Tod von vielen Menschen tapfer ertragen wird und dass er nach langem Leiden subjektiv als Erlösung empfunden werden kann, erscheint er doch in vieler Hinsicht, vor allem beim Sterben junger Menschen und beim plötzlich eintretenden Tod als gewaltsamer und widernatürlicher, gegen die Schöpfung Gottes gerichteter Einbruch in das Leben. In frühen Texten der religiösen Traditionen kommt das vielfach zum Ausdruck. Die ältere biblische Schöpfungserzählung deutet (ähnlich wie viele Mythen) den Tod als Strafe für den Ungehorsam der ersten Menschen gegen den Schöpfer (vgl. Gen 3,1–24). Der Tod gehört in dieser Sicht nicht zum schöpfungsgemäßen Urzustand des Menschen.

Auch Pflanzen und Tiere wehren sich – instinktiv – gegen den Tod, ein Instinkt, der sicher auch im Menschen wirksam ist. Doch wenn Tiere spüren, dass der Tod *von innen her*, als das notwendige Zu-Ende-Gehen der Lebenskraft, die sie trug, auf sie zukommt, verkriechen sie sich in eine geschützte Ecke und sterben ohne Anzeichen von Angst. Wahrscheinlich bedarf es eines hochkomplexen, im Gehirn zentrierten Nervensystems und eines rudimentären Sprachvermögens im Austausch mit nahestehenden Lebewesen derselben Art, dass die spezifisch menschliche Angst vor dem Tod in Erscheinung tritt und Deutungen des Phänomens entwickelt werden, die sich nicht zufrieden geben mit der banalen Einsicht, dass der Tod notwendig ist, um neuem Leben Platz zu machen. Erst hier taucht der Gedanke auf, dass der Tod, so wie er erlebt wird, möglicherweise Ausdruck einer verfälschten und verfälscht wahrgenommenen Schöpfungsrede ist.

III. Ein rettender Gott?

Bei diesen Überlegungen stellt sich mit großer Eindringlichkeit die Frage: Warum *lässt Gott zu*, dass die Rede seiner Schöpfung teilweise so radikal und auf so grausame Weise verfälscht wird? Warum *lässt er zu*, dass die von ihm geschaffenen Wesen entsprechend der verfälschten Schöpfungsrede reagieren, dadurch die schon verfälschte Schöpfungsrede nochmals verfälschen und so auf dem Planeten Erde bei Mensch und Tier unsägliches Leid entsteht?

Die Überwindung der Gewaltgottheit

Gott als Grenze des Denkens und Sprechens

Die menschliche Transzendenzerfahrung zu beschreiben ist schwierig. Das Problem besteht in der Frage, ob wir über die Wirklichkeit, die am Anfang nicht nur der biologischen Evolution, sondern auch der Evolution des Universums steht, in unserer menschlichen, in der biologischen Evolution auf dem Planeten Erde gewachsenen Sprache angemessen denken und reden können. Als in der biologischen Evolution entstanden, dient auch der Erwerb der Sprache zunächst der besseren Anpassung des Lebewesens an seine Umwelt. Gott und Millionen Lichtjahre entfernte Sterne und Galaxien gehören aber nicht zur biologischen Umwelt des Lebewesens *homo*.

Wenn Gott alles, was *ist*, aus nichts hervorruft, dann kann er nach der Logik unserer Sprache nicht selbst schon dem Bereich dessen, was *ist*, angehören. Er kann aber auch nicht *nicht sein*, weil er sonst den Prozess *sein* nicht hervorrufen kann. Hier stößt unsere Sprache und damit auch unser Denken an die Grenze der klassischen Logik. Zwar kann ich logische Systeme entwickeln (z. B. geschieht das im sogenannten »Intuitionismus«), in denen der Satz vom »ausgeschlossenen Dritten«, der hier berührt wird, nicht gilt, aber ich kann mir doch keine Wirklichkeit vorstellen, die sowohl *ist* als auch *nicht ist*. Die Sprache führt uns an diese Grenze und lässt damit eine Ahnung des nebelverhangenen Landes, das jenseits dieser Grenze liegt, in uns aufdämmern. Nehmen wir hinzu, dass Raum und Zeit erst mit dem im »Urknall« wirksam werdenden Prozess *sein* entstehen, müssen wir uns Gott auch außerhalb von Raum und Zeit denken – wozu wir aber nach IMMANUEL KANTS Erkenntnis von den uns angeborenen Anschauungsformen ebenfalls nicht imstande sind. Gott als absoluter Ursprung von *sein* ist gegenständlich nicht denkbar. Wir stoßen hier sozusagen »handgreiflich« an die Transzendenz des biblischen, monotheistisch verstandenen Schöpfergottes, der aus nichts die Welt geschaffen hat. Die Alternative ist die buddhistische Vorstellung von der Ewigkeit und Unvergänglichkeit der Materie (die damit an die Stelle eines monotheistischen Schöpfergottes tritt).[165] Auch die tendenziell nicht-theistisch ausgerichtete, alles auf letztlich physikalische Prozesse reduzierende moderne Naturwissenschaft neigt zu dieser Sicht. Doch die sowohl durch empirische Beobachtungen (Hintergrundstrahlung, Rotverschiebung im Spektrum des Lichts ferner Galaxien) als auch theoretisch (durch die Friedmann-Gleichungen) eindeutig begründete Theorie vom »Urknall« als dem singulären absoluten Anfang des Universums widerspricht dieser Auffassung.

Aus diesen Überlegungen ergibt sich für mich als Christen die Notwendigkeit, Gott streng ungegenständlich als begrifflich und vorstellungsmäßig nicht erfassbar zu denken. Er ist eine Art *Fluidum*, das den Prozess *sein* vom Ursprung her durchwaltet. Wo es im Universum aufscheint, sei es in der Natur, in Musik und Kunst oder in zwischenmenschlichen Beziehungen, kann ich es mit Jesus als »Abba, lieber Vater«, ansprechen (Mk 14,36; Röm 8,15; Gal 4,6).

Nach der Intuition JOHANN GEORG HAMANNS besteht der Ursprung und der spezifische Charakter unserer Sprache in der stammelnden Übersetzung und Nachdichtung jener sprachlichen Matrix, die seit der Entstehung des Quark-Gluonen-Plasmas im »Urknall« das Universum durchzieht. Doch diese »Schöpfungsrede« ist teilweise schrecklich verfälscht. Zwar liegt in der Sprache die Fähigkeit, den biologischen Anpassungsprozess zu transzendieren und sich mit ihrer Hilfe an die Wirklichkeit des Ursprungs heranzutasten, doch stoße ich damit an die genannte Grenze. Bilder der Dichtung, gleichnishafte Erzählungen, Musik und Kunst können an dieser Grenze eher verweilen und die Ahnung des jenseits liegenden »Landes« besser vermitteln, als die gegenständliche wissenschaftliche Beschreibung dies vermag. Auch ist immer die Gefahr gegeben, dass die Verfälschungen in meine Sprache einfließen.

Gewalterfahrung als Ursprung des Transzendenzbewusstseins

Diese Schwierigkeiten gilt es zu bedenken, wenn es im vorliegenden zweiten Buchteil um die Frage geht, ob die in den religiösen Traditionen »Gott« genannte Wirklichkeit uns aus dem beschriebenen Irrgarten des evolvierenden Universums herausführen kann. Im Folgenden versuche ich die traditionell mit dem Wort »allmächtig« umschriebene Eigenart Gottes religionsgeschichtlich zu untersuchen. Woher kommt die Vorstellung, Gott als Inbegriff der Erfahrung von Transzendenz sei »gewaltig« und »allmächtig« und wie geht das religionsgeschichtliche Nachdenken mit dieser Vorstellung um? Die Aussage, Gott sei allmächtig, ist Voraussetzung der Theodizeefrage. Denn diese geht davon aus, dass Gott das Leid und das Böse in der Welt verhindern könnte, wenn er wollte.
Der Bereich, innerhalb dessen sich das vormenschliche, auch schon beim Tier gegebene Bewusstsein zum Selbstbewusstsein des Menschsein hin fortentwickelt, ist mit der Erfahrung der Endlichkeit und Sterblichkeit verbunden. Je stärker die Erfahrung des Todes in das Bewusstsein eines Lebewesens eindrang, desto stärker entwickelte sich über das Selbstbewusstsein hinaus ein Bewusstsein der *Endlichkeit* des eigenen Seins und Lebens. Damit wird jene Grenze erfahren, hinter der sich der genannte undurchschaubare und unbegehbare Bereich ahnen lässt. Der Tod, der zu dieser Ahnung hinführt, wird vom fühlenden Lebewesen als Einbruch einer fremden Gewalt erfahren. Als solchen haben die hochsensiblen, mit einem komplexen, im Gehirn zentrierten Nervensystem ausgestatteten Lebewesen die Erfahrung des Todes aus der sprachlichen Matrix des Universums herausgelesen. Im Leben des frühen Hominiden in der südostafrikanischen Savanne, in der sich diese Gattung entwickelte, war der Tod durch den Zugriff eines Raubtiers wahrscheinlich die häufigste Todesursache. Daneben wurden Ungewitter, Blitzeinschlag, erbarmungslose Sonnenhitze mit der Folge von Trockenheit und Wassermangel, aber auch Überschwemmungen, seltener die Hinfälligkeit des Krankseins und des Alters, als todbringende Mächte erfahren. Die Entstehung des Transzendenzbewusstseins ist deshalb von seinem Ur-

sprung her mit der Erfahrung von erschreckender, schmerzlicher Gewalt und tödlicher Macht verbunden.

Die religionsgeschichtlich sehr alten und weltweit verbreiteten Gottessymbole bringen dies deutlich zum Ausdruck. Solche Gottessymbole sind: (a) das *Raubtier*, nachgewiesen durch Bärenkulte in der Altsteinzeit, durch die Verehrung des Tigergottes *Daksin Ray* in den tigerreichen Sunderbans in Indien, durch die Jaguargottheiten bei den südamerikanischen und mittelamerikanischen Azteken, Tolteken und Mayas sowie durch die Rolle, die der Wolf in germanischen Märchen, Sagen und Mythen spielt (z. B. in der Sage von der Gründung Roms durch Romulus und Remus); (b) *Donner, Blitz und Sturm*; sie finden ihre religiöse Gestalt in Gottheiten wie *Donar* und *Wotan* im germanischen Bereich, in dem vom Olymp Blitze schleudernden *Zeus* in der altgriechischen Religion, in *Indra* und seinen Sturmgöttern, den *Maruts*, in den *Veden*, und nicht zuletzt auch im Sturmgott *Jahwe*, der im sogenannten »Gewitterpsalm« Eichen »emporwirbelt« und ganze Wälder »kahl reißt« – und in dieser seiner Allgewalt seine Herrlichkeit als *El* offenbart (Ps 29,9); (c) die *Gewalt des Wassers*, sie erscheint in den schäumenden Rossen *Poseidons* und im Flussgott *Okeanos*, der seine gewaltige Kraft in Form reißender Flüsse und mächtiger Ströme in die *Thetys*, die Göttin des Meeres ergießt.

In diesen gewaltigen und gewalttätigen Gottheiten zeigt sich dem Menschen, der die »Rede der Schöpfung« zu verstehen sucht, seine eigene Begrenztheit und Endlichkeit; er gerät an die Grenze, hinter der er erschaudernd das unbekannte Land, die Transzendenz, zu ahnen beginnt. Gewalt ist die Gestalt, die ihn in dieser seiner Lesart der Schöpfungsrede an die Grenze führt; Gewalt und Macht sind die Phänomene, die er in der erahnten Transzendenz zu erkennen glaubt. Blutige Tier- und Menschenopfer und grausame Initiationsriten an männlichen Jugendlichen (z. B. durch Hunger- und Dursterfahrungen, durch Beschneidung des Penis mit einem Steinmesser, durch Ausschlagen von Zähnen u. Ä.) sind die weltweit nachgewiesenen Riten, die dieser von der Erfahrung der Gewalt geprägten Transzendenzerfahrung entsprechen.

Der Gegenpol zu diesen todgewaltigen und Tod bringenden Mächten ist die Mutter, die Leben neu entstehen lässt. Dies ist ein anderes Kapitel in der »Schöpfungsrede«. Auch die Verehrung der Frau und Mutter ist schon in der Altsteinzeit bezeugt. Von Sibirien über Niederösterreich und Bayern bis nach Südfrankreich und Nordspanien erstrecken sich die Fundstellen, an denen insgesamt Hunderte sogenannte »Frauenstatuetten« gefunden wurden: 5–12 cm große, aus Ton, Elfenbein oder Knochen geformte füllige Frauenfiguren, an denen besonders Leib und Brüste hervortreten, während Kopf, Arme und Beine nur stilisiert dargestellt sind. Entsprechend gibt es weltweit die Muttergottheiten in den Religionen. Als Göttinnen der Fruchtbarkeit und der Geburt symbolisieren sie das Göttliche in der Erfahrung des Lebens. Sie stellen die andere Grenze dar, nicht die Grenze, an der das Leben im Tod endet, sondern die Grenze, an der das Leben beginnt. Von dieser Seite her hat Transzendenz den Charakter unendlicher Lebenskraft.

Im Laufe der Religionsgeschichte ist jedoch teilweise auch in diesen Bereich die durch Gewalterfahrung geprägte Lesart der Schöpfungsrede in das Transzendenzbewusstsein und Transzendenzverhalten eingedrungen. Auch den Muttergottheiten wurden überall auf der Welt blutige Opfer, besonders auch grausame Menschenopfer, dargebracht. Auf diese Weise konnten im Bewusstsein des Volkes blutgierige weibliche Gottheiten entstehen wie in Indien die Göttin *Kali*, die mit umgehängten Totenschädeln auf dem Leichnam *Shivas* tanzt, in den Mythen aus Ugarit die Göttin *Anat*, die im Blut der von ihr getöteten Helden watet, in der altgriechischen Religion die Gestalt der *Gorgo*, deren Leib mit Schlangen umgürtet ist und – in den deutschen Sagen noch heute lebendig – Gestalten wie die der *Loreley*, von der die auf dem Rhein fahrenden Schiffer in die Wassertiefe gezogen werden.

Die Überwindung der Gewaltgottheit in den außerbiblischen Traditionen

Durch dieses im Ursprung von der Wahrnehmung der Gewalt geprägte Transzendenzbewusstsein entstand weltumspannend eine relativ einheitliche vorgeschichtliche Religiosität, bei der das blutige Opfer – anfangs auch das Menschenopfer – im Mittelpunkt stand. Seit der zweiten Hälfte des ersten Jahrtausend v. Chr., der Zeit, in der auch die Schrift in der Menschheit auftauchte, wurde allmählich und in den verschiedenen religiösen Traditionen auf jeweils unterschiedliche, aber grundsätzlich ähnliche Art und Weise diese Gewaltreligiosität zurückgedrängt. Es drang eine andere »Lesart« der Schöpfungsrede in das Bewusstsein. Wiederum weltweit wurde von religiös sensiblen und aufnahmefähigen Menschen nicht mehr die Gewalt als prägend für die Transzendenzerfahrung wahrgenommen, sondern Güte und Zugewandtheit im menschlichen Verhalten.

In *Indien* wurden die blutigen Opferriten, auf die noch einige erhalten gebliebene Relikte in den *Veden* hinweisen, durch eben diese *Veden* vollständig ritualisiert, sodass nicht mehr die (blutige) Opfer*materie*, sondern nur noch der genaue Vollzug des *Ritus* die Verbindung zur Gottheit herstellte. Die des schwierigen Ritus Kundigen, die Brahmanen, errangen auf diese Weise die höchste Stufe der Gesellschaft. In den im 9. Jahrhundert entstehenden *Upanishaden* wurde die vedische Religiosität immer mehr vergeistigt, sie gewann weitgehend den Charakter einer Philosophie. Wie die alttestamentlichen Schriftpropheten haben auch die Jainisten und Buddhisten den blutigen Opferkult ausdrücklich abgelehnt. Sie sahen im *Ahimsa*, im Nicht-töten und Nicht-Verletzen eines Lebewesens die höchste Form der Religiosität. Die vielen, großenteils immer noch mit Gewalt verbundenen Gottheiten verloren ihre Geltung. Nicht völlig zu Unrecht nennt man bisweilen den Buddhismus eine Religion ohne Gott.

Die Tiefe der Transzendenz-Erfahrung, die in der buddhistischen Meditation teilweise erreicht wird, ist von der biblisch-christlichen Tradition her gesehen nur als Gottes-Erfahrung erklärbar. Es ist – theologisch gesprochen – eine Art *visio beatifica*, eine begnadete Schau, die den Menschen so stark erfüllt, dass er alles um sich herum vergisst, auch seinen Körper nur noch im Atmen wahrnimmt. Nur so ist es erklärbar, dass der Meditierende stundenlang aufrecht auf dem Boden sitzend regungslos verharrt und weder Hunger noch Kälte oder Hitze spürt. Ich habe mehrmals Buddhistinnen und Buddhisten kennengelernt, deren offensichtlich stärkstes Verlangen auf einen sogenannten *Retreet* ausgerichtet war, d.h. auf die Möglichkeit, eine möglichst lange Zeit – Wochen, Monate, Jahre – nur in Meditation verbringen zu dürfen. So wie sich der westliche Normalbürger im Stress seiner Arbeit nach einem Urlaub am sonnigen Meeresstrand sehnt, so verlangte es diese Menschen danach, in einem leeren, weiß getünchten Zimmer Tag und Nacht regungslos auf dem Boden zu sitzen. Die Erfahrung, die sie dabei machen, ist nicht inhaltlich mitteilbar. Solange jemand das versucht, sagen erfahrene Meister der Meditation, ist ihm die meditative Erleuchtung noch nicht zuteil geworden. In den Begriffen unserer biblisch inspirierten Überlegungen gesprochen ist es die unverfälschte und nicht in Menschensprache übersetzbare göttliche Schöpfungsrede, die (aus nichts) den Prozess *sein* initiiert und die Welt »im Innersten zusammenhält«, die er in seiner »Erleuchtung« wahrnimmt und dabei als unvorstellbare Befreiung und unsagbare Beseligung erfährt.

Im *Iran* gewannen unter dem Einfluss ZARATHUSTRAS die alten gewaltverhafteten Gottheiten den Charakter von Dämonen und es galt nur noch *Ahura Mazda*, der Gott der Treue und des Rechts, als rettende transzendente Größe.

In *Griechenland* begann, wie oben dargestellt, die Entmythisierung der alten gewaltverhafteten Gottheiten im 6. Jahrhundert v. Chr. durch die Miletische Naturphilosophie und setzte sich fort bis zu Platon und Aristoteles. Auch hier trat eine humane Ethik an die Stelle des alten, am Opfer orientierten Götterglaubens. Schon DEMOKRITS Landsmann PROTAGORAS, von dem der Ausspruch überliefert ist, der Mensch sei das Maß aller Dinge, wurde, wie dies PLATON von SOKRATES erzählt, der »Gottlosigkeit« angeklagt und verurteilt. Dasselbe geschah dem PRODIKOS um 400 v. Chr. in Athen. Wie sehr dabei diese Philosophen der sogenannten »Sophistischen Aufklärung« nicht nur die Göttergewalt ablehnten, sondern auch die Gewalt im zwischenmenschlichen Zusammenleben, ergibt sich aus der erstaunlichen Tatsache, dass sie schon die grundsätzliche rechtliche Gleichheit aller Menschen erkannten. LYKOPHRON forderte die Abschaffung der Adelsvorrechte und ALKIDAMAS und ANTIPHON verlangten – fast zweieinhalb Jahrtausende vor ABRAHAM LINCOLN – die Abschaffung der Sklaverei.[166]

Wie bei einem Palimpsest – einem antiken Pergament, bei dem die ursprüngliche Beschriftung abgeschabt und dann Neues und Anderes darauf geschrieben wurde – der ursprüngliche Text im Laufe der Zeit doch wieder schwach hervorkommt, so tritt im Laufe der Jahrhunderte die mit einem verfälschenden Text überschriebene Schöpfungsrede doch wieder in ihrer ursprünglichen Gestalt hervor und die verfälschende Übermalung verblasst. Zunächst können nur besonders hellsichtige Menschen den ursprünglichen Schöpfungstext lesen. Bei PLATON kommt stark die religiöse Bedeutung des Ursprungstextes zur Geltung. Religion und Ethik fließen unmittelbar zusammen in der überirdischen Wirklichkeit, im wahrhaft Seienden, im Bereich der Ideen. In der Wirklichkeit des Absoluten ist die höchste Wirklichkeit Gott, die Idee des Guten.[167] Die alten, von gewaltigen und gewalttätigen Göttern erzählenden Mythen, »Schlachtenbericht von Titanen und Göttern«, sind »Lügen der früheren Zeit«.[168] Sie sollen keinen Raum mehr haben in der Erziehung und Ausbildung der Jugend. In dieselbe Richtung geht das Wirken der Dichter in der griechischen Antike. Die Kritik der sakral auftretenden Gewalt wird unmittelbar deutlich bei den Tragödiendichtern. Antigone übertritt in SOPHOKLES' gleichlautendem Drama das königlich-sakrale Verbot, ihren Bruder Polyneikes, der Thebens Königtum angegriffen hat, zu bestatten. Sich rechtfertigend hält sie dem König das wahrhaft göttliche, der unverfälschten sprachlichen Matrix des Universums entsprechende Wort entgegen:»Mitzulieben, nicht mitzuhassen, bin ich da.« Sie bringt so die ursprüngliche Schöpfungsrede neu zu Gehör. Die vom König ausgehende Gewalt und die Verzweiflungstaten, die von ihr bewirkt werden, können diese Rede nicht mehr übertönen. Der blinde Seher Teiresias vermittelt sie schließlich sogar dem König, der zum Schluss der Tragödie in schuldbewusste Klagerufe ausbricht. Auch in den Dramen des EURIPIDES »Iphigenie in Aulis« und »Iphigenie bei den Taurern« wird dargestellt, dass es ein Irrtum ist, die Götter gewalttätig und Gewalt fordernd zu denken. Die Göttinnen *Artemis* und *Athene* wollen nicht, dass ihnen Iphigenie geopfert wird. Gewalt ist jedoch vom Ursprung religiösen Denkens her so eng mit dem Transzendenzbewusstsein verbunden, dass auch gegen Euripides in seiner Zeit angesichts seiner Dramen derselbe Vorwurf laut wurde, der gegen MAHAVIRA, BUDDHA, die griechischen Philosophen, KONFUZIUS und die frühen Christen in ihrer Zeit laut geworden ist, nämlich sie würden nicht mehr an die Götter glauben. In Wahrheit verblassen jedoch nur die verfälschenden Übermalungen der »Schöpfungsrede« und das wahre Wesen des Göttlichen tritt hervor.

Ähnlich verlief die Entwicklung des Transzendenzbewusstseins in *China*. Etwa im selben Zeitraum, in dem sich Buddhismus und altgriechische Philosophie entwickeln, fließt im *Taoismus* die Gottesidee zusammen im Begriff des TAO. Das Wort ist unübersetzbar. RICHARD WILHELM bezeichnet es in seiner Übersetzung des *Tao-te-king* als »algebraisches Zeichen«, das ausdrücken soll, was für LAOTSE, den Verfasser des Buches, selbst eine unaussprechliche Wirklichkeit war.[169] Von der Wortbedeutung im Chinesischen her hat es viele Bedeutungen. Die Bedeutungen »Weg«, »Richtung«, »innerer Sinn«, haben wahrscheinlich zur Verwendung des Wortes in seinem transzendenten Bezug geführt. Das Wort kommt auch in verbaler Bedeutung vor und heißt in dieser Verwendung »reden«. Das *Tao-te-king* nennt es »unterschiedslos vollendet«. »Bevor der Himmel und die Erde waren, ist es schon da«, heißt es in Spruch 25.[170] Auf dem Weg des TAO verblasst die Gewalt: »Waffen sind unheilvolle Geräte, alle Wesen hassen sie wohl« (Spruch 31) und: »Wenn das TAO herrscht auf Erden, tut man die Rennpferde ab zum Dungführen« (Spruch 46). Dieser Weg gipfelt in der vorbehaltlosen Güte des Menschen zu seinem Mitmenschen. Ähnlich wie nach der christlichen Überlieferung JESUS in der Bergpredigt mit Hinweis auf den gütigen Vater die Forderung der Nächstenliebe auch auf das Verhalten gegenüber Feinden und Verfolgern ausweitet (Mt 5, 43–45), sagt LAOTSE:

> »Zu den Guten bin ich gut,
> zu den Nicht-Guten bin ich auch gut;
> denn das TAO ist die Güte.«   *Spruch 49*[171]

Ein halbes Jahrhundert vor dem Wirken JESU ist hier schon die ursprüngliche »Schöpfungsrede« sehr klar vernehmbar geworden.
Eine ähnliche Ausprägung des Transzendenzbewusstseins im gewaltfreien ethischen Verhalten sucht KONFUZIUS. »Vom Ausgießen der Libation an mag ich nicht mehr zusehen«, sagt er von den großen Opferfeiern für die Ahnen der Dynastie, denen er als Staatsminister beiwohnen musste.[172] Die Opfer fordernden gewaltverhafteten Gottheiten liegen dem Denken des chinesischen Weisen so fern, dass die Forschung bei ihm wiederum erwägt, ob er überhaupt an Gott oder Götter geglaubt hat. Doch ähnlich wie sich bei BUDDHA die Gottesvorstellung hinter dem Begriff des *Nirwana* verbirgt, steht sie bei KONFUZIUS hinter dem Begriff des *Jen*. Das chinesische Zeichen für *Jen* wird aus der Verbindung von »Mensch« und »zwei« gebildet. Es bezeichnet die Vollkommenheit, die sich in der menschlichen Beziehung verwirklichen kann. Wie stark der Begriff für Konfuzius ins Transzendente weist, zeigt sich in seiner Bemerkung, dass er niemals eine Person gekannt habe, auf die der Begriff wirklich zutraf. KONFUZIUS liest – wie LAOTSE und wie SOPHOKLES, EURIPIDES, PROTAGORAS, PLATON, MAHAVIRA und BUDDHA und später JESUS AUS NAZARET in Palästina – die ursprüngliche, unverfälschte »Schöpfungsrede« und bringt sie in der menschlichen Geschichte zu Gehör. In dieser Rede verblassen die gewaltigen Gottheiten.

159

Die Gewaltgottheit in der biblischen Tradition

Der biblische Mensch lebt in derselben Welt wie die Menschen der anderen religiösen Traditionen. Der winzige Planet Erde in einem der Milliarden Sonnensysteme der Galaxie Milchstraße ist auch seine Heimat. Darum ist auch der Ausgangspunkt *dieser* religiösen Tradition nicht verschieden vom dem der anderen religiösen Traditionen. Auch der biblische Mensch hat die Schöpfungsrede in ihrer vom Ursprung her verfälschten Form gelesen. Auch bei ihm hat sich das Transzendenzbewusstsein von der Erfahrung der den Menschen bedrohenden tödlichen Gewalt her aufgebaut. Auch hier bestand die vorherrschende rituelle religiöse Praxis im blutigen Opferkult. Verschiedene Erzählmotive deuten an, dass in früher Zeit auch das Menschenopfer, besonders das Kindesopfer vollzogen wurde. Es ist die Rede vom »Erstlingsopfer«, wonach »alle Erstgeburt« »alles, was bei den Israeliten den Mutterschoß durchbricht, bei Mensch und Vieh« Jahwe geopfert werden muss (Ex 13,2; 22,28 f.). Einige Sätze weiter heißt es einschränkend, dass die menschliche Erstgeburt »ausgelöst« werden soll. Die Erzählung von der Forderung *Els* an Abraham, »den einzigen Sohn, den du lieb hast« als Brandopfer darzubringen, weist auf einen früheren Brauch dieser Art hin; doch in der Zeit, in welcher der Text geschrieben wurde, verbietet der Engel *Jahwes*, dem Knaben etwas zuleide zu tun. Das geplante Kindesopfer wird durch ein Tieropfer ersetzt (Gen 22,1–19). Ganz ähnlich wird im Drama des EURIPIDES »Iphigenie bei den Taurern« beim Aufbruch zum Krieg gegen Troja das ursprünglich vorgesehene Kindesopfer des Heerführers Agamemnon durch die Schlachtung einer Hindin ersetzt. Wendungen wie »er ließ sogar seinen Sohn durch das Feuer gehen« (2 Kön 16,3), weisen darauf hin, dass in Israel trotz der Verurteilung dieses Brauches durch *Jahwe* auch die von Kanaanäern geübten Kinderopfer an Moloch praktiziert wurden. Auch das sogenannte Bauopfer, bei dem Kinder geopfert und in die Grundmauern eingelassen wurden, scheint es gegeben zu haben (1 Kön 16, 34; Jos 6,26).

Der Freiburger Psychologe FRANZ BUGGLE füllt in seinem Buch »Denn sie wissen nicht, was sie glauben. Oder warum man redlicherweise nicht mehr Christ sein kann«[173] an die 200 Seiten mit der Aufzählung gewaltverhafteter archaisch-inhumaner Texte aus dem Alten und Neuen Testament. Die erschütternde Zusammenstellung reicht vom Aufruf Gottes zu Eroberungskriegen und Völkermord über die hasserfüllte Abwertung Andersgläubiger und über die grausamen und unmenschlichen Strafforderungen (im Neuen Testament durch den »psychischen Terror«[174] einer angedrohten ewigen Höllenstrafe) sowie über die Deutung des Todes Jesu als eines blutigen Sühnopfers bis hin zu den exzessiven Gewaltphantasien in der Geheimen Offenbarung des Johannes.

Ein unvoreingenommener Blick auf diese Texte führt notwendig zu der Erkenntnis, dass die biblische Tradition ebenso wie die anderen religiösen Traditionen auf dem Planeten Erde von einer verfälschten Lesart der Schöpfungsrede ausgeht, wonach tödliche Gewalt das Zeichen des Göttlichen ist. Die älteste Gottesbezeichnung in der biblischen Tradition ist das Wort *El*. Diese Bezeichnung findet sich im gesamten westsemitischen Raum (akkadisch *ilu*, arabisch *ilah*). *El* ist der höchste Gott im kanaanäischen Pantheon. Als Göttervater trägt er gütige Züge. Sein ursprünglicher Gewaltcharakter kommt jedoch darin zum Ausdruck, dass ihn zeitgenössische Schriftsteller (z. B. Sanchunjathon[175]) mit dem griechischen Gott *Kronos*, der seine eigenen Kinder frisst, und mit dem Meergott *Poseidon*, der hinter der Gewalt der Wasserfluten und als »Erderschütterer« auch hinter der Gewalt der Erdbeben steht, gleichsetzen. Als Herr der Wasserfluten erscheint *El-Jahwe* in der Erzählung von der Sintflut, in der außer Noach und seiner Familie alle Menschen und alle Tiere ertrinken. Auch die ägyptischen Verfolger der Israeliten ertrinken in den Fluten des Schilfmeers. Die Bibel gibt *El* häufig den Beinamen *schaddai*, »gewaltig«. *El Schaddai* ist der »gewaltige Gott« In ugaritischen Texten wird er »Stier *El*« genannt. In der Bibel preist ihn der Seher Bileam als den starken Gott Israels: »*El* hat Hörner wie ein Wildstier. Er frisst die Völker, die ihm feind sind, er zermalmt ihre Knochen und zerbricht ihre Pfeile« (Num 23, 8). Auch der Raubtiergott taucht auf: »Er [*El*] duckt sich, liegt da wie ein Löwe, wie ein Raubtier« (Num 22, 9).

Diese zornig-gewalttätigen Züge Gottes setzen sich fort im Kampf gegen die Feinde Israels und in der exzessiven Bestrafung der Gesetzesübertreter in den eigenen Reihen. Sie treten auch noch im Neuen Testament auf, etwa wenn das Matthäusevangelium an manche Gleichnisse Jesu die Aufforderung anfügt, den oder die Übeltäter hinauszuwerfen »in die äußerste Finsternis! Dort wird er heulen und mit den Zähnen knirschen« (Mt 25, 30; ähnlich 24,51; 13,50 und 8,12), besonders aber wenn es dem wiederkommenden Weltenrichter Jesus die Worte in den Mund legt, die er zu denen auf seiner Linken spricht: »Weg von mir, ihr Verfluchten, in das ewige Feuer, das für den Teufel und seine Engel bestimmt ist« (Mt 25,41). Die Linie erreicht ihren Höhepunkt, wenn in der Geheimen Offenbarung die »Schalen des Zorns« über die Erde ausgegossen werden und Meer, Quellen und Flüsse zu Blut werden (Offb 16,1–21). Diese furchtbaren Bilder wurden ausgelöst durch die grauenhafte Ermordung einer großen Menge früher Christen zur Volksbelustigung durch Kaiser Nero in Rom und durch die zur Zeit der Entstehung des Textes beginnende grausame Christenverfolgung unter Kaiser Domitian. Die Verfälschung der göttlichen Schöpfungsrede gewann hier geschichtlich die Oberhand. Die Schreckensbilder des Apokalypse bewegen sich als Reaktion darauf im selben Rahmen.

Es gibt Versuche, die gewaltverhafteten (und teilweise von Gewaltszenarien strotzenden) biblischen Texte durch theologische Interpretationen zu entschärfen und sie annehmbar erscheinen zu lassen. Es hat jedoch von vornherein etwas Prekäres an sich, wenn jemand (und noch dazu ein Theologe!) versucht, etwa den Aufruf und die Bereitschaft des Vaters zum Kindesmord in Gen 22, mit welchen Argumenten auch immer, zu rechtfertigen. MANFRED GÖRG sagt zu diesem Text, er solle deutlich machen, dass der unermessliche Segen, der später dem Abraham zuteil wird, nur aufgrund von dessen rückhaltloser Hingabe- und Opferbereitschaft erfolgt und erfolgen kann. »Der Mensch kann dieses Entgegenkommen Gottes nur realisieren, wenn er sich total seinem Gott ausliefert und sich zum Opfer bringt.«[176] Totale Selbstauslieferung durch die Ermordung des eigenen geliebten Kindes? *Totale* Ansprüche und *totale* Opferbereitschaft sind Wendungen und Vorstellungen aus der vom Ursprung her verfälschten Schöpfungsrede. Auch der islamistische Selbstmordattentäter antwortet mit einer *totalen* Opferbereitschaft auf einen ihn *total* einfordernden religiösen Anspruch. Und als nach dem Verlust von Stalingrad im Zweiten Weltkrieg JOSEPH GOEBBELS im Berliner Sportpalast seinen Parteigenossen zurief »Wollt Ihr den *totalen* Krieg?« und diese mit frenetischen Beifallsrufen antworteten, quittierte er den Beifall mit den Worten: »Das deutsche Volk opfert sich freudigen Herzens«. In solchen totalitären Szenarien ereignet sich keine vom Gott Jesu inspirierte Heilsgeschichte.

Auf differenzierte Weise macht RALF MIGGELBRINK die biblischen Texte, in denen das Phänomen des *Gotteszorns* bisweilen schreckenerregend hervortritt, zum Thema seiner theologischen Überlegungen.[177] Bei vielen Texten ist nach MIGGELBRINKS Analyse nicht Gott das aktiv handelnde Subjekt des Zornes; vielmehr drückt die Metapher des Zorns die schreiende Ungerechtigkeit der irdischen Verhältnisse aus. Jesus stirbt nicht, um den Zorn Gottes über die Sündigkeit und Ungerechtigkeit der Menschen zu besänftigen, sondern er ist das Opfer jener irdischen Verhältnisse, die Gottes Zorn auslösen und deren Bannkreis er durch die gewaltfreie Annahme seines Todes durchbricht. Der Gotteszorn ist nach MIGGELBRINK notwendiger Ausdruck der engagierten Anteilnahme Gottes am Leben der Menschen.

Die Negativität, die sich im Gotteszorn ausdrückt, bekundet nach MIGGELBRINK die Transzendenz Gottes gegenüber Mensch und Welt und ermöglicht so die Ethisierung der Religion auch in der biblischen Tradition. Es ist richtig, dass die Predigt der Propheten, in denen häufig der Gotteszorn artikuliert wird, in einer Linie steht mit den oben beschriebenen Entwicklungen in den außerbiblischen Traditionen, in denen das zwischenmenschliche Verhalten in den Mittelpunkt rückt und die blutige Opfer fordernden Gottheiten ihre Bedeutung verlieren. Doch die Rede vom Zorn Gottes über die damaligen ungerechten Verhältnisse in Palästina bewirkt beim heutigen Leser kein Innewerden der Transzendenz Gottes, sondern wirkt dem eher entgegen. Denn Gott erscheint in dieser Rede so stark in die damaligen irdischen Machtverhältnisse eingebunden, dass der heutige Leser dieser Texte ihn kaum als außerhalb der Welt stehenden transzendenten Schöpfer des Universums denken kann. Die »Welt« des frühen biblischen Menschen bestand entsprechend dem vorgeschichtlichen Weltbild aus einer von Wasser umgebenen Scheibe, über der sich die Himmelsschale wölbte, an der die Sonne entlangzog und an der Mond und Sterne befestigt waren. In diesem »Universum« war der mächtige Zorn Gottes über die vom Menschen erlebte Ungerechtigkeit (gerade auch seitens der Könige und Priester) Zeichen seiner Souveränität, in der er sich über diese »Welt« erhob. Auch dem heutigen Menschen können diese Texte zeigen, dass der biblische Gott nicht ein ferner *deus otiosus* ist, der in seiner Erhabenheit nicht von den irdischen Verhältnissen berührt wird, sondern ein Gott, der den Armen und Bedrängten nahe ist und mit ihnen fühlt und leidet.

Heute ist es jedoch notwendig, diese biblisch bezogene Immanenz Gottes mit unserem modernen naturwissenschaftlich geprägten Weltbild zu vermitteln. Wenn, wie die Astrophysik nachvollziehbar herausgefunden hat, unsere Welt, d. h. unser Universum, aus 125 Milliarden Galaxien besteht und in jeder dieser Galaxien wiederum durchschnittlich 100 Milliarden Sterne und Sonnensysteme kreisen, und wenn es in diesem ungeheuren, sich mit rasender Geschwindigkeit ausweitendem Gebilde mit an Sicherheit grenzender Wahrscheinlichkeit Millionen von Sternen gab oder gibt oder geben wird, auf denen Wesen gelebt haben, leben oder einmal leben werden, die in ihrer Struktur dem Menschen ähnlich sind, und wenn Gott der Schöpfer *dieses* Universums ist, dann kann er nur noch schwer als gegenständliche Person gedacht werden, die über die ungerechten Verhältnisse, wie sie in der Galaxie Milchstraße auf dem Planeten Erde im fünften und vierten Jahrhundert v. Chr. im Gebiet Palästina geherrscht haben, in brennenden Zorn gerät. Wie lässt sich Gottes Anteilnahme am konkreten menschlichen Leben auf der Erde mit seiner Stellung als Schöpfer des gesamten Universums vermitteln? Auf diese Frage geht MIGGELBRINK nicht ein.

Auch die Theodizeefrage wird von MIGGELBRINK nicht behandelt, obwohl sie sich hier aufdrängt: Wo und wie äußerte und äußert sich der Gotteszorn über die Ermordung von 6 Millionen Juden im Nazi-Regime? Ist die Flutwelle, die zu Weihnachten 2004 innerhalb weniger Stunden 160 000 Menschen in den Tod riss, ein Ausdruck des Gotteszorns? Wie sind Hiroshima und Nagasaki in dieses Weltbild einzuordnen? Um diesen Fragen näher zu kommen, gilt es nach der unverfälschten sprachlichen Matrix des Universums zu suchen. Sie dringt auf befreiende Weise auch in der biblischen Tradition deutlich durch die genannten gewaltverhafteten Textschichten hindurch an die Oberfläche.

Die Überwindung der Gewaltprojektionen in der biblischen Tradition

In seiner viel besprochenen Regensburger Vorlesung im September 2006 beschäftigte sich der neu gewählte Papst BENEDIKT XVI., weltweit anerkannt als wissenschaftlicher Theologe, mit dem Gottesverständnis des Islam und des Christentums. Er thematisierte die absolute Transzendenz Gottes im Koran, die nach einigen Kommentatoren so weit geht, dass Gott an keine menschlichen Kategorien, auch nicht an unsere Begriffe Gewaltfreiheit, Wahrheit, Liebe, Vernunft gebunden ist. Dem stellte der Papst den schon mehrmals zitierten ersten Satz des Johannesevangeliums gegenüber, wonach der Logos »bei Gott« und eins mit Gott ist (Joh 1,1). Dadurch ist die Vernunft als Wesensmerkmal Gottes ausgewiesen. »Johannes«, sagte der Papst, »hat uns damit das abschließende Wort des biblischen Gottesbegriffs geschenkt, in dem alle die oft mühsamen und verschlungenen Wege des biblischen Glaubens an ihr Ziel kommen und ihre Synthese finden.«[178]

Der Papst liest hier die Bibel entwicklungsgeschichtlich. Die »mühsamen und verschlungenen Wege des biblischen Glaubens« drücken sich aus in dem Ineinander, in der unauflösbaren Verfochtenheit von einerseits gewaltorientierten Texten, die in oft erschreckender Weise noch die archaische Gewaltgottheit zur Sprache bringen, und andererseits von Texten, in denen – auch schon im Alten Testament – Gott als ethischer Gesetzgeber und als fürsorgliche Mutter, die ihr Kind nicht vergessen kann und es in ihre Hände eingezeichnet hat, geschildert wird (Jes 49,15 f.). Die gegensätzlichen Textschichten liegen so nahe beieinander, dass ihre systematische Trennung unmöglich ist. In der Gesetzessammlung des Buches Deuteronomium stehen unverbunden nebeneinander die Forderung, in eroberten Städten des künftigen Kernlandes Israel den Bann auszuüben, d.h. »alles, was Atem hat,« zu töten (Dtn 20,16–18) und die ökologisch anmutende Forderung, bei der Belagerung den Baumbestand zu schonen (Dtn 20,19). Wenige Verse nach den unmenschlichen Gesetzesbestimmungen, einen unbelehrbar widerspenstigen Sohn sowie eine Braut, bei welcher der Ehemann in der Hochzeitsnacht feststellt, dass sie nicht mehr unberührt ist, zu steinigen (Dtn 21,18–21 und 22,13–21), findet sich das sehr menschliche Gebot, Asylsuchende aufzunehmen und sie in Israels Mitte wohnen zu lassen (Dtn 23,16–17) sowie sozial Schwachen, Fremden, Waisen und Witwen, genügend Lebensraum zu geben (Dtn 24,17 f.; 24,19–22). In der Bergpredigt des Matthäusevangeliums wird einerseits gefordert, das Auge, das »zum Bösen verführt«, auszureißen und die Hand, die dasselbe tut, abzuhauen, um nicht mit dem ganzen Leib in die Hölle geworfen zu werden (Mt 5,27–30), und andererseits liest man wenige Verse später die Begründung des Gebots der Feindesliebe mit der Güte des »Vaters im Himmel« gegenüber Bösen *und* Guten, Gerechten *und* Ungerechten (Mt 5,43–48). Im großen Weltgerichtsgemälde desselben Evangeliums gehen der oben schon zitierten mitleidlosen Verfluchung der Unsozialen in die ewige Feuerhölle unmittelbar die herrlichen Sätze an die Mildtätigen voraus: »Was ihr dem geringsten meiner Brüder getan habt, das habt ihr mir getan« (Mt 25, 40).

In unentwirrbarer Weise durchdringen sich die verschiedenen Textschichten. Wollte man die gewaltorientierten Texte eliminieren, bliebe das Bild eines »lieben Gottes« übrig, der wie in WOLFGANG BORCHERTS Nachkriegsstück »Draußen vor der Tür« als weinerlicher alter Mann mit Theologentinte im Blut seinen geschundenen Kindern in keiner Weise helfen kann.[179] Würde man andererseits die Texte ausscheiden, die den gütigen und gerechten Gott zum Ausdruck bringen, stünde die archaische, blutige Opfer fordernde Gewaltgottheit vor uns. In den außerbiblischen religiösen Traditionen lässt sich in etwa die Zeit und die Situation angeben, von der an in den oben genannten geistesgeschichtlichen Strömungen die Abkehr von der Gewaltgottheit erfolgt (z. B. in Indien beginnend mit den *Upanishaden*, in denen der Prozess eingeleitet wird, der zur buddhistischen »Religion ohne Gott« hinführt). Solche klaren Trennungslinien sind in der biblischen Tradition nicht möglich. In ihren Schriften, die in einem Zeitraum von fast 1000 Jahren entstanden sind, durchdringen sich die genannten Textschichten von den ältesten bis zu den jüngsten Texten auch des Neuen Testaments.

Feststellbar ist jedoch eine *geschichtliche Linie*, die sich durch die – im Einzelnen unentwirrbaren – Texte hindurchzieht. Schon in den Texten, in denen älteste Überlieferungen Israels und seiner Nachbarvölker verarbeitet werden, wie in den Erzählungen vom Sieg der Prophetin und Richterin Debora über den kanaanäischen Feldherrn Sisera, von Kain und Abel, der Sintflut, dem Turmbau zu Babel, dem nächtlichen Kampf Jakobs mit *El* am Flussübergang des Jabbok oder der von Abraham geforderten Opferung seines Sohnes Isaak, trägt Gott neben seinen gewaltigen auch gütige Züge. Er ist jedoch noch nicht der große Gesetzgeber, der durch sein Gesetz, zusammengefasst in den Zehn Geboten, einen Bund mit seinem Volk Israel schließt. Die Texte dieser Phase sind geprägt durch die Gestalt des Moses und die Predigt der Propheten. Hier läuft die geschichtliche Linie der biblischen Tradition parallel zur oben aufgezeigten Ethisierung der außerbiblischen religiösen Traditionen. Wie buddhistische, zarathustrische und griechischphilosophische (vor allem platonische) Texte üben auch die prophetischen Texte eine – teilweise scharfe – Kritik am Opferkult. Zusammenfassend für diese Kritik steht das Wort *Jahwes* beim Propheten Hosea: »Liebe will ich, nicht Schlachtopfer, Gotteserkenntnis statt Brandopfer« (Hos 6,6). Der Satz klingt ähnlich grundsätzlich wie das oben zitierte Wort der Antigone »Nicht mitzuhassen, mitzulieben bin ich da«.

In den biblischen Texten selbst wird diese Wende von der alten Gewaltgottheit zum »da« seienden und fürsorglichen *Jahwe*-Gott artikuliert in dem Ausspruch *Jahwes*: »Ich bin Abraham, Isaak und Jakob als *El Schaddai* erschienen, aber unter meinem Namen *Jahwe* habe ich mich ihnen nicht zu erkennen gegeben« (Ex 6,3). *El Schaddai*, »gewaltiger Gott«, verweist auf die ursemitische archaische Gewaltgottheit. *Jahwe* dagegen ist der Gott des Gesetzes und des Bundes, der durch dieses Gesetz geschlossen wurde. Doch nicht wie in den fernöstlichen Traditionen verliert durch diese Ethisierung des Gottesglaubens *El* seine Geltung. Er verliert sich nicht in eine unerreichbare Ferne und er wird auch nicht wie in der persischen Religion dämonisiert. *Vielmehr offenbart sich El selbst als Jahwe. Jahwe* ist mit *El* identisch. Die *El*-haften, an die archaische Gewaltgottheit erinnernden Züge bleiben deshalb auch in den Überlieferungen von *Jahwe* erhalten. Dieser von Gewalt gekennzeichnete *El* ist in Wahrheit *Jahwe*, sagt diese Verflechtung von Gewalt und Ethik in den biblischen Schriften.

In den von der griechischen Philosophie inspirierten weisheitlichen Schriften und in der in Alexandrien entstandenen griechischen Übersetzung des Alten Testaments berührt sich der Glaube an *El-Jahwe* mit dem griechischen Denken. Gott denkt und handelt hier in der Weise des *logos*. Gegen den *logos* zu handeln, entspricht nicht dem göttlichen Sein und Wesen. BENEDIKT XVI. bezeichnete in seiner Vorlesung diese Begegnung mit der griechischen Philosophie als einen »wichtigen Schritt der Offenbarungsgeschichte«.[180] Von hier aus führt der Weg zu dem oben zitierten Wort des Johannesevangeliums, in dem nach den Überlegungen BENEDIKTS XVI. die »mühsamen und verschlungenen Wege des biblischen Glaubens an ihr Ziel kommen«:[181] »Der *logos* war Gott.« Doch es ist keine kalte Vernunft, in der das biblische Gottdenken an sein Ziel kommt, sondern, wie der Papst erklärt,[182] eine liebende Vernunft, wobei die Liebe »alle Erkenntnis übersteigt« (Eph 3,19). Der lapidare Satz des 1. Johannesbriefes »Gott ist die Liebe« (1 Joh 4,16 b) gehört deshalb zur Aussage von Gott als *logos* hinzu.

Das *eine* zusammenfassende Wort, in dem das biblische Gottdenken ausmündet, ist keine satzhafte Aussage, die als solche theologisch-wissenschaftlich (etwa als »Summe« der biblischen Gottesaussagen) festgehalten und in ein Lehrbuch eingetragen werden könnte. Die verschlungenen Wege des biblischen Glaubens kommen vielmehr dort an ihr Ziel, wo ein Mensch *aus seinem Leben heraus*, so leidvoll, schuldhaft und unglücklich es vielleicht auch verlaufen ist, dennoch zu jener Gebetsanrede finden kann, welche die Verfasser der Passionsgeschichte auch noch dem unter schrecklicher Todesangst leidenden Jesus in den Mund legen konnten: »*Abba*, Vater« (Mk 14,36; Röm 8,15; Gal 4,6). *El* offenbart sich in der biblischen Tradition nicht nur als *Jahwe*, der gesetzliche Bestimmungen erlässt und Liebe und Gotteserkenntnis will anstelle von Schlachtopfern und Brandopfern (Hos 6,6), sondern er offenbart sich auch als *Abba*, Vater, der dem verlorenen Schaf nachgeht und dem Menschen in seiner Todesnot Zuflucht gewährt und inneren Halt gibt.[183] Da dieser mit dem Namen *Abba* angesprochene Gott der archaische *El* ist, sind notwendig auch die neutestamentlichen, von der Jesusbegegnung inspirierten biblischen Schriften teilweise noch mit gewaltverhafteten Zügen durchdrungen.

Der Mensch erlebt heute – und wohl auch noch in astronomisch ferner Zukunft – ebenso wie das hochsensible Lebewesen, das vor Millionen Jahren erstmals seiner Sterblichkeit inne wurde (und damit Menschencharakter annahm), die Drohung des Todes, in dessen Wesen und Sinn er keine Einsicht hat. Eine gewaltige, dunkle Transzendenz scheint über seinem Leben zu walten, die auch an einzelnen Stellen seines Lebens hervorbricht. *El Schaddai* ist in jedem Leben gegenwärtig. Bestünden die biblischen Schriften nur aus Texten, die den gerechten Gott und gütigen Vater zur Sprache bringen, könnte sich der konkrete, schuldhafte und leidende Mensch in diesen Texten nicht wiederfinden. Er würde in ihnen eine Welt gestaltet sehen, die nicht seine Welt ist und die zu seiner eigenen Welterfahrung in keiner Beziehung steht. Er könnte deshalb für sein Leben keine Hilfe und Orientierung aus diesen Texten gewinnen. Doch indem er gemeinsam mit anderen Menschen – das ist der ursprüngliche Sinn von Kirche – den verschlungenen Wegen der biblischen Texte nachgeht, kann sich streckenweise sein Leben lichten und er kann zur jesuanischen Gottesanrede finden, in der sich biblisch-christliche Erlösung ereignet.

Dies ist das Einzigartige der biblischen Tradition gegenüber den oben skizzierten außerbiblischen religiös-philosophischen Traditionen: Die archaische Gewaltgottheit verliert durch die Ethisierung des Transzendenzbewusstseins in der durch die Propheten und die Mosegestalt inspirierten Schriften nicht wie in den fernöstlichen Traditionen ihre Realität. Im Buddhismus und Jainismus verschwindet sie ganz, in der persischen Religion wird sie dämonisiert, in der chinesischen und in der griechischen Philosophie rückt sie so weit in den Hintergrund, dass sie unwirksam erscheint und die Philosophen der Gottlosigkeit verdächtigt werden. Auch in der Aufklärung und in der Wissenschaftsgläubigkeit unserer Zeit ist das Bild des in die Geschichte eingreifenden »gewaltigen Gottes« verblasst; man spricht nicht mehr darüber. Christlich inspirierte Menschen versuchen ihrer Religiosität dadurch Genüge zu tun, dass sie, soweit es geht, ihr Leben nach ethisch-humanen Gesichtspunkten gestalten.

Die biblische, jüdisch-christliche Religiosität ist jedoch durch die aufgezeigte Identität *Els* mit *Jahwe* und dem *Abba* Jesu geprägt. Wie es vom Stammvater Jakob in der Geschichte von seinem nächtlichen Flussübergang am Jabbok erzählt wird (Gen 32,23–33), sucht der biblische Mensch aus der dunklen Gewaltgottheit, die als Flussdämon Jakob in der Nacht überfällt und ihn zu überwältigen sucht, den Segen herauszuringen: »Ich lasse dich nicht los, bis dass Du mich segnest« (Gen 32,27). Zwar wird Jakob in seinem Kampf mit der Gewaltgottheit – die sich ausdrücklich als *El* zu erkennen gibt (Gen 32,29) – verletzt und er watet bei Sonnenaufgang hinkend durch die Furt, aber er ist von *El* gesegnet. Er hat *Jahwe* und in Ansätzen auch schon den *Abba* Jesu aus *El* herausgerungen. Er heißt von nun an *Isra-el*, »Gottesstreiter«, ein Name, der sich auf das ganze jüdische Volk überträgt. Der Israelit ist ein Mensch, der wie Jakob in den »Flussübergängen« seines Lebens mit *El* streitet und ihm den Segen abzuringen sucht.

Das ist das biblische Bild menschlichen Lebens: Kein Mensch wird unverletzt durch den Fluss des Lebens waten, aber er kann in *El*, auch wenn dieser ihn verletzt, den segnenden Gott erfahren. Das konkrete Leben und die Welt, die ihn umgeben, sind für ihn nicht wie für den Menschen im Hinduismus *maya*, trügerischer Schein, von dem es Abstand zu nehmen gilt; er muss sich nicht, wie der Buddhist, in angestrengter Askese und Meditation von seinen »Anhaftungen« an die Welt lösen, um Erleuchtung und Befreiung zu erfahren, sondern er kann in der Welt leben und die Dinge der Welt, die im Leben auf ihn zukommen, ernst nehmen, er kann *im* Lebenskampf die segnende und befreiende Transzendenz erfahren.

Der biblische Mensch muss sich auch nicht wie der korangläubige Muslim entsprechend der Bedeutung des Wortes *islam* auf Gedeih und Verderb dem »Gewaltigen Gott« ausliefern, einem Gott, der in seiner absoluten Transzendenz an keine menschlichen Kategorien gebunden ist, einem Gott, der »irre führt, wen er will, und rechtleitet, wen er will« (Sure 14,4) und in dieser seiner Willkür den – von ihm selbst – Irregeleiteten am Ende erbarmungslos in die ewige Feuerhölle stößt. *Allah* ist nach dem Koran zwar der »Allerbarmer«, aber er ist weder an die Kategorie der Gerechtigkeit noch an die Kategorie der Liebe gebunden. Der Name *Allah* ist abgeleitet von der arabischen Bezeichnung der archaischen Gewaltgottheit: *ilah* ist der arabische Ausdruck für *El; al ilah* ergibt zusammengezogen *Allah.* Zwar hat *El (ilah)* auch schon archaisch gütige Züge; im Koran und im Gottesnamen *Allah* werden diese verstärkt, aber seine Transzendenz äußert sich immer noch in archaischer Willkür (vgl. auch Sure 14,27). Die archaische Gewaltgottheit ist in der islamischen Tradition nicht vollständig überwunden.

Tod-Erfahrung, Schöpfungsrede und »Erbsünde«

Das menschliche Transzendenzbewusstsein entsprang vorgeschichtlich dem Innewerden der unabwendbaren Endlichkeit der eigenen Existenz. Dabei wurde, wie die frühen Gottessymbole zeigen, der Tod als Einbruch einer fremden, schreckenerregenden Macht empfunden und gedeutet. Aus der nonverbalen, ungegenständlichen »Schöpfungsrede«, die seit knapp 14 Milliarden Jahren – parallel zur Entstehung von Zeit und Raum – das Universum durchzieht, aus dieser sprachlichen Matrix, die das Universum aus nichts zum *sein* herausruft und es *sein* lässt, hat der vorgeschichtliche *homo religiosus* im Zusammenhang der Erfahrung seiner Endlichkeit die Transzendenz als dunkle, tödliche Gewalt herausgelesen. In den skizzierten außerbiblischen religiös-philosophischen Traditionen *und* in der – entwicklungsgeschichtlich gelesenen – biblischen Tradition vollzieht sich jedoch seit etwa zweieinhalb Jahrtausenden eine Entwicklung, welche die weltweit verehrte archaische Gewaltgottheit zu überwinden sucht. Es scheint eine Kraft am Werk zu sein, welche die vom Ursprung her teilweise radikal verfälschte Schöpfungsrede von innen her aufhellt und ihre Verdunklungen zu beseitigen sucht.

Sowohl in der außerbiblischen wie in der biblischen Tradition wird eindrucksvoll erzählt, dass die Menschen bei Einhaltung bestimmter Verhaltensregeln ihren Tod nicht als Einbruch einer fremden Gewalt erfahren. In den fernöstlichen Religionen herrscht der Glaube an die Wiedergeburt. Diese kann in vielen, teilweise auch sehr negativen Formen (z. B. als Existenz in Höllen oder als Tier) geschehen, aber keine dieser Existenzen dauert ewig; vielmehr erfolgt insgesamt stets eine »Wanderung« (*samsara*) durch die verschiedenen Existenzen hindurch zum Ziel der »Befreiung« (*moksa*), buddhistisch dem *Nirwana*. Das Sterben ist in dieser Tradition also immer ein Zugehen auf ein positives Ereignis und eine positive Existenz. In der »Erleuchtung«, die der Mensch durch Askese und Meditation schon im Leben erreichen kann, erfährt er schon das *Nirwana*, d. h. einen unbeschreiblichen Glückszustand; der Tod ist dann nur mehr das endgültige Eingehen in diesen Zustand. In dieser »Befreiung« oder »Erleuchtung«, im *Nirwana*, ist der Mensch hindurchgedrungen zur ursprünglichen Beschriftung des »Palimpsests« der Schöpfungsrede; er »liest« die göttliche Schöpfungsrede unverfälscht. Der Tod und die Unterwelt haben in dieser Rede ihren Stachel verloren, wie der Apostel PAULUS und der Prophet HOSEA den Endzustand auch des biblischen Heils beschreiben (1 Kor 15,55; Hos 13,14). Der Tod ist in dieser unverfälschten Schöpfungsrede nicht der Einbruch einer fremden Gewalt; die von dieser Erfahrung her entstandene Gewaltgottheit ist überwunden.

In der biblischen Tradition gibt es auch schon in sehr alten Texten eine Beschreibung des Sterbens, worin dieses nicht als Einbruch von Gewalt, sondern als positives Ereignis erscheint. Vom Patriarchen HENOCH heißt es: »... und es wandelte Henoch seinen Weg mit den *Elohim*, dann war er nicht mehr, denn aufgenommen hatten ihn die *Elohim*« (Gen 5,24; Interlinearübersetzung).[184] *Elohim* ist die Pluralform von *El*, sie betont die Göttlichkeit *Els* und entspricht unserem Wort »Gottheit«. Von ABRAHAM wird erzählt: »... es starb also Abraham in gutem Greisenalter, betagt und gesättigt, als er eingeholt wurde zu seinen Volksleuten« (Gen 25,8; Interlinearübersetzung). Der Prophet ELIJA wird im Sterben entrückt; er fährt in einem feurigen Wagen »zum Himmel empor« (2 Kön 2,11). In den Makkabäerkriegen sterben die gesetzestreuen Juden im Glauben an die Auferstehung von den

Toten. Im Neuen Testament ist die Auferstehung die grundlegende Überzeugung der an Christus Glaubenden. Der grausame Tod Jesu ist nicht dessen schreckliches Ende, sondern der Durchgang zu Auferstehung und Erhöhung und zum Leben mit Gott (Röm 1,3–4). Nach diesem Vorbild hoffen auch die Christen durch den Tod zum neuen Leben bei Gott zu finden. Paulus sehnt sich danach, dass sein »irdisches Zelt« abgebrochen wird und er einziehen kann in »ein nicht von Menschenhand errichtetes ewiges Haus im Himmel« (2 Kor 5,1). Der Tod ist hier nicht mehr der Einbruch einer fremden Gewalt in das Leben, sondern der in der Schöpfung vorgezeichnete Weg zum Leben bei und in Gott. Der Mensch, der zu dieser Hoffnung findet, hat die archaische Gewaltgottheit von Grund auf überwunden; er »liest« die unverfälschte Schöpfungsrede.

In der christlichen Dogmengeschichte gibt es (spätestens seit AUGUSTINUS) die Lehre von der sogenannten »Erbsünde«. Paulus vergleicht im Römerbrief, wie im ersten Buchteil schon erwähnt, Christus mit Adam. Durch die Sünde Adams ist, sagt er, die Sünde und durch die Sünde der Tod in die Welt gekommen und auf alle Menschen übergegangen; durch die »gerechte Tat« Christi aber ist der Mensch, der an Christus glaubt, gerechtfertigt, der Tod hat seinen Stachel verloren und die Gnade Gottes »ist den vielen reichlich zuteil geworden« (Röm 5,15). Durch den einen kamen Sünde und Tod und durch den anderen Rechtfertigung und Lebensfülle in die Welt. Entsprechend dem Begriff »Erb«-Sünde (der in der Bibel nicht vorkommt!) hat man, beginnend mit AUGUSTINUS, Jahrhunderte lang gelehrt und geglaubt, dass die »Sünde Adams« – also die Sünde des ersten menschlichen Elternpaares – ausgehend von diesem Paar durch die biologische Fortpflanzung auf alle Menschen übergegangen ist.

In dem eingangs beschriebenen, im Jahre 2004 von der Internationalen Theologenkommission erarbeiteten und vom damaligen Präfekt der Glaubenskongregation, KARDINAL RATZINGER, approbierten Orientierungspapier »Gemeinschaft und Dienst« ist aber im Zusammenhang der (bedingten) Anerkennung der Evolutionstheorie der Monogenismus aufgegeben worden. Die Menschheit entwickelte sich demnach nicht aus *einem* Elternpaar, dessen Sünde von Generation zu Generation durch Fortpflanzung hätte weitervererbt werden können, sondern sie entwickelte sich aus wahrscheinlich mehreren nebeneinander existierenden Populationen.[185] Es gibt also nicht die Sünde eines einzelnen

»Stammelternpaares«, die (durch Fortpflanzung) auf alle Menschen überging. Die entsprechenden Vorstellungen in der älteren Schöpfungserzählung sind zeitbedingt.

»Erbsünde« ist deshalb ein irreführender Begriff. Er entstand als Übersetzung des lateinischen Wortes *peccatum originale*, was eigentlich »Ursprungssünde« heißt. Es geht dabei um die Aussage, dass alle Menschen in sündige Strukturen des Zusammenlebens hineingeboren werden, also von Geburt, von ihrem »Ursprung« an, in diesen Strukturen leben. In der Perspektive der teilweise radikal verfälschten Schöpfungsrede fließt dieser Ursprung der Sünde mit der Verfälschung dieser Rede, die vom »Urknall« an den Kosmos durchzieht, ihn im Innersten zusammenhält und *sein* lässt, durch die von Gott abgefallenen »Mächte und Gewalten« (1 Petr 3,22) zusammen. Nicht nur die Menschen auf dem Planeten Erde »lesen« diese verfälschte Schrift, sondern alle Wirklichkeiten im Universum, die einander diese Rede nach Ps 19 »weitersagen« (»ein Tag sagt es dem anderen, eine Nacht tut es der anderen kund«). Alle Lebewesen, vom Einzeller bis zum intelligentesten und wahrnehmungsfähigsten Geschöpf, auf welchem Planeten in den 125 Milliarden Galaxien des Universums es auch existiert, werden von dieser teilweise verfälschten Botschaft informiert und irregeführt. Die ganze Schöpfung, sagt PAULUS, ist der Vergänglichkeit und der »Sklaverei« unterworfen; sie »seufzt und liegt in Geburtswehen bis zum heutigen Tag« (Röm 8,21 f.).

Doch wenn nur *ein* Gott und Schöpfer das Universum geschaffen hat, dann ist im ganzen Universum auch jene Kraft am Werk, jene *ruach*, jener »Gotteswind« und Gottesgeist, der, wie an den außerbiblischen und biblischen Traditionen auf dem Planeten Erde aufgezeigt, die Verdunkelung der Schöpfungsrede aufzuhellen und die ursprüngliche Schrift des »Palimpsests« der Schöpfungsrede sichtbar zu machen sucht. »Offenbarung« erfolgt dann nicht nur in den biblischen Schriften auf dem Planeten Erde in der Galaxie Milchstraße, sondern überall im Universum. Gewiss sind es auf anderen Sternen andere Offenbarungsträger, anders strukturierte Lebewesen, die analog zu den Religionsgründern, Philosophen und Dichtern sowie zu den biblischen Prophetinnen, Propheten und Lehrern auf dem Planeten Erde, diese Offenbarung, auf welche Weise auch immer, interpretieren und ihr zum Durchbruch verhelfen. Jesus ist *der* Offenbarer Gottes in der biblischen Tradition auf dem Planeten Erde und auf keinem anderen

Stern. Obwohl also die *original sin*, die Ursprungssünde, im gesamten Universum wirksam ist, brauchen wir nicht, wie der Vatikanische Astrophysiker CONSOLMAGNO meint,[186] irdische Missionare auf Millionen von Lichtjahren entfernte Planeten schicken, um dort lebende intelligente Lebewesen zu bekehren. Zwar gilt für alle die göttliche »Schöpfungsrede«, die sprachliche Matrix des Universums, aber diese »Rede« wirkt überall selbsttätig an der Überwindung ihrer Verfälschungen, schafft überall von sich her »Offenbarungen«, und in allen Gemeinschaften intelligenter Lebewesen, auf welchen Sternen auch immer, werden einige dieser Lebewesen berufen sein, diese Offenbarungen zu verkünden.

Auf der Erde laufen dabei, wie aufgezeigt, die außerbiblischen Traditionen und die biblische Tradition weitgehend parallel; sie können sich gegenseitig ergänzen: In der biblischen Tradition bleibt wesentlich stärker als in den außerbiblischen Traditionen der persönlich ansprechbare Gott als Wirkkraft des Offenbarungsvorgangs erhalten, und die außerbiblischen Traditionen bringen den Offenbarungsvorgang deutlicher als innere Erfahrung und Erleuchtung des einzelnen gewaltfrei lebenden Menschen zur Geltung.

Wo auf diese oder ähnliche Weise die Verfälschung der Schöpfungsrede überwunden wird und dadurch der unverfälschte »Text« wenigstens in seinen Grundzügen wirksam werden kann, hat sich, in welcher Tradition und auf welchem Stern des Universums auch immer, Gnade und Erlösung ereignet. Zwar muss dieses Ereignis, sei es durch Askese und Meditation oder sei es durch das Festhalten des Glaubens im Lebenskampf (entsprechend dem oben erwähnten Jakobskampf am Flussübergang nach Gen 32,23–33), immer neu errungen werden, aber wo und zu der Zeit, da es geschieht, ist das für den Vorgang aufnahmefähige Lebewesen, auf welchem Stern und wie viele Milliarden Jahre nach dem »Urknall« auch immer es lebt, von der »Ursprungssünde« befreit. Der Tod hat in diesem Augenblick und an diesem Ort seinen Schrecken verloren und die archaische Gewaltgottheit ist überwunden. Das vom Ursprung her dunkle und angstbesetzte Transzendenzbewusstsein hat sich aufgehellt.

Gott und das Leiden seiner Schöpfung

Ist Gott »allmächtig«?

Wieder stehen wir vor der Frage, warum der »allmächtige« Gott, wenn er denn hilfreich und gütig ist, die schwerwiegende Verfälschung seiner Schöpfungsrede »zugelassen« hat und ihr z.T. verheerendes Wirken weiter »zulässt«. »Allmächtiger Gott« ist in der Deutschen Einheitsübersetzung durchgehend die Übertragung des hebräischen Ausdrucks *El Schaddai*. Herkunft und Bedeutung des Wortes *schaddai* sind nicht eindeutig geklärt. Die meisten Forscher leiten es ab von hebräisch *shadad*, »gewaltig sein«. *El Schaddai* ist geschichtlich sicher, wie bereits ausgeführt, die im semitischen Sprachraum unter dem Namen *El* überlieferte Gewaltgottheit. In vielen Psalmen, im Buch Ijob und anderen Texten ist diese Allgewalt *Els* mit seiner Herrschaft über die gesamte Schöpfung verbunden. Die in Alexandrien erstellte griechische Übersetzung der hebräischen Bibel übersetzt deshalb *El Schaddai* mit *Pantokrator*, »Allherrscher«, die lateinische Vulgata übersetzt *schaddai* mit *omnipotens*.

Diese zuletzt genannten Bezeichnungen bewegen sich innerhalb des geozentrischen Weltbildes. Nach dieser Vorstellung bestand das »All«, über das Gott herrschte, aus der Erde im Mittelpunkt sowie aus der Sonne, dem Mond und den Sternen, die sich an sphärischen Kristallkugeln um die Erde bewegten. Über der letzten Sphäre thronte Gott, umgeben von seinen Engeln als »Allherrscher«. »Herrschen« verstand man dabei in dem Sinne, wie der Pharao über das Land Ägypten und die von ihm unterworfenen Völker herrschte. Aber kann eine »Person«, auch wenn sie Gott heißt, in dieser Art und Weise über 125 Milliarden Galaxien mit jeweils 100 Milliarden Sternen »herrschen«? Eine »Person«, die eine solch unermessliche Wirklichkeit nach ihrem Willen einrichten und lückenlos beherrschen könnte, wäre nicht Gott, sondern ein unvorstellbares Monster. Die Ausmaße, wie sie die moderne Astrophysik für das Universum nachweist, übersteigen die Ausmaße des biblischen Weltbildes in einer Weise, dass die damals gebrauchten biblischen Begriffe »Macht«, »Herrschaft«, »allmächtiger Herr über die ganze Schöpfung«, »Herr des Himmels und der Erde« … ihren Sinn verlieren. Angesichts der Ausmaße dieses Universums kann ich seine »Erschaffung« und seine »Regierung« nicht in anthropomorpher Weise denken.

Hinzu kommt, dass es nach der allseits akzeptierten und vor allem durch die Hintergrundstrahlung experimentell bewiesenen Theorie von der Entstehung des Universum im »Urknall« keine Realität geben kann, die räumlich oder zeitlich außerhalb des Universums existiert. Es lässt sich kein »Ort« denken, »von wo aus« Gott den Prozess *sein* aus nichts ins Leben rief. Ebenso ist es letztlich unsinnig zu sagen, Gott habe das Universum vor 13,7 Milliarden Jahren geschaffen, weil diese Rede ein Zeitkontinuum voraussetzt, das hinter den »Urknall« zurückreicht. Vor 13,7 Milliarden Jahren gab es jedoch keine Zeit, in der Gott etwas getan haben könnte. Ebenso wenig gibt es ein »Außerhalb« des Universums, weil auch der Raum erst mit dem »Urknall« anfing zu existieren. Hier versagen unsere Worte.

Die von der modernen, auf der Basis der Einsteinschen Relativitätstheorie entwickelte Astrophysik beschreibt ein Universum, das eine neue Art des Redens von Gott verlangt. Allein die *quantitativen* Ausmaße, wie sie die Astrophysik eruiert, vor allem aber die Entstehung von Raum und Zeit im singulären Ereignis des »Urknalls« verlangen nach einer neuen *Qualität*, einer neuen Art und Weise der Beschreibung des Verhältnisses Gottes zu seiner Schöpfung. Die Ausdrücke »Pantokrator«, »omnipotenter Herrscher«, »allmächtiger ewiger Gott« (mit dieser Formulierung beginnen noch heute viele kirchliche Gebete) sind innerhalb unseres heutigen Weltbildes irreführend. Es sind Bezeichnungen, die aus der Sphäre der archaischen Gewaltgottheit stammen, an deren Überwindung, wie aufgezeigt, außerbiblische und biblische Traditionen seit zweieinhalb Jahrtausenden arbeiten.

Gott ist nicht »allmächtig« und er ist keine »Person« im Sinne des heute üblichen psychologischen Verständnisses dieses Wortes. Er ist nicht ein umgrenztes Subjekt, das handelnd anderen Subjekten gegenübersteht. Als Wirklichkeit, die aus nichts den Prozess *sein* entstehen lässt, kann er nicht selbst ein Element dieses Prozesses sein. Alles was *ist*, alles Seiende, ist so entstanden; Gott als der »Schöpfer« des Universums, d.h. alles dessen, was *ist*, kann nicht selbst ein Seiendes sein. Er »ist« nicht im Sinne dessen, was alles im Universum vorhanden ist. DIETRICH BONHOEFFER sagte treffend: »Einen Gott, den es gibt, gibt es nicht.« Unsere Sprache versagt, wenn sie eine Wirklichkeit benennen soll, die nicht *ist* und doch auch nicht *nicht ist*. In keiner Sprache gibt es ein Wort, das eine Wirklichkeit bezeichnen könnte, die jenseits von *sein* und *nicht sein* wirkt.

Auch der schon zitierte Text des *Rigveda* stößt an diese sprachliche Grenze:

»Damals war nicht das Nichtsein noch das Sein.
Kein Luftraum war, kein Himmel drüber her …
Nicht Tod war damals noch Unsterblichkeit.
Nicht war die Nacht, der Tag nicht offenbar.
Es hauchte windlos die Ursprünglichkeit.«   *(Rigveda X, 129)*[187]

Wird (wie in der letzten Zeile des Textes) die Verneinung durch eine positive Aussage ergänzt, wird Gott (sprachlich notwendig) in Seiendes eingereiht.

Und doch ist ohne diese un-sagbare Wirklichkeit die philosophische und theologische Grundfrage, warum etwas ist und nicht nichts, nicht zu beantworten. Die Alternative wäre allenfalls die spätere hinduistische, im Westen im 17. Jahrhundert von dem holländischen Philosophen BARUCH SPINOZA vertretene Sicht, nach der das Universum, die Natur, das Sein, selbst Gott ist. *Deus sive natura*, »Gott oder anders ausgedrückt die Natur«, ist der bekannte pantheistische Grundsatz SPINOZAS, den, wie erwähnt, auch EINSTEIN übernahm. Doch nach der Theorie vom »Urknall« entstand das Universum aus nichts. Es ist nicht Gott.

Von dieser Situation aus ist es logisch einsichtig, dass der Buddhismus hinsichtlich der Rede von Gott verstummt. Wir stoßen hier auf die nicht in eine gegenständliche Sprache »übersetzbare« Schöpfungsrede. Je näher wir dieser Rede kommen, desto mehr geraten wir ins Stammeln. Das Verstummen des Buddhismus angesichts dieser *un-sagbaren* Wirklichkeit erscheint konsequent. Auch in der deutschen idealistischen Philosophie hat man diese Schwierigkeit erkannt. JOHANN GOTTLIEB FICHTE wollte vermeiden, dass entsprechend seiner idealistischen Ich-Philosophie Gott (wie alle anderen Dinge der realen Welt) als durch das Ich »gesetzt« erscheint und innerhalb dieses Ich existiert, weil ja sonst das Ich das Umgreifend-Göttliche wäre. Deshalb forderte er seine Studenten auf, Gott möglichst wenig zu denken, ihn vom eigenen Ich auszuklammern. FICHTE wurde deshalb 1799 in Jena wegen Verbreitung atheistischer Ideen und Gottlosigkeit seines Amtes enthoben; erst 6 Jahre später fand er wieder eine Anstellung in Erlangen.

Der in der biblischen Tradition beheimatete Mensch kann Gott nicht aus seinem Denken und Reden ausklammern. Denn in den biblischen Bildern und Erzählungen, in den Gestalten der Patriarchen, in der Predigt der Propheten und für den Christen zuletzt vor allem in der Gestalt Jesu ist Gott dem Menschen und seiner Welt so nahe gekommen, dass er davon reden *muss*. »Wes das Herz voll ist, des geht der Mund über«, sagt das Sprichwort. »Wir können unmöglich schweigen über das, was wir gesehen und gehört haben«, sagten nach der Erzählung der Apostelgeschichte Petrus und Johannes, als ihnen der Hohe Rat unter Androhung strenger Strafen verbot, »im Namen Jesu zu predigen und zu lehren« (Apg 4,18–21). In seinem ersten Brief an die Gemeinde von Korinth schreibt PAULUS, es liege ein »Zwang« auf ihm, das Evangelium zu verkündigen: »Weh mir, wenn ich das Evangelium nicht verkünde« (1 Kor 9,16); und in seinem zweiten Brief schreibt er: »Wir glauben, darum reden wir« (2 Kor 4,13). Es ist also nicht ein höheres oder besseres Wissen, aus dem heraus er redet, sondern sein Glaube. Auch die Theologie weiß seit Jahrhunderten, dass ihre Rede von Gott nur analog zu verstehen ist; sie weiß, dass alles, was sie über Gott sagt, sich dieser Wirklichkeit nur in bildhaften Aussagen annähern kann, wobei in der Ähnlichkeit dieser Bilder immer eine größere Unähnlichkeit als eine wirkliche Ähnlichkeit besteht. Gott ist immer der »Ganz-Andere« gegenüber dem, was innerhalb des Universums von ihm gedacht und gesagt wird.

Leider kommt dieser Sachverhalt im wissenschaftlichen Theologiebetrieb und in der Pastoral wenig zur Geltung. Was hier gesagt und verkündet wird, erscheint mehr im glänzenden Gewand eines »höheren Wissens« als im schlichten Kleid eines persönlichen, subjektiven Glaubens. Als »Schöpfer«, »Gütiger Vater«, »Herr« oder »gerechter Richter« wird Gott als überragende gegenständliche Person vor Augen gestellt, die dem Menschen und der Welt gegenüber handelt. Dies nicht bloß bildhaft – als ferne anthropomorphe Analogie – zu verstehen, sondern als reale Aussage, führt angesichts der Ausmaße und der mit Hilfe der Relativitätstheorie beschriebenen Eigenart des Universums zu letztlich unsinnigen Vorstellungen.

Auch die Erörterung der Theodizeefrage leidet unter der Vergegenständlichung Gottes. Es hat wenig Sinn zu fragen, ob Gott das Universum nicht »besser« hätte »erschaffen« können. Zwar, sagt man, ist die Willensfreiheit von Engeln und Menschen ein unaufgebbarer Wert, aber hätte Gott in seiner »Allmacht« nicht Wesen erschaffen können, die zwar frei sind, sofern sie zwischen verschiedenen *positiven* Möglichkeiten wählen können, aber nicht dazu fähig, das Böse zu wählen?[188] Diese und ähnliche Überlegungen erinnern an die meistens als Witz kolportierte Frage, ob Gott einen Stein schaffen könne, der so schwer ist, dass er ihn selbst nicht mehr heben kann. Gott ist keine gegenständlich vorstellbare Person, die dieses oder jenes tun oder nicht tun kann und die nur »Gott« ist, wenn sie *alles* »kann«.

Der Gott, den Jesus als seinen »*Abba*« anspricht und den er bittet, sein »Reich« zu verwirklichen, kann nicht gegenständlich als »allmächtige« Person gedacht werden. Wenn eine Mutter ihr Kind im Arm trägt, wenn sich ein Vater schützend vor seinen Sohn stellt, wenn ein Mädchen zusammen mit zehn Kuscheltierchen ins Bett geht, sodass es sich kaum mehr darin rühren kann, wenn eine Pflegerin sich dem Kranken zuneigt, wenn ein Mensch den Sterbenden bei der Hand hält – in all diesen und in ähnlichen Situationen »sehe« ich den *Abba* Jesu. Er ist das »Fluidum«, das diese Situationen umgibt und das sie ermöglicht. In und aus diesem »Fluidum« entstanden jenseits von Zeit und Raum – Zeit und Raum schaffend – die »Melodie« und das »Gedicht«, die aus nichts den Prozess *sein* hervorrufen. Zu diesem *Abba* kann ich beten und ihn bitten, sein »Reich« auf dem Planeten Erde und in meinem eigenen Lebensraum zu verwirklichen.

Gott »erschafft« das Universum nicht als ein mit unendlicher Feinheit und Genauigkeit arbeitender Uhrmacher, in dessen Uhrwerk alles reibungslos läuft. Er formt die Gestalten seiner Schöpfung auch nicht aus dem »Staub des Erdbodens«, wie die ältere Schöpfungserzählung analog zum ägyptischen Mythos vom Schöpfergott *Chnum* (der mit einer Töpferscheibe arbeitet) erzählt. Er »schafft« sie nicht, wie ein Bildhauer seine Skulptur formt. Dieser hat seinen Stein, seinen Hammer und Meisel, mit denen er den Stein bearbeitet. Die fertige Skulptur ist *unmittelbar* das Werk seiner Hände. Auf solche Art und Weise können die 125 Milliarden Galaxien mit ihren jeweils 100 Milliarden Sternen nicht geformt werden. Gott ruft diese Milliarden und Abermilliarden von Sternen auch nicht, wie die im Exil lebenden Verfasser der jüngeren Schöpfungserzählung entsprechend der Welt, die sie als Verbannte erleben, es beschreiben, nach Art eines orientalischen Herrschers der damaligen Zeit durch ein mächtiges Befehlswort ins Dasein. In dieser Vorstellung wäre Gott eine monströse Gewaltgottheit.

Gottes »Schaffen« gleicht eher dem Wirken eines Komponisten oder Dichters. In Form von Noten bringt der Komponist die Musik, die er im Kopf hat, zu Papier. Aber das mit Noten beschriebene Papier ist nicht schon die Musik, die er zum Erklingen bringen will. Dazu bedarf es eines vielstimmigen Orchesters mit einem Dirigenten, vielleicht auch einer Gruppe von Sängerinnen und Sängern. Alle diese Personen haben das vom Komponisten erstellte Notenblatt vor sich und sind aufgefordert, es zu interpretieren. Das Werk des Komponisten ist dabei relativ hilflos diesen Musikern ausgeliefert. Wenn in der Aufführung des Konzerts einige Musiker die vorliegende Partitur verlassen und – vielleicht bewusst und mit Absicht – grauenhafte Misstöne erklingen lassen, wird der Komponist, unter den Zuhörern sitzend, schrecklich darunter leiden, aber er ist machtlos. Er ist vielleicht der begnadetste Komponist des Universums. Aber je mehr er das ist, je vollkommener seine Komposition ist, desto mehr wird er unter der teilweise völlig verunstalteten Aufführung seines Werkes leiden. Der lyrische Dichter, der »Poet«, wie WHITEHEAD den Schöpfer nennt, weiß ebenfalls nicht, was mit seinen herrlichen Versen geschieht, ob sie durch Druckfehler schrecklich entstellt werden, in welchem Kontext sie erscheinen und ob sie nicht eine teilweise völlig falsche und widersinnige Wirkungsgeschichte hervorbringen.

Gewiss sind auch das nur anthropomorphe Analogien; aber sie können – entsprechend unserem Weltbild – die Art und Weise des göttlichen Schaffens veranschaulichen. Eine Schöpfung *dieser* Art ist nicht mit der Ausübung von Macht und Gewalt verbunden. Der Komponist und der Dichter sind zwar die Grundlage, auf der ein Konzert veranstaltet oder ein Drama aufgeführt wird. Ohne sie wäre nichts. Und doch sind diese Schöpfer wehrlos und ohnmächtig gegenüber Verfälschungen und Verunstaltungen ihrer Werke.

Die Ohnmacht Gottes beginnt damit, dass er durch seine Schöpfungsrede den Prozess *sein* hervorruft. Wer etwas sagt, etwas schafft, macht sich damit auch angreifbar. Die weitere Entwicklung des ins Leben Gerufenen kann sich gegen das ursprünglich Geschaffene, also gegen sich selbst richten, kann es unterhöhlen, verdrehen und verfälschen. Als Schöpfer *dieser* Art kann Gott durchaus an seiner Schöpfung leiden. Der Vater in dem von Jesus inspirierten Gleichnis vom *Verlorenen Sohn* hat zwar diesen Sohn gezeugt, aber er ist als Vater nicht Herr über seinen Sohn. Er ist ihm gegenüber ohnmächtig, wenn dieser erwachsen ist, sich sein Erbe ausbezahlen lässt, in der Fremde das Erbe verprasst und zum kultisch unreinen Schweinehirten herunterkommt (Lk 15,11–32). Doch der Vater kann *hoffen*, dass sein Sohn zu ihm zurückkehren wird. Hier hört die Ohnmacht des Vaters auf. Er gibt seinen Sohn bei allem, was dieser tut, doch nicht auf. Er hält sein Vaterhaus für ihn offen. Auf diese gewaltfreie Weise ermöglicht, ja bewirkt er die Rückkehr des Sohnes. Darin liegt seine bleibende Verantwortung gegenüber dem Sohn, den er ins Leben gerufen hat.

Gott gegenständlich als allmächtige Person gedacht, müsste sich fragen lassen, warum er auf dem Planeten Erde in der Galaxie Milchstraße Wesen sich hat entwickeln lassen, die jene unvorstellbaren Gräuel und Verbrechen begehen, die in der Menschheitsgeschichte begangen wurden und begangen werden. Wenn er – als allmächtige Person – ein Universum schuf, von dem er bewusst einkalkuliert, ja, wie die Theologie sagt, in seiner Allmacht »vorausbestimmt« hätte, dass in den vielen Milliarden Jahren der Existenz dieses Universums irgendeinmal und irgendwo in den Milliarden seiner Galaxien, ein einziges dort lebendes Wesen sich unwiderruflich und noch im Sterben hasserfüllt gegen ihn und seinen Schöpfungswillen stellen würde, also zur »Hölle« verdammt wäre, wäre dieser Gott ein Sadist. Liebende Vernunft wäre dann nicht, wie Papst BENEDIKT VI. es in seiner Regensburger Vorlesung vortrug, das »abschließende Wort des biblischen Gottesbegriffs«, das uns Johannes in seinem Evangelium »geschenkt« hat.[189]

Zur Freiheit der Materie und ihrer Gesetze

Es müssen eine wahrhaft nie gehörte wundersame »Melodie«, ein bezauberndes, unaussprechliches »Gedicht« sein, die den Prozess *sein* aus nichts hervorrufen. Ihr Komponist braucht nicht nach einem »Dirigenten« und einem »Orchester«, der Dichter nicht nach einem »Verleger« zu suchen, die sein Werk realisieren. Die »Melodie«, das »Gedicht«, die aus nichts den Prozess *sein* entstehen lassen, bewirken damit gleichzeitig auch die Existenz des »Orchesters«, des »Dirigenten« und des »Verlegers«. Die Fluktuationen, die nach der HEISENBERGSCHEN Unschärferelation im Vakuum entstehen, und die virtuellen Teilchen und Antiteilchen, die sich daraus bilden und sich gegenseitig wieder vernichten, bis nach Milliarden solcher Annihilationen einmal ein Teilchen ohne Gegenspieler bleibt und sich aus diesem »Materie-überschuss« das Universum entwickelt, oder, nach der Stringtheorie, die Energiefäden, *strings* genannt, »Saiten«, die je nach dem Muster, in dem sie schwingen, die verschiedenartigen Quarks, Elektronen, Elektron-Neutrinos und Leptonen (die erste Generation im »Teilchenzoo«) hervorbringen, – alle diese Elemente, die im »Urknall« beheimatet sind, werden durch die göttliche Schöpfungsmelodie hervorgerufen und geben diese Schöpfungsrede von Element zu Element weiter »bis zu den Enden des Kosmos« (Ps 19, 5). Mit ihr entstehen die ersten Milliardstel Sekunden, der Anfang der Zeit, die bis jetzt fast 14 Milliarden Jahre andauert, sowie der Beginn des Raums, bestehend aus den ersten Milliardstel Millimetern, die sich bis heute zu einem riesigen Universum ausgeweitet haben.

Es entspricht nicht dem biblischen Denken und auch nicht dem Zeitverständnis der Relativitätstheorie anzunehmen, die vielfältigen und differenzierten Naturgesetze und Naturkonstanten, nach denen die Materie gestaltet ist, bestünden als zeitloses Ideengeflecht, als Ausdruck der göttlichen Harmonie und Weisheit, schon »vor« dem »Urknall« und die Evolution des Universums habe sich notwendig innerhalb dieses vorgegebenen Rahmens bewegt. Diese Vorstellung ist, wie oben schon gesagt, platonisch.

In der Entstehung der Naturgesetze und Naturkonstanten innerhalb des »Orchesters« des frühen Universums werden Elemente wirksam, welche die »Schöpfungsmelodie« verzerren und Entwicklungen hervorrufen, die, wie im ersten Kapitel aufgezeigt, das Universum als »kosmischen Irrgarten« erscheinen lassen. Raupen und Maden haben gewiss keine menschenähnlichen Empfindungen. Sie verhalten sich entsprechend den in ihnen angelegten biologischen Gesetzmäßigkeiten. Aber es entsteht ein verfälschtes Bild der göttlichen Schöpfungsrede, die den Prozess *sein* aus nichts hervorruft, wenn die Schlupfwespen ihre Eier in lebende Raupen legen und die aus ihnen schlüpfenden Maden die lebenden Raupen von innen her auffressen. Auch dass die biologischen Gesetze es zulassen, dass – bei Mensch, Tier und Pflanze – ein Teil des Organismus sich autonom gebärdet, unkontrolliert wächst und andere Teile des Organismus überwuchert, also ein Krebsgeschwulst entsteht, widerspricht der »Schöpfungsmelodie«. Manche Astrophysiker rechnen mit unterschiedlichen Regionen im Universum, in denen jeweils auch andere Naturgesetze und Naturkonstanten gelten. Die Vertreter der Theorie, nach der es viele Universen gibt, halten es für möglich, dass sich in diesen anderen Universen auch andere Naturgesetze und Naturkonstanten entwickelt haben.

Raum, Zeit, Elementarteilchen und deren Kräfte und Bewegungen, die im »Urknall« entspringen, sowie die »Regeln«, die sich in ihrer Entwicklung herausbilden, sind »Töchter und Söhne des Vaters«, der sie ins Dasein gerufen hat. Als solche aber sind sie frei. Ein Gott, der mit souveräner Allmacht das Universum genau nach seinen Vorstellungen schaffen, einrichten und kontrollieren würde, wäre noch sehr nahe der archaischen Gewaltgottheit, die von den oben beschriebenen Traditionen überwunden wurde. Auch ANSELM VON CANTERBURYS Definition Gottes als Wesen, »über das hinaus nichts Größeres gedacht werden kann«, ist in dem von der modernen Naturwissenschaft geprägten Weltbild fragwürdig. Denn die denkfähigen Lebewesen, die sich in der Galaxie Milchstraße auf dem Planeten Erde im Laufe von 3,5 Milliarden Jahren aus den mit Bakterien, Geißeltierchen und Rohrwürmern besiedelten Biotopen im Bereich unterseeischer Vulkane entwickelt haben, denken, bewegt von den Verfälschungen der Schöpfungsrede und der Angst vor ihrer ihnen bewusst gewordenen Sterblichkeit, wenn sie sich etwas ganz »Großes« vorstellen, zunächst an unbegrenzte Macht und Herrschaft.

Die im Universum expandierenden Materieteilchen geben sich selbst die Gesetze, nach denen sie sich bewegen und entwickeln. Sie bewegen sich, wie die Quantenphysik festgestellt hat, im atomaren und subatomaren Bereich nicht nach genauen, von starren Gesetzen vorgeschriebenen Bahnen. WHITEHEAD sieht in ihnen lebendige Organismen, die wie biologische Zellen ihre eigenen Steuerungssysteme entwickeln.[190] Im Abschnitt »Ordnung aus dem Chaos« wurde schon auf die erstaunliche Fähigkeit auf einer frühen Evolutionsstufe lebender Organismen, sich selbst zu regenerieren, hingewiesen. Der schon erwähnte chilenische Biologe und Philosoph HUMBERTO R. MATURANA beschreibt die autonome Struktur lebendiger Systeme mit dem Begriff der *Autopoiese* (aus griech. *autos*, »selbst« und *poiein*, »machen«).[191] Autopoietische Systeme sind so strukturiert, dass sie sich in Selbststeuerung regenerieren können. Zerstückelt man einen Plattwurm, so wachsen die einzelnen Stücke wieder zu vollständigen Plattwürmern aus. Entfernt man bei einem Wassermolch die Augenlinse, wächst sie vom Irisrand her wieder nach. Auch beim Menschen regenerieren sich das Blut, die verletzte Haut, gebrochene Knochen sowie beschädigte Nervenzellen. *Autopoiese*, »Selbststeuerung«, ist das Organisationsprinzip aller lebenden Systeme. Auch unser Gehirn ist ein autopoietisches System; es arbeitet unabhängig nach seinen eigenen Regeln. Nach MATURANA konstruiert es sich auch seine eigene Welt. Er vertritt erkenntnistheoretisch die Position des radikalen Konstruktivismus.

Hier stellt sich die Frage nach dem Charakter der mathematischen Gesetze. Stoßen wir bei ihnen unmittelbar auf die göttliche Schöpfungsrede? PYTHAGORAS, der die mathematischen Strukturen in den harmonisch zusammenklingenden Oktaven der Musik wiederfand, sah, wie wir gesehen haben, in diesen das Element, das vom Ursprung her alles Sein durchdringt. Von der biblischen Tradition her gesehen, ist dies jedoch eine zum Platonismus hinführende Überzeugung. Sie wurde offenbar auch von EINSTEIN geteilt, der auf die besorgte Frage des Rabbiners GOLDSTEIN nach seiner religiösen Einstellung antwortete, er, EINSTEIN, glaube an einen Gott, der sich in der gesetzlichen Harmonie des Seienden offenbart, nicht aber an einen Gott, der sich mit dem Schicksal und den Handlungen der Menschen abgibt.

Vergisst Gott angesichts der mathematischen Ästhetik, in der er sich offenbart, die Leiden seiner Geschöpfe? Gewiss fasziniert die notwendige Widerspruchsfreiheit der Mathematik. Diese ist jedoch erkauft durch eine radikale Abstraktion. Schon wenn die Kinder in der ersten Grundschulklasse mit der Zahl »10« rechnen, abstrahieren sie von den konkreten Fingern an ihren Händen, aus denen sie diese Zahl ableiten. Unter diese durch Abstraktion gewonnenen Zahlen kann alles subsumiert werden, wobei jedoch die subsumierten Wirklichkeiten wiederum abstrahiert, d.h. ihrer konkreten Existenz beraubt werden. Wenn, um eine Schafherde zu zählen, für jedes Schaf der Herde ein Stein in ein Säckchen gelegt wird – so hat sich geschichtlich die »Arithmetik« entwickelt – ist dabei jedes Schaf dem anderen gleich. Es sind abstrakte Schafe. Es ist nicht berücksichtigt, ob ein Schaf klein oder groß, alt oder jung, männlich oder weiblich, duldsam oder störrisch ist und wie es vielleicht mit Namen gerufen wird.

Darf der Mensch in dieser Weise abstrahiert und unter abstrakte Zahlen subsumiert werden? Das Alte Testament urteilt teilweise sehr skeptisch hinsichtlich dieser Frage. Der Krieg verlangt die Menschenzählung. Im Krieg kommt es beim jeweiligen Menschen nur darauf an, ob er »ein Schwert führen« kann, von allem anderen kann abstrahiert

184

werden. Die Generäle in WOLFGANG BORCHERTS Stück »Draußen vor
der Tür« sprechen von Menschen als von Kanonenfutter. Als nach der
biblischen Erzählung im Buch Samuel KÖNIG DAVID das Volk Israel
zählen lassen wollte, widersprach der Heerführer JOAB, und als DAVID
dennoch darauf bestand, wurde er nachher von schweren Gewissens-
bissen geplagt. Die Geschichte erzählt, dass *Jahwe* zur Strafe für dieses
Vergehen umgehend 70 000 Israeliten an der Pest sterben ließ – um auf
diese Weise auszudrücken, wie unsinnig es ist, mit einer festen »Men-
schensumme« zu rechnen (2 Sam 24,1–25).
Auch die fürchterlichsten Verbrechen können abstrakt betrachtet werden. Der SS-Obersturmbannführer ADOLF EICHMANN subsumierte
in seiner logistischen Arbeit unter die Zahl 10 000 die in den frühen
40er Jahren täglich in deutschen Konzentrationslagern zu ermorden-
den Juden. Diese Massenmorde wurden rational und arithmetisch ge-
plant. Bei der Anwendung auf den »industriellen« Völkermord an den
Juden haben die mathematischen Gesetze funktioniert. Abstraktionsvermögen und Rationalität sind ethisch irrelevant. Die Verfälschung
der Schöpfungsrede kann von ihnen nicht überwunden werden. Der
widerspruchsfreie Formalismus der Mathematik spiegelt deshalb nicht
unmittelbar die »Schöpfungsrede« des biblischen Gottes wider. Zwar
ist die Widerspruchsfreiheit, die uns als solche zurecht an der Mathematik fasziniert, ein *Element* dieser göttlichen »Rede«, diese selbst wird
aber nicht in abstrakten Zahlen und Buchstaben ausgedrückt, sondern
von konkreten Wirklichkeiten weitergesagt – »ein *Tag* sagt es dem anderen, eine *Nacht* tut es der anderen kund …« (Ps 19,3).
Die Freiheit der konkreten, von Gott geschaffenen Wirklichkeiten entspricht dem Wesen des Göttlichen, wie es sich vor zweieinhalbtausend
Jahren in den außerbiblischen religiösen und philosophischen Traditionen in Indien, China und Griechenland herausgeschält hat und
wie der biblische Mensch es im »Jakobskampf« (Gen 32,23–33) aus *El*
herausringt und der Christ es Jesus nachfolgend in den verschlungenen
Wegen der biblischen Texte im *Abba*-Namen findet. Dieser von den
menschlichen Gewaltprojektionen befreite Gott schafft folgerichtig
autonome und autopoietische, ihre Entwicklung selbst bestimmende,
nicht von ihm zu manipulierende Wirklichkeiten. Nur als frei lassen-
der Schöpfer ist er Gott.

der Organismus eines Individuums
(re-)agiert im Bedarfsfall stets
als Ganzes (»mit vereinten Kräften«)
[ganz im Sinne „Otto Waalkes"]

Freiheit – das Prinzip des gewaltlosen Gottes

Eine Wirklichkeit kann sich frei und selbstbestimmt entwickeln, wenn sie nicht von außen gesteuert und durch vorgegebene Ursachen festgelegt ist. Die Elemente, die ihre Entwicklung steuern, sind dann »zufallsbedingt«. Die Evolutionstheorie beschreibt auf diese Weise die Entwicklung des Lebens auf dem Planeten Erde. Die ungeheure Komplexität im Aufbau der Lebewesen, zentriert in der Entwicklung und in der Funktionsweise des menschlichen Gehirns, ist nach den meisten Vertretern der Evolutionstheorie grundsätzlich durch das Spiel von zufälligen Mutationen und deren Selektion durch Anpassung an die Umwelt entstanden. Selbst das oben erwähnte unwahrscheinlich komplex aufgebaute Atmungsenzym Cytochrom C hat sich nach dieser Theorie nicht nach einem feststehenden Plan, nach einem »Design«, entwickelt. Experimente der Biologen DELBRÜCK und LURIA mit Bakterienkulturen haben gezeigt, dass Mutationen, die eine Bakterie gegen bestimmte Antibiotika immun machen, völlig zufällig und ungerichtet auftreten. Auch dass bestimmte Entwicklungslinien in der Evolution abbrechen und nicht weitergeführt werden, wird als Argument für deren Zufälligkeit und gegen die Annahme einer irgendwie gearteten »Lenkung« angeführt.

Andererseits sind trotz der offenbar zufälligen Mutationen in der Evolution unverkennbar gewisse *Trends* festzustellen, vor allem der Trend, der zu einer immer größeren Komplexität der Lebewesen und ihrer Organe führt. Auch das gehäufte Auftreten bestimmter, meistens durch Abbildungsfehler entstandener Merkmalskombinationen lässt, sagt der Biologe und Theologe ULRICH LÜKE, stark vermuten, dass im Ganzen »zumindest nicht von einer absoluten Zufälligkeit gesprochen werden kann, sondern von einer irgendwie reglementierten, deren Reglementierungsmodus nicht durchschaut ist«.[192] Auch das eingangs erörterte Vatikanische »Orientierungspapier« spricht davon, dass die zufallsgesteuerten Prozesse der Evolution als »Zweitursachen« in Gottes übergreifendes Schöpfungshandeln eingebunden sind.[193] Möglicherweise wird jedoch in einigen Jahren oder Jahrzehnten dieser heute noch nicht durchschaute Reglementierungsmodus naturwissenschaftlich erklärbar sein. Die Diskussion dieser Fragen umfasst viele unterschiedliche Aspekte. »Aus dem Vorhandensein eines Plans«, sagt LÜKE, »auf einen Planer zu *aber vernünftig!* (handwritten annotation)

schließen, ist nicht zwingend.«[194] Ein reglementierter Zufallsprozess ist kein Beweis eines personalen Gottes. Auch ist der Begriff »Zufall« sehr vielschichtig. Umgangssprachlich redet man von Zufall, wenn ein Ereignis eintritt, das nicht vorauszusehen war und für das keine Ursache erkennbar ist. Dabei kann es sein, dass zwar eine Ursache vorliegt, diese aber so komplex ist, dass sie im alltäglichen Denken nicht erkannt werden kann. Beim Zerfall eines einzelnen Uranatoms ist es dagegen aus grundsätzlichen wissenschaftlichen Erwägungen heraus nicht möglich, den Zeitpunkt seines Zerfalls und den Grund für diesen Zeitpunkt zu bestimmen. Die physikalisch feststellbare Halbwertszeit gibt zwar an, in welchem Zeitraum die *Hälfte* einer vorhandenen Menge solcher Atome zerfallen ist, sagt aber nichts aus über das Verhalten des *einzelnen* Atoms. Dieses kann sich schon nach wenigen Sekunden zu Blei umwandeln oder erst nach einer Million Jahren. Der Verlauf ist zufällig. Hier ist jedoch zu sehen, dass zufälliges Verhalten durchaus innerhalb eines planmäßig vorgegebenen Rahmens stattfinden kann: Der zeitliche Ablauf des Zerfalls eines gewissen Bruchteils der vorhandenen Uranatome sowie das Endergebnis, das »Ziel«, des zufälligen Verhaltens eines jeden einzelnen Atoms sind vorausbestimmt. Nach einer feststehenden, voraussagbaren Zeit ist die Hälfte der Atome zerfallen und alle, auch die erst später zerfallenden, verwandeln sich zu Blei.[195]

Bezogen auf die Evolution des Universums und des Menschen könnte das bedeuten: Alle Vorgänge in der Evolution des Universums vom »Urknall« bis zur Existenz des Menschen auf unserem Planeten verlaufen zufällig, aber schon im »Urknall« ist die Tendenz vorgegeben, dass nach einer feststehenden Anzahl von Milliarden von Jahren auf einem bestimmten (geringen) Bruchteil der Milliarden und Abermilliarden Sterne des Universums, bewirkt durch eine Unzahl zufälliger Ereignisse, intelligente Lebewesen entstehen, die nach dem Ganzen und dem Sinn des Ganzen fragen. Auf dem Planeten Erde in der Galaxie Milchstraße ist dies – zufallsgesteuert – nach 13,7 Milliarden Jahren geschehen.

Doch kann der »Urknall« selbst ein Zufall sein? Er bezeichnet das Ereignis, dass sich aus nichts der Prozess *sein* ereignet. Kann es »Zufall« geben, wenn und wo *nichts* ist? Es ist doch immer *etwas*, z. B. sind es die Merkmale eines Gens, die sich zufällig ändern. *Nicht sein* ist nichts. Es kann sich deshalb auch nicht ändern. Wenn sich der Prozess *sein* aus nichts ereignet, bedeutet das keine Veränderung. Denn nichts ist nichts,

eine in geschaffen (handwritten annotation)

und wenn sich nichts ändert, ändert sich nichts. Hier ist es also schon sehr fragwürdig, das Wort »Zufall« anzuwenden. Nach der Quantentheorie ist es unmöglich, mit den wissenschaftlichen Beschreibungen und Berechnungen näher als bis zu 10^{-43} Sekunden, der sogenannten »Planckzeit«, an den Urknall heranzukommen. Für ein Ereignis hinter dieser »Planckschen Mauer« ist keine wissenschaftliche Beschreibung möglich. Es kann deshalb in diesem Bereich auch keinen »Zufall« (im Sinne einer wissenschaftlichen Erklärung) geben.

»Zufall« ereignet sich *innerhalb* des sich entwickelnden Universums. Dabei ist zu beachten, dass etwa ein komplex aufgebautes Protein nicht in einem einzigen Schritt zufällig entstanden sein muss, sondern sich in einem langen zeitlichen Prozess schrittweise durch immer neue, aufeinander aufbauende zufällige Mutationen entwickelt haben kann. Allerdings können manche Enzyme (z.B. das oben genannte Atmungsenzym) ihre notwendige Funktion nur erfüllen, wenn sie in ihrer vollen Komplexität, sozusagen »auf einen Schlag«, da sind und wirken können. Wie das zustande kommen kann, ist naturwissenschaftlich – heute – nicht erklärbar.

Aber der Weg, Erklärungslücken in der Naturwissenschaft aufzudecken und anhand solcher noch ungeklärter Phänomene (sei es in direkter Argumentation oder indirekt in vornehmer Zurückhaltung) auf ein notwendiges oder zumindest denkbares übernatürlich-göttliches Wirken in diesen Bereichen hinzuweisen, führt apologetisch zur Behauptung eines »Lückenbüßer-Gottes«, der im Lauf der Zeit mit dem Fortschritt der wissenschaftlichen Erkenntnis immer mehr zusammenschrumpft. Ist das Wirken des Schöpfergottes auf die 10^{-43} Sekunden der »Planckzeit« beschränkt? Um ein wirkliches Gespräch zwischen Naturwissenschaft und Theologie zu ermöglichen, muss die Theologie *auf ihrem eigenen Terrain* der Frage nachgehen, welche Bedeutung Freiheit und Zufall innerhalb des christlichen Gottesglaubens haben.

Für die Beantwortung dieser Frage ist der Gottesbegriff entscheidend. Wie die beschriebene Überwindung der Gewaltgottheit in der Religionsgeschichte gezeigt hat, entstand zwar menschheitsgeschichtlich das Transzendenzbewusstsein aus der Erfahrung einer Gewalt, der sich der Mensch ausgeliefert fühlt. Doch ist, beginnend mit der zweiten Hälfte des ersten vorchristlichen Jahrtausends, sowohl in den außerbiblischen religiös-philosophischen Traditionen wie auch in der biblischen Tradition die archaische Vorstellung einer allmächtigen Gewaltgottheit überwunden worden. Die archaische Identifizierung von Gott und Gewalt wurde hervorgerufen durch eine Verfälschung jener göttlichen Schöpfungsrede, in der Gott den Prozess *sein* aus nichts hervorgerufen hat und die er in der *creatio continua* aufrechterhält. Die menschheitsgeschichtliche Aufhellung des von ihrem Ursprung her dunklen und angstbesetzten Transzendenzbewusstseins in der biblischen Tradition wie auch in den außerbiblischen Traditionen ist ein Werk der göttlichen Schöpfungsrede selbst, die fortwährend in Emergenzen immer wieder Neues, bisher nicht da Gewesenes schaffend, das Universum durchdringt. Der ursprüngliche Text des »Palimpsests«, der Text, der als erster auf das Pergament geschrieben wurde, scheint mit der Zeit, wenn auch nur schwer entzifferbar, durch die verfälschenden Übermalungen durch. Das unübersetzbare Sprachgeflecht dieser Rede, ihre den Prozess *sein* aus nichts hervorrufende Melodie, arbeitet selbst unermüdlich – *und notwendig völlig gewaltfrei* – daran, die im Ursprung an ihr erfolgten Verfälschungen und die Folgen dieser Verfälschung abzumildern und sie so weit wie möglich zu überwinden.

Im Laufe dieses Vorgangs verlor weltweit in den verschiedenen Traditionen der Gottesbegriff seinen Gewaltcharakter. Weder das TAO LAOTSES, noch die chinesische Buchstabenfolge *jen*, die »Mensch zweimal« bedeutet und den Inbegriff der Vollkommenheit bei KONFUZIUS bildet, noch der einzig als Gott zu verehrende *Ahura Mazda* des Zarathustra, noch das *Nirwana*, hinter dem sich BUDDHAS im Verstummen zum Ausdruck kommende Gottesvorstellung verbirgt, noch das *Apeiron des* ANAXIMANDROS oder die höchste *Idee* in der Platonischen Philosophie, noch der Gott, der in SOPHOKLES' Drama der Antigone befiehlt, entgegen dem Gebot des irdischen Königs ihren im Kampf um Theben gefallenen Bruder zu bestatten, noch der alttestamentliche *Jahwe* in den Liedern vom Leidenden Gottesknecht bei Deutero-Jesaja (Jes 42,1–9; 49,1–9c; 50,4–9; 52,13–53,12), noch und vor allem der Gott, den Jesus als seinen *Abba* ansprach, verfügen über Gewalt und »strategisch« einsetzbare Macht.

Für den Gott Jesu ist dies abzulesen an den von ihm inspirierten Gleichniserzählungen der Evangelien. In ihnen wird, auch wenn sie nicht unmittelbar die von Jesus gesprochenen Worte wiedergeben, doch die Grundstruktur seines Denkens und Fühlens und damit die Grundstruktur seines Gottesverständnisses deutlich. Das »Reich« dieses

189

Gottes, von dessen Kommen die Gleichnisse künden, »kommt nicht so, dass man es an äußeren Zeichen erkennen könnte« (Lk 17,20). Es wird nicht mit militärischer Macht aufgerichtet. Vielmehr ist es dort, wo Menschen sich helfend einander zuwenden, schon »mitten unter euch« (Lk 17,21). Unmerklich, wie ein Sauerteig allmählich das Mehl durchsäuert, wächst es in der Welt (Gleichnis vom Sauerteig: Lk 13,20–21), als kostbare Perle wird es auf den Märkten der Welt vom suchenden Kaufmann gefunden und vom pflügenden Bauer wird es als Schatz im Acker entdeckt (Mt 13,44–46). Wie bei nahendem Sommer die Zweige des Feigenbaums saftig werden und Blätter treiben, so wächst es unter den Menschen (Mk 13,28). Immer wieder ist das selbsttätige Wachstum ein Bild für das Kommen und Wirken des Reiches Gottes. Als winziges Senfkorn ist es in die Erde gesät, geht auf und treibt schließlich große Zweige, in dessen Schatten die Vögel des Himmels nisten können (Mk 4,30–32; Mt 13,31f.; Lk 13,18f.). Selbsttätig keimt und wächst der Same, den der Bauer auf sein Feld gesät hat und sich dann schlafen legt. »Die Erde *bringt von selbst ihre Frucht*, zuerst den Halm, dann die Ähre, dann das volle Korn in der Ähre« (Mk 4,26–29). Realistisch freilich sieht die christliche Urgemeinde, dass der Same des von Jesus verkündeten Gottesreiches vielerorts auf »felsigen Boden« fällt, wo er nur kurzfristig aufgeht und dann vom Regen weggeschwemmt wird, oder in die »Dornen«, wo ihn die »Sorgen der Welt« ersticken; einiger Same aber fällt doch auf gutes Erdreich und bringt Frucht, »dreißigfach, ja sechzigfach und hundertfach« (Mk 4,13–20; Mt 13,18–23; Lk 8,11–15).

Der Gott, der auf *solche* Weise sein »Reich« entstehen lässt, kann das von ihm aus nichts zu *sein* Hervorgerufene nicht als Herrscher verfügend formen und gestalten. Er kann auch nicht einen genauen strategischen Plan aufstellen, nach dem sich das von ihm zu *sein* Gerufene Schritt für Schritt zu entfalten hat. Er kann nur hoffen, dass das lebendige Wort, die Melodie, mit der er den Prozess *sein* hervorrief, weiter im Hervorgerufenen wirken und dessen Entwicklung beeinflussen wird. Aber da diese unaussprechlichen *sein* schaffenden Worte, die unhörbaren Töne der Schöpfungsmelodie, als autonome Wesenheiten, als freie *angeloi* leben, können sie die göttliche Schöpfungsrede, die den Prozess *sein* aus nichts hervorrufende Ursprungsmelodie, verfälschen, ja teilweise zu ihr in einen schreienden Widerspruch treten. Der gewaltlose Gott – der *Ahura Mazda* ZARATHUSTRAS, das *TAO* LAOTSES, die mit der chinesischen Buchstabenfolge *Jen* (»Mensch zweimal«) des Konfuzius, und mit dem *Nirwana* Buddhas gemeinte unaussprechliche Wirklichkeit, die *Idee* des Guten bei Platon, der Gott der *Antigone*, der *Jahwe* des Leidenden Gottesknechts und der *Abba* Jesu –, Gott als Dichter und Komponist, kann nicht mit Gegengewalt gegen diese Widersacher kämpfen, wie es manche Bilder der Psalmen, das Nichts vergegenständlichend, in der Rede von Rahab, Leviathan und Drachenschlange noch zum Ausdruck bringen. Er kann nur immer wieder und immer neu, in zeitloser Kontinuität, das *sein* hervorrufende Wort sprechen, die Urmelodie der Schöpfung zum Klingen bringen, so dass es durch Verfälschungen und schreckliche Misstöne hindurch doch, wenn auch meistens nur sehr leise, hörbar wird. Zumindest mit dem astronomisch erst vor sehr kurzer Zeit – gleichsam erst vor Bruchteilen von Sekunden – geschehenden Hervortreten des intelligenten Lebewesens *homo* auf dem Planeten Erde in der Galaxie Milchstraße und der damit hier einsetzenden *kulturellen* Evolution im Universum kann dann auf längere Zeit hin gesehen und auf die Lebensbereiche des Lebewesens *homo* begrenzt, die unverfälschte göttliche Schöpfungsrede wirksam werden.

Die adäquate Wirkweise des von der Gewaltprojektion befreiten Gottes besteht darin, dass er das von ihm zu *sein* Hervorgerufene sich selbsttätig entwickeln lässt, was, wie bereits dargestellt, ebenfalls für die Naturgesetze und Naturkonstanten gilt. Auch sie haben sich mit der Ausbreitung des Universums selbsttätig (»zufällig«) so entwickelt, wie die Naturwissenschaft sie heute feststellt, und sie können sich in Jahrmilliarden anders ausnehmen. Die Entstehung der Sterne und Galaxien erscheint aus dem heutigen Rückblick wie ein zufällig sich entwickelndes Spiel: Zufällig bilden sich in den Molekülwolken mit einigen hundert Lichtjahren Durchmesser dichtere Regionen, die infolge ihrer Schwerkraft zunehmend mehr Materie an sich ziehen, so dass diese Verdichtungen sich wie ein Kreisel zu drehen beginnen, zu Sternen kollabieren, diese wiederum sich gegenseitig anziehen, Galaxien und Galaxienhaufen bilden, zwischen denen riesige Leerräume, die sogenannten *Voids*, entstehen.

Ähnlich läuft das Spiel in der Evolution des Lebens. Zwar ist es (heute noch) nicht möglich, die Entstehung des Lebens aus Materie als zufälliges Ereignis zu erklären. Leben scheint immer Leben vorauszusetzen – »Leben aus Leben«. Doch wie sehr die Formenbildung in der Evolution

»spielt«, zeigt sich z. B. daran, dass zur Ausbildung ein- und derselben Funktion, etwa des Fliegens die Entwicklung in verschiedenen Linien verlaufen ist. Die Bildung gefiederter Flügel bei Vögeln verlief auf andere Weise als die Entstehung der Flughäute bei Fledermäusen. Und die Flügel der Insekten sind wiederum anders strukturiert und auf eigene Weise entstanden. Ebenso gibt es verschiedene Entwicklungslinien zur Entstehung der Mundöffnung oder der Augen. Bei den Kopffüßlern (z. B. bei Kraken und Tintenfischen) entstanden die Augen durch eine *Ein*stülpung der Haut zu einem »Sehloch«, während sie sich bei den Wirbeltieren durch eine *Aus*stülpung des Gehirns zu einer Augenblase bildeten (so dass bei uns das Licht erst durch die Nervenzellen hindurchdringen muss, ehe es die Lichtsinneszellen erreicht). Solche Spielereien hätte sich ein zielstrebig arbeitender Ingenieur wohl nicht leisten können. Der von der menschlichen Gewaltprojektion befreite Gott ruft seinem Wesen entsprechend eine Welt zu *sein*, die sich im freien Spiel selbst erschafft. »Dieser Designer macht eine Welt, die sich macht«, soll Teilhard de Chardin gesagt haben.[196] Allerdings ist »Designer« nicht das richtige Wort für diese Art, *sein* aus nichts hervorzulocken, denn der Designer zeichnet, wenn auch als Entwurf, genau die Linien des von ihm geplanten Bildes vor. Der gewaltfreie Gott dagegen lässt das von ihm zu *sein* Hervorgerufene in Freiheit wirken, auch noch dann, wenn es sich – *satanisch* – in Widerspruch zu seinen Vorstellungen entwickelt.

Die göttliche Schöpfungsrede, die sich, von einem Stern dem anderen weiter gesagt, durch das Universum hindurchzieht, reglementiert die im evolvierenden Universum sich ereignenden Zufälle nicht. Eine bewegende Melodie, ein aus nichts den Prozess *sein* hervorrufendes Gedicht, können nicht als detaillierte Anleitung für den Ablauf eines Entwicklungsprozesses dienen. Sie können diesen Prozess begleiten, ihn immer neu anstoßen, ihm auch Impulse vermitteln, die dem Prozess eine gewisse Richtung geben, aber sie können seinen Ablauf nicht im einzelnen reglementieren. Dabei hinterlassen auch die in die Melodie eingedrungenen Misstöne, die Verfälschungen des Schöpfungsgedichts, ihre – oft erschreckend grausamen – Spuren im Ablauf des Prozesses. Dies gilt ebenso für die kulturelle Evolution. Noch ist sie geprägt durch eine Geschichte der Kriege, der Gewalt und der Unterdrückung, sowie der rücksichtslosen Ausbeutung der Natur. Als Christ im evolvierenden Universum hoffe ich, dass auf lange Zeit hin gesehen – falls uns diese bleibt – die ursprüngliche Melodie und das unverfälschte Schöpfungswort allmählich hörbar werden und gewaltlos die weitere Entwicklung prägen.

Gott-feindliche Mächte?

Die geistig-personalen Kräfte, welche die göttliche Schöpfungsrede verdunkeln und verfälschen, sind gottfeindliche Mächte. In der Religionsgeschichte sind Strömungen aufgetreten, welche diese Mächte auf eine Stufe mit Gott stellen. Die erste ausgeprägte dualistische Weltsicht, die diese Ansicht vertrat, entstand in Persien, als ZARATHUSTRA die *Devas* (die hinduistischen Gottheiten) für Dämonen erklärte, denen der einzige gerechte Gott *Ahura Mazda* gegenüberstand. Dieser radikale Dualismus, der in der Religions- und Geistesgeschichte mehrfach auftaucht (vor allem in den gnostischen Strömungen, aber auch in dem Dualismus von Materie und Geist bei DESCARTES) ist in sich kohärent. Er ist auch mit der modernen Naturwissenschaft vereinbar. Der »Urknall« entsprang dann einer zeitlosen, transzendenten Gegensatz-Spannung, die sich auch in der Evolution des Universums fortsetzt. Gegensatz-Spannung, »Krieg«, ist dann »der Vater aller Dinge« (HERAKLIT). Dieser ontologische Dualismus ist aber nicht biblisch und deshalb nicht jüdisch-christlich oder islamisch.
Im zweiten Jahrhundert erklärte der Christ MARCION den Schöpfergott des Alten Testaments für böse und stellte ihm den durch Jesus geoffenbarten Erlöser-Gott als den Gott der Liebe gegenüber. Die frühe Kirche hat die Lehre MARCIONS als gnostische Häresie abgelehnt. Es gibt nach kirchlicher Lehre nur den einen gerechten und gütigen Gott sowohl des Alten wie des Neuen Testaments.
In den gnostischen Strömungen der Antike wurde (ähnlich wie im Platonismus) die materielle Welt von einem gottfeindlichen »Demiurgen«, einem substanziellen Widerpart des geistigen Gottes geschaffen. Die Anhänger der Gnosis mussten sich deshalb so weit wie möglich von allem Irdisch-Materiellem fernhalten und in strenger Askese leben. In der Theologie wurde das Problem systematisch-theologisch zuerst von AUGUSTINUS aufgegriffen, der vor seiner Bekehrung zum Christentum 9 Jahre lang dem Manichäismus angehörte. Er versuchte den christlichen Glauben an den einen gerechten und gütigen Gott angesichts des

Bösen und des Leids in der Welt dadurch zu rechtfertigen, also das Theodizee-Problem dadurch zu lösen, dass er das Unheil und das Böse als »Mangel an Sein« erklärte, ihm also keine eigene »Substanz« einräumte. Alles, was Gott geschaffen hat, ist gut, sofern es Teil hat am Prozess *sein*. Doch »abgefallene« Engel und Menschen wirken aufgrund der verfälschten göttlichen Schöpfungsrede diesem Prozess entgegen, höhlen ihn aus, bewirken Ver-*Nichtung*. *Sie*, nicht Gott, sagt Augustinus, sind verantwortlich für die Übel und für das Böse in der Welt.

Dieser älteste Versuch einer Lösung des Theodizee-Problems hat in der Geschichte der Theologie eine breite Wirkung entfaltet. Doch bei dieser »Lösung« bleibt die Frage bestehen, warum der als »allmächtig« gedachte Gott die Sünde der Engel und Menschen und damit die Gräuel der Geschichte, die ständigen blutigen Kriege, die grausame Ermordung der frühen Christen durch römische Kaiser, die Tausende von Kreuzigungen, die Völkermorde und zuletzt die »industrielle« Ermordung von 6 Millionen Juden innerhalb weniger Jahre, aber auch die verheerenden Naturkatastrophen, etwa die Ausrottung der damals dominierenden Tiergattung der Dinosaurier durch einen Meteoriteneinschlag vor 65 Millionen Jahren zulässt

Kann die Infragestellung der Allmacht Gottes das Problem lösen? Wird durch sie nicht den gottfeindlichen Mächten Tür und Tor geöffnet und dem Bösen freie Bahn gegeben? Diese Frage richtet sich an die heute weit verbreiteten theologischen Strömungen, die von einem Leiden in Gott und einem »leidenden Gott« sprechen.[197] Ein Gott, der angesichts des furchtbaren Leidens seiner Geschöpfe unberührt als Herrscher thront, könnte ja tatsächlich nur als grausamer, despotischer Tyrann verstanden werden. Er wäre die archaische Gewaltgottheit in neuzeitlicher Gestalt. Die Leidensfähigkeit und das Leiden Gottes ergeben sich aus der Art und Weise, wie in der biblischen Tradition die archaische Gewaltgottheit überwunden wird. Der biblisch inspirierte Mensch kann aus den mühsamen und verschlungenen Wegen, wie das Leben sie formt und wie die biblischen Texte sie erzählen, vom archaischen *El Schaddai* zur Gottesanrede Jesu »*Abba*, Vater« (Mk 14,36) finden und die Aussage des 2. Johannesbriefes »Gott ist die Liebe« (2 Joh 4,16 b) nachvollziehen. Ein liebender Gott aber ist, wie Moltmann zurecht sagt, notwendig auch »ein mitfühlender und daher leidender Gott«.[198] »Liebe ohne Leid«, sagt Gisbert Greshake, »wäre wie ein hölzernes Eisen oder ein dreieckiger Kreis«.[199]

194

Die Einwände gegen die These vom leidenden Gott arbeiten mit dem oben kritisierten Verständnis von Gott als einer allmächtigen gegenständlichen Person. Sein Schaffen und Erlösen wird als Allmachtshandeln verstanden. In der Begründung durch die Bibel wird jedoch deren völlig anders geartetes Weltbild nicht konstitutiv berücksichtigt. Doch die Frage bleibt bestehen: Wenn nicht Gott selbst, wer ist dann verantwortlich für die schrecklichen Misstöne in der Schöpfungsrede Gottes? Und wie stehen die Chancen, von ihnen befreit zu werden? Wie bereits in der Kritik der Vorstellung einer »Allmacht« Gottes ausgeführt, kann die »Erschaffung« des Universums durch Gott, verstanden als das Herauslocken des Prozesses *sein* aus nichts durch die göttliche Ur-»Melodie« des Universums, nicht als Argument dafür angesehen werden, dass der Schöpfer auch Macht haben müsse über das von ihm aus nichts zu *sein* Hervorgerufene. Der Komponist ist ohnmächtig gegenüber der schrecklich misstönenden Aufführung seiner wunderbaren Komposition.

Doch ertrinkt mit dem »gekreuzigten Gott« (MOLTMANN) nicht alles im Leid? In welchem Verhältnis steht der »Komponist« Gott zu den Mächten, die seine wunderbare Komposition so schrecklich verfälschen? Im christlichen Dogma ist die Überzeugung verankert, dass der alleinige gerechte und gütige Gott keinen mit ihm auf derselben Ebene stehenden Gegenspieler hat, mit dem er ernsthaft kämpfen müsste. Doch die biblischen Texte sind in diesem Punkt nicht einheitlich.

In der älteren Schöpfungserzählung legt Gott im Osten, in »Eden«, einen wunderschönen Garten an und setzt den aus dem Ackerboden geformten Menschen in diesen Garten hinein, »damit er ihn bebaue und hüte« (Gen 2,15). Dieses idyllisch-friedliche Bild wird jedoch jäh durchbrochen, als in diesem schönen Garten plötzlich die »Schlange« auftaucht und den Menschen dazu verführt, gegen Gottes Gebot zu handeln, wodurch Leid und Unheil über den Menschen kommt (Gen 3,1–24). Woher kommt diese »Schlange« im wunderschönen, vom fürsorglichen Gott geschaffenen Garten Eden? Hat Gott sie erschaffen, um durch sie den Menschen auf die Probe zu stellen? Das wäre ein misstrauischer Gott und er praktizierte eine schlechte Pädagogik. Denn so, wie die Geschichte erzählt wird, *müssen* die Menschen psychologisch notwendig vom verbotenen Baum essen. Wahrscheinlicher ist, dass der Verfasser dieser Erzählung die Mythen der umliegenden Völker im Auge hatte, in denen erzählt wird, dass die Welt durch den siegreichen Kampf des jeweiligen Gottes gegen den Chaosdrachen geschaffen wurde, etwa in Mesopotamien durch den Kampf Marduks gegen das Meeresungeheuer Tiamat.

Das menschliche Gehirn, das durch eine immer bessere und genauere Anpassung des Lebewesens an seine Umwelt entstanden ist, ist unfähig, ein »Nichts« wahrzunehmen und zu denken. Raum, Zeit, Kausalität, Einheit und Notwendigkeit, die KANTISCHEN Anschauungsformen und Kategorien des Verstandes, lassen das nicht zu. Deshalb ist in den Schöpfungsmythen kaum die Rede von der Erschaffung der Welt aus nichts, sondern Schöpfung ereignet sich dadurch, dass die Gottheit aus dem *Chaos* Welt gestaltet. Aus dem Leib der besiegten Chaosmutter Tiamat formt der Gott Marduk das Himmelsgewölbe und die Erde. In der jüngeren biblischen Schöpfungserzählung sind es das »Tohuwabohu« und die »Urflut«, die dieses Chaos, aus dem heraus Gott die geordnete Welt erschafft, verkörpern (Gen 1,2); in der älteren Erzählung ist die Rede von der »Feuchtigkeit«, die am Anfang stand (Gen 2,6).

Die Schlange, unfassbar sich schlängelnd, sich häutend, mit Wasser und Feuchtigkeit verbunden, durch ihren Biss möglicherweise den Tod bringend, ist das Symbol des Nicht-Greifbaren, das Symbol des Nichts. Sie ist das Symbol der Chaosmacht, die Gott, der den Prozess *sein* aus nichts hervorruft, feindlich gegenübersteht. Zwar stellt sie sich in den biblischen Schriften nicht unmittelbar gegen Gott, aber sie stiftet Unfrieden zwischen Gott und dem von ihm geschaffenen Menschen. Sie zerstört die im Prozess *sein* waltende Harmonie. Besonders der Frau, die als *Eva* in der hebräischen Bedeutung des Wortes die »Mutter alles Lebendigen« ist, also für das Leben steht, stellt die todbringende Schlange nach. Noch im letzten Buch der (christlichen) Bibel, der Apokalypse, kämpft sie als Drachenschlange gegen die Frau und ihr Kind und gegen Gott und die Gott treuen Engel (vgl. Gen 3, 1–6 und Offb 12, 1–18).

Die Chaosmacht hat in den biblischen Schriften auch noch andere Namen und Erscheinungsformen. *Rahab* war der Symbolname für die chaotische gottfeindliche Macht des Meeres, die nach dem Buch Ijob beim Schöpfungsakt von Gott überwunden wurde (Ijob 9–13). Die Gestalt des *Leviatan*, eines mythischen, mehrköpfigen Meeresungeheuers, übernahm Israel von den Kanaanäern. Manchmal taucht auch das Meer selbst als eine gottfeindliche Chaosmacht auf. Nach mehreren Texten steht *Jahwe* bei seiner Schöpfung im Kampf mit diesen Chaosmächten. Zwar ist er – vom Ende her gesehen – der überragende Sieger über diese Mächte, aber er muss doch hart mit ihnen kämpfen. Voller Zorn stürmt er mit seinem Rossen gegen das Meer, »die Urflut brüllt auf und reckt ihre Hände empor« (Habakuk 3,8.10). Wenn am Ende der Zeiten »der neue Himmel und die neue Erde« erscheinen, ist der Meeresdrache endgültig besiegt, »das Meer ist nicht mehr« (Offb 21,1), die *tehom*, die Urflut, die einst »die Erde bedeckte wie ein Kleid« (Ps 104,6), ist verschwunden. *Jahwes* Hand hat den Drachen, »die flüchtige Schlange« durchbohrt und den Kopf der *Rahab* mit seinem Hieb gespalten (Ijob 26,13; Jes 51,9). Mit seiner Macht hat Jahwe das Meer zerteilt und »die Häupter der Drachen über den Wassern zerschmettert«, die Köpfe des *Leviatan* hat er zermalmt und sie »zum Fraß gegeben den Ungeheuern der See« (Ps 74,13 f.).

Für die Theodizee-Frage ist bedeutsam, dass dieser Kampf *Jahwes* gegen die Chaosmächte, d.h. das Ringen um den Prozess *sein*, nicht bloß in Urzeiten stattfand, sondern bis an das Ende der Zeiten andauert. »An jenem Tage« – am Tage des Endgerichts –, heißt es ausdrücklich in der Weissagung des Propheten Jesaja, »bestraft der Herr mit seinem großen und starken Schwert den Leviatan, die schnelle Schlange, den Leviatan, die gewundene Schlange. Die Drachen im Meer wird er töten« (Jes 27,1). Die Schöpfungsrede, in dem Gott den Prozess *sein* aus nichts hervorruft, ist also noch nicht zu Ende. Der »sechste Tag« der jüngeren Schöpfungsgeschichte, der »Tag«, an dem Gott »alles sah, was er gemacht hatte«, und darüber das Urteil abgibt »es war sehr gut« (Gen 1,31), ist noch nicht angebrochen. Er wird in unserer Zeitrechnung, der Zeit, mit der auf dem Planeten Erde in der Galaxie Milchstraße von intelligenten Lebewesen gerechnet wird, vielleicht noch Milliarden Jahre auf sich warten lassen. Doch die Zeit ist eine Dimension unserer Raumzeit und als solche relativ.

Die Aussage des Münchener Theologen EUGEN BISER nach der furchtbaren Flutkatastrophe am Indischen Ozean am zweiten Weihnachtstag des Jahres 2004 lautete: »Die Schöpfung ist noch nicht zu Ende«. Noch ist der Schöpfer dabei, aus nichts den Prozess *sein* hervorzurufen. Alles, was *ist*, ist aus nichts herausgerufen; es kann sich aber gegen sich selbst wenden, sein *Sein* unterhöhlen. »Noch ist die Schöpfung der Nichtig-

197

keit unterworfen«, schreibt PAULUS an die Gemeinde von Rom, doch auf die Hoffnung hin, dass sie »befreit werden wird von der Sklaverei der Ver-*Nichtung* zur Freiheit der Herrlichkeit der Kinder Gottes« (Röm 8, 20–21; Hervorhebung G. B.).[200]

Die biblischen Texte sind monotheistisch ausgerichtet. Sie wollen zum Ausdruck bringen, dass *Jahwe* erhaben ist über die Götter der anderen Völker, ja diese Götter »Nichtse« sind gegenüber ihm (Jes 41, 24.29; 44,9 u. ö.). Sein Kampf gegen die ihm feindlichen Chaosmächte wird deshalb stets als überragender Sieg dargestellt, ja bisweilen erscheint er als Kinderspiel. Nach Psalm 104 hat *Jahwe* den Leviatan gemacht, »um mit ihm zu spielen« (Ps 104, 26). In der im Babylonischen Exil entstandenen jüngeren Schöpfungserzählung entstand, wie oben dargestellt, die Welt allein durch den Herrscher-Befehl *Jahwes*.

Ein Dualismus zwischen Gott und den Chaosmächten ist biblisch nicht möglich. Die oben erwähnten Texte müssen jedoch in dem Sinn ernst genommen werden, dass es eine mühevolle und stets vom Scheitern bedrohte »Arbeit« ist, aus nichts den Prozess *sein* hervorzubringen. Wenn Gott *gewaltfrei* – durch sein dichterisches Wort, durch seine »Schöpfungsmelodie« – *sein* hervorruft, kann er nicht verhindern, dass dieses Wort und diese Melodie von den ersten Hörern verdreht werden, die sich der göttlichen Schöpfungsrede und dem Prozess *sein*, den sie hervorruft, entgegenstellen. Das ist kein Dualismus, weil der Widerspruch und die Verfälschung den Prozess *sein*, den sie zu korrumpieren suchen, selbst voraussetzen. Ohne die *sein* schaffende Schöpfungsrede wären die gottfeindlichen Mächte nicht. Wenn infolge der beschränkten menschlichen Wahrnehmungs- und Denkformen die Chaosmächte, Rahab, Leviatan, *Towuhabowu* und die Urflut, als Gegenspieler Gottes genannt werden, entsteht nur *scheinbar* ein kämpferischer Dualismus. In Wirklichkeit ist Gott »alles in allem« (1 Kor 12,6). Ihm gegenüber steht – nichts. = Präzisierung der augustinischen Lehre (S. 194)

In den Erörterungen der Theodizeefrage wird dieses Wirken Gottes aus *nichts* zu wenig berücksichtigt. Nachdem 1969 der Tübinger Alttestamentler HERBERT HAAG den Teufel förmlich verabschiedet hat,[201] kommt die biblische und kirchliche Überlieferung von den guten und bösen Engeln in der Theologie und in der Pastoral nur noch selten zur Sprache. Denkt man an die »Höllenpredigten« in den sogenannten »Volksmissionen«, an die Ängste der Kinder, aber auch der Erwachsenen, die mit diesen Themen konfrontiert wurden sowie an die bis in unsere Zeit hinein praktizierten Exorzismen an psychisch erkrankten Menschen, die an die Stelle einer dringend notwendigen, jedoch unterlassenen ärztlichen Hilfeleistung treten, vor allem aber an die furchtbaren Auswirkungen des Dämonenglaubens im Mittelalter, den Hexenwahn und die mit ihm verbundenen Verbrechen, kann man den Vorstoß des Theologen nur begrüßen. Wenn jetzt im esoterischen Bereich die Engel wieder eine Hochkonjunktur erleben, ist dabei doch fast ausschließlich von den guten und hilfreichen Engeln die Rede und es entsteht kein Dämonenwahn.

HAAG hat aber doch das Kind mit dem Bade ausgeschüttet. Wenn keinerlei Zwischeninstanz zwischen Gott und der von ihm geschaffenen Welt angenommen wird, Gott also sozusagen »nackt« vor seiner Schöpfung steht, gewinnt er den Charakter eines allmächtigen Baumeisters und hat das schreckliche Unheil und die furchtbaren Gräuel, die sich in dieser seiner Schöpfung ereignet haben und ereignen, unmittelbar als von ihm begangene Fehler zu verantworten. HAAGS »Lösung«, alles Böse in der freien Willensentscheidung des Menschen zu begründen, kann angesichts der modernen Gehirnforschung, aber auch schon aufgrund der mit dem Namen SIGMUND FREUD verbundenen elementarsten Erkenntnisse der Psychologie nicht aufrecht erhalten werden. Vor allem kann HAAG so das von Naturkatastrophen angerichtete Unheil nicht erklären.

Die hier in Anschluss an JOHANN GEORG HAMANN entwickelte These von der göttlichen Schöpfungsrede oder Schöpfungsmelodie, die das Universum durchzieht und seit 13,7 Milliarden Jahren gewaltfrei *sein* aus nichts entstehen lässt, kann die Probleme besser lösen. Als Sprache enthält sie ein personales Element, das mit den biblischen Erzählungen von den Engeln korrespondiert. Da diese Schöpfungsrede jedoch als erstes und grundlegendes Element des Schöpfungsprozesses zu denken ist, dieser Prozess aber noch nicht zu Ende ist, ist es verständlich, dass noch zu wenig *sein*, zu wenig Gerechtigkeit, Gesundheit und Freude in unserer Welt wirksam sind.

»Gott-feindlich« sind – wie die Theologie seit Augustinus lehrt – »Mächte und Gewalten« (Röm 8,38; Kol 2,10), die zu wenig im *sein* verankert, zu wenig *sind*. Sie existieren mit Hilfe jenes Restes von *sein*, das sie in ihrer Selbstaggression nicht zerstören können. Dabei zeigt sich in dieser Sicht, dass es widersinnig ist, diese nur vermindert seienden Wirklichkeiten zu mächtigen Teufeln und Dämonen hochzustilisieren und mit Exorzismus, Askese und Opfer auf sie zu reagieren. Eine solche Reaktion wertet ihren selbstmörderischen Mangel an *sein*, ihre *Nichtigkeit*, auf und bewirkt Angst. Um diese »Mächte« abzuwehren, gilt es, sich immer wieder vor Augen zu halten, dass ihre »Macht« aus einem *Mangel an sein* besteht und aller Schrecken und alles Leid, das von ihnen ausgeht, von der *sein* schaffenden göttlichen Schöpfungsrede umfangen bleiben und von dieser einmal überwunden werden. Die furchtbaren Verbrechen des Nationalsozialismus waren nicht das Werk übermächtiger Teufel, sondern die Tat gewöhnlicher Menschen. Diese Verbrechen wurden nicht ausschließlich von sozusagen »amtlichen« SS-Schergen verübt, sondern an ihnen beteiligten sich auch gewöhnliche Zivilisten, z. B. an der Ermordung hilflos liegen Gebliebener auf den sogenannten »Todesmärschen«, in denen nach dem Einbruch der Ostfront KZ-Häftlinge aus den östlichen Vernichtungslagern nach Westen verlagert wurden.[202] Nicht von Teufeln und Dämonen wurden diese Menschen (die außerhalb der Kriegszeit als normale Bürger lebten) angetrieben, auch nicht allein von ihren schlechten Erbanlagen oder von ihrer Erziehung, sondern von der teuflisch-selbstzerstörerischen Sucht, obwohl selbst seiend, den Prozess *sein* zu korrumpieren, an der Orgie der Ver-*Nichtung* mitzuwirken. Die NS-Zeit lässt uns schaudernd erkennen, wie »dünn« und brüchig der Prozess *sein*, der individuell und gesellschaftlich unser Leben und unsere Welt trägt, noch ist.

Die Bibel sagt, dass *Jahwe* mit den Chaosmächten »spielt« (Ps 104,26). Vor Augen tretend als fremde Gottheiten sind sie in Wirklichkeit »Nichtse« (Jes 41,29; 29,44 u. ö.). Gerade aber, *nicht zu sein*, ist das, was Lebewesen, die sich ihrer Sterblichkeit bewusst geworden sind, faszinieren kann, weil *nicht sein* nicht vom Tod berührt werden kann.

HERBERT HAAG hat zu Recht darauf hingewiesen, dass es in allen Religionen und Kulturen Überlieferungen von guten und bösen Geistern gibt. Auch die islamische Tradition spricht vom »Satan« (islamisch *Schaitan*) und den »gefallenen Engeln«, im Hinduismus sind es die *Asuras* und *Raksas*, im Buddhismus die *Asuras* und *Yakkhas* mit ihrem Anführer *Mara*, in China die *Kuei*, die *nicht sein* symbolisieren und Unheil bewirken. Dieser Befund besagt aber nicht, dass diese mythischen Überlieferungen falsch und unsinnig sind. Vielmehr drückt sich in ihnen die weltweite Erfahrung aus, dass es in unserem Universum Strömungen gibt, die selbstzerstörerisch auf *nicht sein* und Ver-*Nich-*

tung zielen und dadurch die göttliche Schöpfungsrede, die den Prozess *sein* aus nichts herausruft, verfälschen und die Entwicklung vom schöpfungsgemäßen Weg ablenken. Mythisch-»heidnisch« ist nur die Hochstilisierung dieser Strömungen zu Gott ähnlichen Mächten und ihre angstbesetzte Abwehr durch Gewalt, Magie und Opfer, die auch in der Geschichte des Christentums eine blutige Spur hinterlassen hat.

ganz so einfach ist es jedoch nicht,
denn auch Jesus ist vom Satan versucht worden
wie hat dessen Gefolge selbst wiederholt „ausgetrieben,"

Jesus und seine Botschaft vom rettenden Gott

Sowohl in den außerbiblischen religiös-philosophischen Traditionen wie auch in der biblischen Tradition drang, wie wir gesehen haben, die ursprüngliche, unverfälschte göttliche Schöpfungsrede teilweise durch ihre Verdunkelungen und Übermalungen hindurch und wurde für besonders sensible Menschen wahrnehmbar. Innerhalb der biblischen Tradition ereignete sich dieser Offenbarungsprozess in der Geschichte des Volkes Israel. In unablässigem Ringen suchte dieses Volk in den leidvollen Wegen seiner Geschichte, auf denen ihnen wie dem Stammvater Jakob beim nächtlichen Flussübergang (Gen 32,23–33) Gott als *El Schaddai*, als archaische Gewaltgottheit begegnete, *Jahwe*, den Gott der Gerechtigkeit und in Ansätzen auch schon Gott als den fürsorglichen Vater des von ihm erwählten Volkes zu finden.

Die ältesten erhalten gebliebenen Überlieferungen über Jesus begegnen uns in den Briefen, die der Heidenmissionar Paulus seit etwa 50 n. Chr., also zwei Jahrzehnte nach Jesu Tod, an die von ihm in griechischen Städten gegründeten Gemeinden geschrieben hat. Dabei trennt er in der Einleitung zu seinem Brief an die Gemeinde von Rom deutlich zwischen dem Menschen Jesus als einem Nachkommen aus dem Geschlecht König Davids und dem Jesus, der *kata pneuma hagiosynes*, »nach dem Geist, der heiligt«, durch die Auferstehung aus den Toten »eingesetzt ist« als »Sohn Gottes« (Röm 1,3–4; Lutherübersetzung). Im Brief an die Gemeinde von Korinth schreibt er, dass er ihn »jetzt« nur noch als den auferstandenen Christus kenne, als »neue Schöpfung; das Alte ist vergangen …« (2 Kor 5,16–17). Dementsprechend redet er in seinen Briefen nur noch in verstreuten Bemerkungen vom irdischen Jesus. Thematisch verkündet er den auferstandenen

Christus, wie er ihm in einer Lichtvision vor Damaskus erschienen war.

Als Christ, der seinen Glauben im Horizont des von der Naturwissenschaft geprägten Weltbildes verstehen will, muss ich mich jedoch bevorzugt um ein Verständnis des *Menschen* Jesus bemühen. Denn in diesem Horizont zählt vor allem das empirische Faktum. Die Art und Weise, wie dieses Faktum interpretiert wird, welche Überzeugungen sich daraus gewinnen lassen, muss immer streng auf das Faktum zurückbezogen bleiben.

Nun wissen wir allerdings wenig über das »Faktum« des historischen Jesus. Wir müssen ausgehen von der durch die Hebräische Bibel geprägten Lebensweise der Menschen im damaligen Judentum. Diese war den ersten Adressaten der neutestamentlichen Texte so bekannt, dass die Verfasser dieser Texte nicht darauf reflektieren mussten. Auf der Grundlage eines Verständnisses des Menschen Jesus in seiner Zeit und Umwelt kann ich versuchen, auch die Überlieferung von Jesu Auferweckung aus den Toten und das urchristliche Bekenntnis zu Jesus als dem Christus und Gottessohn zu verstehen. Jesus erscheint dabei als die Verkörperung des ursprünglichen göttlichen Schöpfungswillens, als nonverbaler Ausdruck der unverfälschten göttlichen Schöpfungsrede.

Das älteste Evangelium stammt von Markus. Es wurde etwa um das Jahr 70 n. Chr., also fast ein halbes Jahrhundert nach Jesu Tod geschrieben. Der Überlieferung nach war Markus ein Mitarbeiter des Paulus und später auch des Petrus. Er kannte also die Paulinische, am auferstandenen Christus orientierte Interpretation des christlichen Glaubens. Durch seine Zusammenarbeit mit Petrus, der mit dem Wanderprediger Jesus durch Palästina gezogen war, war er jedoch auch mit den Überlieferungen vertraut, die sich um den irdischen Jesus rankten: Gleichnisse, Berichte von Heilungen, Geschichten, die in Jesusworten gipfelten, und Erzählstücke von Jesu Leidensweg und Tod. Diese Überlieferungen vom irdischen Jesus komponierte er so zusammen, dass sich daraus gegenüber den Heidenchristen, für die er schrieb, am Ende das (dem heidnischen Hauptmann in den Mund gelegte) Bekenntnis zu Jesus als dem »Sohn Gottes« ergab: »Wahrhaft dieser Mensch war Gottes Sohn« (Mk 15,39). Lukas und Matthäus folgten in ihren Evangelien dem Aufbau des Markus, fügten aber noch aus einer anderen

Quelle stammende und jeweils selbst vorgefundene Überlieferungsstücke über den irdischen Jesus in diesen Rahmen ein.

WILHELM BRUNERS, der als BRUDER MARKUS in der Dormitio-Abtei in Jerusalem lebt und vertraut ist mit der jüdischen Denk- und Lebensweise hat davon ausgehend die Lebensentwicklung Jesu beleuchtet.[203] Auch der jüdische Theologe SCHALOM BEN-CHORIN, der in seinem Buch »Bruder Jesus« im Anschluss an die Philosophie und Theologie MARTIN BUBERS Jesus in das Judentum »heimzuholen« sucht, beschreibt das Leben und Wirken des »Rabbi Jesus« aus der Sicht der damaligen jüdischen Lebensverhältnisse.[204] Um den Menschen Jesus in den Blick zu bekommen, ist diese Literatur hilfreich.

Der Lebensweg des Menschen Jesus

Als »Nachkomme aus dem Geschlecht Davids« (Röm 1,3) ist Jesus wie jeder Mensch in der Evolution des Lebens auf dem Planeten Erde entstanden und wurde leiblich und seelisch von dieser Evolution geprägt. Jesus war von seiner Geburt bis zu seinem Tod ein Angehöriger des Volkes Israel und dessen Religion. Als solcher war er eingebunden in das Ringen dieses Volkes um den gerechten und gütigen Gott. Wir wissen nicht, wie Jesu Leben im Einzelnen verlaufen ist. Den historischen Anklängen in den Evangelien nach ist Jesus etwa 6–7 Jahre vor unserer Zeitrechnung in Nazaret geboren worden.[205] Er wurde in ein gläubiges jüdisches Elternhaus hinein geboren. Dort waren alle Lebensumstände durch die religiöse Überlieferung geprägt. Das Essen wurde nach dem kultischen Reinheitsgebot zubereitet, der Tagesablauf war strukturiert durch die täglichen Gebete, die Lesungen aus den Psalmen, der Tora und den Propheten. Seine Mutter wird in der Kindheitslegende des Lukas als religiös engagierte, schriftkundige Frau dargestellt. Sie singt im Haus ihrer Verwandten Elisabeth, bei der sie in der Zeit ihrer Schwangerschaft etwa drei Monate lebt, von Freude erfüllt ein Preislied, das ganz aus Anspielungen und Zitaten der Glaubenstradition Israels besteht, die sie in ihren Hauptstücken offenbar auswendig kennt (Lk 1,39–56). Auch sein Vater wird als »gerechter«, torafrommer Jude dargestellt, der durch Beobachtung der Weisungen der Tora das Kommen des Messias und damit die Befreiung Israels aus der römischen Knechtschaft beschleunigen will. Sicher kennt auch er die hauptsächlichen Texte der Psalmen, der Tora und der Propheten auswendig.

Die Erziehung in diesem Elternhaus ist insgesamt religiöse Erziehung. Das Kind wächst in der orthodoxen jüdischen Familie von klein auf in die religiösen Traditionen seines Volkes hinein. Diese Traditionen wurden zur Zeit Jesu besonders stark festgehalten, weil sie die durch die römische Fremdherrschaft bedrohte Identität Israels verbürgten. Von morgens bis abends war das Leben auf diese Weise eingeordnet in eine religiöse Praxis. Jeden Morgen und jeden Abend hörte der heranwachsende Junge aus dem Munde seiner Eltern und Geschwister das *Sch'ma Jissrael*, das jüdische Glaubensbekenntnis: »Höre Israel! JHWH, unser Gott ist einer. Darum sollst du den Herrn, deinen Gott, lieben, mit deinem ganzen Herzen, mit deiner ganzen Seele und mit deiner ganzen Kraft« (Dtn 6,4 f.) Von klein auf versucht er es mit- und nachzusprechen. In der Feier der jüdischen Feste – dem Osterfest, dem Wochenfest, dem Großen Versöhnungstag, dem Laubhüttenfest, den Riten des Sabbatmahles, den Riten, die jede Mahlzeit begleiten – wird er mit den Überlieferungen vertraut. Schon in frühen Jahren lernt er durch Hören und Nachsprechen die wichtigsten Texte der Hebräischen Bibel auswendig. Es gibt heute noch viele fromme Muslime, die den Koran auswendig kennen, und in Deutschland gab es bis in die Mitte des 20. Jahrhunderts hinein viele Menschen, die ihren »Faust« auswendig im Kopf hatten. Orthodoxe Juden können noch heute ganze biblische Bücher hersagen und Psalmen auswendig singen. So hatte sicher auch Jesus die Hebräische Bibel im Kopf und brauchte, wenn er später als Wanderprediger durch Palästina zog und in seinen Reden auf die Schrift Bezug nahm, keine Schriftrollen mit sich herumzutragen.

Wie das von Lukas in sein Evangelium aufgenommene Erzählstück vom zwölfjährigen Jesus im Tempel (Lk 2,41–52) zu erkennen gibt, hat Jesus sicher auch die Synagogenschule und das jüdische Lehrhaus besucht. Dort hat er an den überlieferten heiligen Texten Lesen und Schreiben gelernt, mehr aber noch, wie man durch kleine Erzählungen, die sogenannten *Midraschim*, die Texte unterschiedlich auslegen konnte. Hier wurde die Wurzel gelegt für die später im Wirken des Wanderlehrers Jesus in Erscheinung tretende ausgeprägte Kunst, in Gleichnissen und kleinen Erzählstücken sein Verständnis der Tora zum Ausdruck zu bringen.

Ben-Chorin weist darauf hin, dass zur Zeit Jesu, wie oft in Notzeiten in der jüdischen Geschichte, die römische Fremdherrschaft im Land und das Gewaltregime des Herodes Antipas als messianische Geburtswehen aufgefasst wurden.[206] Die Sehnsucht nach dem Anbruch des von den Propheten für die Endzeit verheißenen Messianischen Reiches war groß. An vielen Orten traten Bußprediger auf, die zur »Umkehr«, griechisch *metanoia*, hebräisch *theschuba*, einem Grundmotiv des Judentums,[207] aufriefen. Auch Jesus war von dieser Sehnsucht erfasst. Er folgte dem Umkehr-Ruf und begab sich zu dem Bußprediger Jochanan (Johannes), der asketisch lebend in der judäischen Steinwüste wirkte und die vielen Menschen, die zu ihm kamen, durch ein Tauchbad im Jordan sinnfällig von ihrem Verhaftetsein in den vordergründigen Lebensverhältnissen reinigte und sie bereit machte für das große Weltgericht, das nach der prophetischen Predigt dem Anbruch des Messianischen Reiches vorangehen sollte. Jesus war unter diesen Menschen. Seine religiöse Sehnsucht war so groß, dass er nach seiner Taufe durch Jochanan nicht wieder nach Nazaret zurückkehrte, sondern bei dem Propheten und Bußprediger blieb und einer seiner Jünger wurde.

Wenn auch selbst streng asketisch lebend, war Jochanan in seiner Umkehrpredigt doch human. Er überforderte die Menschen nicht, sondern verlangte nur eine praktische, den Lebensumständen entsprechende und von der Liebe zum Nächsten geprägte Torafrömmigkeit. So würden die Menschen im bevorstehenden Weltgericht bestehen können. Diese Haltung sprach Jesus an. Offenbar war auch in seiner Familie und bei seinen jüdischen Lehrern die Tora in dieser menschenfreundlichen Weise ausgelegt worden. Das in seiner Familie zweimal täglich gehörte, nach- und mitgesprochene Sch'ma Israel, das die Gottesliebe in den Mittelpunkt stellt, hatte sich ihm tief eingeprägt. In einem von allen drei synoptischen Evangelien überlieferten Erzählstück benennt er die in diesem Glaubensbekenntnis geforderte bedingungslose Liebe zu *Jahwe* als das höchste Gebot und stellt diesem als gleichberechtigt das Gebot der Nächstenliebe zur Seite: »Du sollst deinen Nächsten lieben wie dich selbst«. In diesen beiden Geboten sind für ihn das »ganze Gesetz und die Propheten« enthalten (Mk 12, 28–34; Mt 22,34–40; Lk 10,25–28).

Die Liebe, die Jesus *Jahwe* gegenüber empfindet, ist so stark in ihm, dass er in seinen Gebeten nicht nur – wie dies etwa in den Psalmen geschieht –[208] *Jahwe* (entsprechend dem hebräischen Wort) als *ab*, »Vater«, anspricht, sondern ihn in seinem aramäischen Dialekt *abba* nennt. Mit diesem Wort hat er seinen Vater in der Familie angesprochen. Das Wort entspricht unserem »Papa«. Nach übereinstimmender Ansicht der Exegeten ist die durchgehende Anrede Gottes bei Jesus *abba*, auch dort, wo das Wort im griechisch geschriebenen Neuen Testament mit *pater*, »Vater«, wiedergegeben wird. Im Lukasevangelium artikuliert Jesus das *abba*-Wort auch noch im Todesschrei am Kreuz. Es besteht auch ein Unterschied, ob ich im »Vaterunser« bete »Vater, dein Name werde geheiligt« (Lk 11,2) oder ob ich um die Heiligung des Abba-Namens bitte, des Namens, in dem meine eigenen Kinder in der Familie mich ansprechen und in dem ich mich ihnen zuwende. Jesus muss ein starkes und inniges Verhältnis zu seinem Vater gehabt haben. Nur so konnte er den gegenüber seinem eigenen Vater ausgesprochenen Abba-Namen in Erfüllung des Hauptgebotes der Gottesliebe als Gebetsanrede gegenüber Gott verwenden.

Im katholischen Dogma ist die Mutter Jesu als »Mutter Gottes« in den Himmel erhoben worden,[209] obwohl sich Jesus in einigen Erzählstücken der Evangelien kritisch und abweisend gegenüber seiner Mutter verhält (z. B. Mk 3,31–33, wo er sie und seine Geschwister zurückweist, oder Joh 2,4: »Was willst du von mir, Frau?«). BEN-CHORIN folgert aus den entsprechenden Stellen, dass Jesus ein »gestörtes Verhältnis« zu seiner Mutter hatte: »Maria hat ihren Sohn nicht verstanden, und seine Beziehung zu ihr blieb affektgeladen, entbehrte der Ehrerbietung, die man der Mutter gerade in der jüdischen Familie entgegenbrachte«.[210] Allerdings gilt dies wahrscheinlich nur für die Phase des Wirkens Jesu in Galiläa. Josef wird dagegen im Christentum nur als der »Nährvater« Jesu verehrt und es wird ihm keine unmittelbare Mitwirkung am Erlösungswerk Jesu zugebilligt. Doch wenn Jesus kein gutes Verhältnis zu seinem Vater gehabt hätte, hätte er nicht zum Abba-Namen für Gott finden können; er hätte dann nicht die mühsamen und verschlungenen Wege des biblischen Gott-Denkens, die von *El Schaddai*, dem »gewaltigen Gott«, zum Bundesgott *Jahwe* führen, zu Gott als *abba*, der nach dem lapidaren Satz des 1. Johannesbriefes Liebe ist (1 Joh 4,16b), weiterführen und abschließend vollenden können. Josef ist als Vater und als Person maßgebend am biblischen Offenbarungs- und Erlösungsprozess beteiligt.

Jesus hat nicht formal einzelne Bestimmungen des Gesetzes für ungültig erklärt. Er war kein religiöser Revolutionär. Aber er hat da, wo die Anwendung einer Gesetzesbestimmung die Barmherzigkeit und die

Mitmenschlichkeit zu verletzen drohte – z. B. in der Frage des Ährenpflückens am Sabbat (Mk 2,23–28, parallel Mt und Lk) – das Verhalten an den beiden Zentralgeboten orientiert, in denen seiner Überzeugung nach »das ganze Gesetz und die Propheten« enthalten sind, so dass die Tora als ganze gerade dadurch erfüllt wurde, dass eine einzelne Regel des Gesetzes außer Kraft gesetzt war.

Als Jochanan vom Gewaltherrscher Herodes ins Gefängnis geworfen wurde, wirkte Jesus in seinem Sinne weiter. Noch mehr als sein Lehrer wandte er sich den konkreten Nöten der Menschen zu. In ihren Krankheiten und ihrer seelischen Not vertröstete er sie nicht mit dem baldigem Kommen des Gottesgerichts und des messianischen Reiches, sondern heilte sie durch unmittelbare Zuwendung. Offenbar besaß er diese Fähigkeit. Auf diese Weise trat bei ihm das Motiv des Gottesgerichts mehr und mehr zurück. Es wuchs in ihm die Vorstellung, dass das messianische Reich nicht als großes apokalyptisches Ereignis, wie Jochanan es verkündet hatte, hereinbrechen würde, sondern gleichsam unter der Hand dort schon am Anbrechen ist, wo Menschen sich einander zuwenden und einander zu helfen suchen. Wo auf diese Weise »die Dämonen ausgetrieben« werden, »ist das Reich Gottes schon zu euch gekommen« (Mt 12,28). Es ist dann schon »mitten unter euch« (Lk 17,21). Matthäus und Lukas finden in der über das Markusevangelium hinaus ihnen vorliegenden Überlieferung mehrere Erzählstücke, die diese Überzeugung Jesu zum Ausdruck bringen (z. B. Lk 18–23; Mt 11, 2–4; Mt 9,15; Lk 5,34; hier auch bei Mk 2,19 u. ö.)

In diesem Punkt entfernte er sich von seinem Lehrer Jochanan, der im Gefängnis von Herodes ermordet wurde. Nach einigen Erzählstücken geriet Jesus auch in Konflikt mit seiner Familie und den Bewohnern seiner Heimatstadt Nazaret. In den Augen seiner Familienangehörigen kam Jesus vom Weg der normalen Torafrömmigkeit ab und begab sich auf den Weg einer wirklichkeitsfernen religiösen Schwärmerei. Sie wollten ihn deshalb, wie es in dem entsprechenden Erzählstück heißt »mit Gewalt« in ihren Kreis zurückholen (Mk 3,21). Er aber wies sie zurück. In den Menschen, die seine religiöse Überzeugung teilten, sah er seinen »Bruder, seine Schwester und Mutter« (Mk 3, 35; parallel Mt und Lk). In seiner Heimatstadt Nazaret wurde er abgelehnt. Er konnte dort nicht heilend wirken (Mk 6,1–6a; parallel Mt und Lk).

Seine, wie man in der Theologie sagt, »präsentische Eschatologie«,[211] seine Überzeugung vom gegenwärtig schon anbrechenden Reich Gottes, drückte sich in Jesu äußeren Lebensumständen darin aus, dass er nun die judäische Steinwüste, in der Jochanan gewirkt hatte, verließ und in dem wohl schönsten und fruchtbarsten Landstrich Palästinas, am nordöstlichen Ufer des Sees von Galiläa, in Kafarnaum, Wohnung nahm. Er lehrte dort mit großer Zustimmung seiner Zuhörer in der Synagoge und heilte viele Kranke (Mk 1,21–28, parallel Lk; Mk 1,32–34, parallel Mt und Lk). Mehrere seiner späteren Jünger waren Fischer vom See Gennesaret. Im Erzählstück von der Fastenfrage (Mk 2,18–22, parallel Mt und Lk) kommt zum Ausdruck, dass er und seine Jünger nicht mehr wie vorher Jochanan und seine Jünger und wie die torafrommen Pharisäer das wöchentliche Fasten einhielten (d.h. jeweils am Montag und Donnerstag von Sonnenaufgang bis Sonnenuntergang nichts aßen und tranken); nach dem Grund dieses Verhaltens gefragt, antwortete Jesus wahrscheinlich lapidar: »Hochzeitsgäste können nicht fasten« (dies steht wahrscheinlich hinter dem von allen synoptischen Evangelien überlieferten Erzählstück Mk 2,18–20, parallel Mt 9,14–15 und Lk 5,35). Nach Jesu Überzeugung sind er und seine Jünger schon Gäste des »himmlischen Hochzeitsmahls«, wie der Anbruch des Gottesreiches in der Hebräischen Bibel bildhaft umschrieben wird (vgl. das Jes 25,6–8 verkündete »Festmahl auf dem Berg Zion«). Jesu = Bräutigam

Doch Jesu Wirken in Kafarnaum und Galiläa blieb kein Idyll, in dem sich seine religiöse Sehnsucht verwirklichen konnte. Zwar gewann er, wenn er mit seinen Jüngern durch Galiläa zog, beim einfachen Volk mit seiner Botschaft Anhänger. Aber sein Wirken war doch nur ein geographisch eng begrenztes, provinzielles Ereignis. Die einflussreichen Kreise, die torakundigen Pharisäer und die nach Jerusalem hin orientierten Sadduzäer, standen ihm skeptisch bis ablehnend gegenüber. Indem er die Gerichtsdrohung ignorierte, »verschleuderte« er ihrer Meinung nach die heiligen, dem Volk Israel anvertrauten Verheißungen an unwürdige Menschen.[212] Ärgernis erregte sicher auch, dass sich nach einer im Evangelium des Lukas aufgenommenen Überlieferung begüterte Frauen unter Jesu Jüngerschaft befanden und diese ihn aus ihrem Vermögen unterstützten (Lk 8,1–3). Der »Same«, den Jesus in Galiläa säte, war ein winziges Senfkorn, von dem nur zu hoffen war, dass es wachse und zu einem Baum werde, in dessen Zweigen »die Vögel des Himmels nisten« (Gleichnis vom Senfkorn: Mk 4,30–32, parallel Mt und Lk). Vieles von dem, was Jesus säte, fiel auf felsigen Boden, wo wenig Erdreich war und wo es zwar für kurze Zeit aufging, dann aber von der Sonne versengt wurde und verdorrte; anderes fiel unter die Dornen, welche die Saat erstickten. Wenig nur fiel auf gutes Erdreich, wo es aufgehen, empor wachsen und Frucht bringen konnte, wobei zu hoffen war, dass es »dreißigfach, ja sechzigfach und hundertfach« aufgehen würde (Gleichnis vom unentwegten Sämann: Mk 4,3–8, parallel Mt und Lk).

Doch die Hoffnungen schienen sich nicht zu erfüllen. Der Feigenbaum, den Jesus gepflanzt hatte, brachte keine Früchte (Gleichnis vom Feigenbaum: Lk 13,6–9). Die Menschen sind träge. Jochanan hatte Klagelieder gesungen, aber die Menschen haben nicht geweint, Jesus spielte die Lieder vom himmlischen Hochzeitsmahl, aber die Menschen haben nicht getanzt (Gleichnis von den Kindern auf dem Marktplatz: Lk 7,31–32, parallel Mt). Jesus lädt zum Hochzeitsmahl, aber die Geladenen kommen nicht (Gleichnis vom Großen Gastmahl: Lk14,16–24, parallel Mt). Die zur Hochzeit Geladenen haben kein Öl in ihren Lampen, ihre Sehnsucht und ihre Hoffnung auf das verheißene Gottesreich sind versiegt (Gleichnis von den Zehn Jungfrauen: Mt 25,1–10). Nach einem von der Exegese für sehr alt gehaltenen Spruchgut, das Matthäus und Lukas in ihre Evangelien aufgenommen haben, wandte sich Jesus jetzt von den galiläischen Städten, in denen er bisher gewirkt hatte, ab. Er verglich sie mit den Städten Tyrus, Sidon und Sodom, die untergegangen waren (Mt 11,20–24, parallel Lk). Im Hintergrund drohte der Gewaltherrscher Herodes wie vorher Jochanan nun auch Jesus umbringen zu wollen (Lk 13,31–33).

Das galiläische Idyll ist zerbrochen. Jesus muss sich ein neues Wirkungsgebiet suchen. Dabei heißt es: »Er richtete sein Antlitz auf Jerusalem« (Lk 9,51), wo die Propheten sterben (Lk 13,33). Wenn er dort im Vorhof des Tempels (der allgemein zugänglich war) seine Botschaft von Gott als dem gütigen Vater aller Menschen verkündete, könnte das nicht mehr als ein zwar ärgerliches, aber provinzielles, nur auf Galiläa begrenztes Ereignis übergangen werden. Der Johannes-Tradition ist zu entnehmen, dass Jesus mehrmals nach Jerusalem gezogen ist. Nach dem Gesetz sollte jeder männliche Israelit dreimal im Jahr, nämlich zum Pascha-Fest im Frühling, zum Wochenfest im Sommer und zum Laubhüttenfest im Herbst, im Tempel zu Jerusalem anbeten und Opfergaben darbringen.[213] Natürlich war diese Forderung idealtypisch; sie konnte in der Praxis nicht erfüllt werden. Das Erzählstück vom Einzug Jesu in Jerusalem (Mk 11,1–10, parallel Mt und Lk) beschreibt nach BEN-CHORIN den üblichen Empfang der Festpilger zum Laubhüttenfest.[214] Wahrscheinlich hat Markus dieses Erzählstück in Jesu letzten Zug nach Jerusalem übertragen und als »Erfüllungssage«[215] zum Einzug des Messias in Jerusalem nach der Verheißung des Propheten Sacharja (Sach 9,9) ausgestaltet. Jesus hat also mehrmals eine Wallfahrt nach Jerusalem unternommen, wahrscheinlich ohne dabei öffentlich als Rabbi im Tempel aufzutreten.

Jetzt aber galt es, seine Botschaft im Umkreis des Paschafestes, zu dem Tausende jüdischer Pilger in Jerusalem versammelt waren, im nationalen und geistigen Zentrum Israels, zu verkünden. Zu dieser Zeit war Jerusalem ein Pulverfass; schon mehrmals waren beim Paschafest Aufstände ausgebrochen und von der eigens zu diesem Tag auf der Festung Antonia zusammengezogenen römischen Legion blutig niedergeschlagen worden. Jesus und der Kreis seiner Jünger, die stets mit ihm zogen, wussten um diese Situation. Die Stimmung war gereizt. Nach einem bei Markus und Matthäus überlieferten Erzählstück nahm Petrus Jesus beiseite, um ihm die Gefahr vor Augen zu stellen. Doch Jesus wandte sich von ihm ab und sagte: »Geh hinter mich, *satan* [Widersacher], du hast nicht das Anliegen Gottes im Auge [das Anbrechen des Gottesreiches], sondern das der Menschen [die Angst]« (Mk 8,33, parallel Mt). Jesus hatte keine wirkliche Wahl. In Galiläa zu bleiben, würde bedeuten, das Anliegen, dessentwegen er zum Propheten und Wanderprediger geworden war, nämlich Gott als den gütigen Vater, den *Abba* aller Menschen, zu verkünden, aufzugeben. Doch er hatte sich so mit dieser seiner Botschaft identifiziert, dass er sich damit selbst hätte aufgeben müssen. Es blieb ihm nur der Weg, zum bevorstehenden Paschafest seine Botschaft nach Jerusalem zu tragen. Dabei wollte er niemanden zwingen, diesen gefahrvollen Weg mit ihm zu gehen. Im Johannesevangelium findet sich eine Notiz, dass sich viele Jünger von ihm zurückzogen und nicht mehr mit ihm wanderten. Da fragte Jesus seinen engsten Jüngerkreis: »Wollt auch ihr weggehen?« (Joh 6,67). Doch die Zwölf, die er berufen hatte, blieben bei ihm, ebenso die Frauen aus seiner Jüngerschaft. Offensichtlich lösten sich in dieser Situation auch die oben erwähnten Spannungen zwischen Jesus und seiner Mutter und seinen Geschwistern. In der Situation der Gefahr standen sie zu ihm. Nach Jesu Tod werden sie in der Apostelgeschichte und in den Paulusbriefen als Mitglieder der Jerusalemer Urgemeinde genannt (Apg 1,14; Gal 1,19). Ausdrücklich wird dabei seine Mutter Maria erwähnt.

Mehrfach namentlich erwähnt wird auch Jakobus als »Herrenbruder«. Jakobus wurde der Leiter der Urgemeinde. Von Paulus wird er eine der »Säulen« der Jerusalemer Gemeinde genannt (Gal 2,9). Jakobus folgte seinem Bruder Jesus auch in den Tod. Am Paschafest des Jahres 62, etwa 30 Jahre nach der Kreuzigung Jesu, wurden er und einige andere Christen wegen ihres Bekenntnisses zu Jesus als dem Messias unter dem Hohenpriester Ananus II in Jerusalem gesteinigt. Josef, der Vater Jesu, wird nicht mehr erwähnt. Die Tradition nimmt an, dass er bei Jesu Tod nicht mehr am Leben war.

Auf seiner letzten Wanderung nach Jerusalem kamen härtere Töne in Jesu Predigt. Man merkt die Anspannung, unter der er stand. Jerusalem vor Augen weinte er und sagte das Unheil voraus, das über die Stadt kommen würde (Lk 19,41–44). Besonders Matthäus, der die überlieferten Erzählstücke für Judenchristen zusammenstellte (für die entsprechend ihrer Tradition Gericht und Gottesreich zusammengehörten), fügt jetzt die Gerichtsgleichnisse ein. Jetzt ist die Rede vom Unkraut unter dem Weizen, das bei der Ernte gesammelt und verbrannt werden wird (Mt 13,24–30), sowie vom schlechten Knecht, den der Herr, wenn er überraschend kommt, »in Stücke hauen« wird (Mt 24,45–51). Streng werden Gute und Böse beim Großen Weltgericht geschieden; die einen gehen ein in das ewige Leben und die anderen werden in die Hölle geworfen (Mt 25, 31–46). Das sind Töne, wie sie Jesus bei seinem Lehrer Jochanan gehört hatte. Wie dieser die Pharisäer und Sadduzäer, als sie zu ihm zur Taufe kamen, als »Otternbrut« bezeichnete und ihnen das Zorngericht Gottes androhte (Mt 3,7–10, parallel Lk), so fügt jetzt Matthäus die Überlieferung von Jesu Scheltrede gegen die Pharisäer und Schriftgelehrten in sein Evangelium ein (Mt 23, 1–39). Auch die Ankündigung der apokalyptischen Drangsal begegnet nun in Jesu Verkündigung (Mk 13,14–23, parallel Mt und Lk). Das furchtbare, ihn, Jesus, bedrohende Ende wirft seine Schatten voraus.

In Jerusalem angekommen, ging Jesus unmittelbar in den Tempel (Mt 21,12). In der Woche vor dem Paschafest herrschte dort ein großer Betrieb. Händler boten Tauben und Ziegen als Opfertiere an. Wechsler tauschten gegen hohe Gebühren die römischen Münzen, die wegen des auf ihnen eingeprägten Kaiserbildes nicht zum Kauf der Opfertiere verwendet werden durften, gegen Tempelgeld um. Überall Geschrei und Gedränge. Nach BEN-CHORIN kann das Erzählstück von der sogenannten »Tempelreinigung« nicht historisch sein, weil die Tempelpolizei sofort eingegriffen hätte, wenn Jesus versucht hätte, die Tische der Geldwechsler umzustoßen und die Viehhändler aus dem Tempelvorhof hinauszutreiben. Doch er »reinigte« den Tempel durch seine Predigt. Er erneuerte die Opferkritik der frühen Propheten, aus deren Mund *Jahwe* sprach: »Ich hasse eure Feste, ich verabscheue sie und kann eure Feiern nicht riechen … Eure fetten Heilsopfer will ich nicht sehen. Weg mit dem Lärm deiner Lieder! … Das Recht ströme wie Wasser, die Gerechtigkeit wie ein nie versiegender Bach« (Amos 5,21–23). »Liebe will ich, nicht Schlachtopfer, Gotteserkenntnis statt Brandopfer« (Hosea 6,6, im Munde Jesu Mt 9,13 und 12,7). »Mein Haus wird ein Haus des Gebetes für alle Völker genannt« (Jesaja 56,7), »ihr aber habt daraus eine Räuberhöhle gemacht« (Mk 11,17, parallel Mt und Lk nach Jeremia 7,11).

Die Priesterschaft des Tempels, die Händler und Kaufleute, die Herbergsbesitzer, ganz Jerusalem, lebte von dem hart ersparten Geld, das die Pilger zu den Festzeiten in die Stadt brachten. Es ist klar – und war sicher auch Jesus und seinen Jüngern klar – dass ein solch »geschäftsschädigendes« Verhalten, wie es Jesu prophetische Predigt darstellte, in der Festwoche des Pascha von den Mächtigen Jerusalems nicht hingenommen werden würde. Ein dunkler Ernst lag über den Tagen und Stunden in Jerusalem. Er lag auch über dem Pascha-Mahl, das an sich einen freudigen Charakter trägt, weil es der Befreiung Israels aus Ägypten gedenkt.[216] In den entsprechenden Erzählstücken der Evangelien, die schon nach dem Ablauf der urchristlichen Abendmahlsfeier geformt sind, verdichtet sich bei dieser Mahlfeier die Todesahnung. Der anschließende Gang zum Ölberg hätte noch einmal die Flucht in die hinter dem Ölberg beginnende Wüste ermöglicht. Aber auch das hätte bedeutet, dass Jesus die Botschaft von Gott als dem *Abba* aller Menschen, die er zum Pascha-Fest im geistigen und religiösen Zentrum Israels verkündete, aufgab. Das aber war für ihn unmöglich. So vollzog sich unaufhaltsam das Verhängnis. Eine Gruppe aus Beamten der Tempelpolizei und der Palastwache des amtierenden Hohenpriesters, amtlich bestätigt durch die Begleitung von einigen römischen Legionären, verhaftete Jesus am Ölberg, während seine Jünger flohen. Er wurde unter dem Vorwurf, er gebe sich als Messias, als neuer König der Juden, aus, an den römischen Landpfleger Pontius Pilatus ausgeliefert, der ihn noch am selben Tag zusammen mit einigen gefangenen jüdischen Freiheitskämpfern kreuzigen ließ.

Jesus ist nicht nach Jerusalem gegangen, um dort den Opfertod zu sterben. »Jesus hat bis zum Ende nicht sterben wollen.«[217] Der noch junge Jude, der die Welt als Schöpfung Gottes liebte, wollte im Angesicht Gottes als seines *Abba* leben, nichts als leben. Nicht nur die Szene von der Verhaftung Jesu am Ölberg, sondern auch andere Überlieferungsstücke geben zu erkennen, dass Jesus bis zuletzt mit Gott um sein Leben gerungen hat. Der Hebräerbrief lässt dabei die orientalisch-jüdische Natur Jesu durchscheinen: »Als er auf Erden lebte, hat er mit lautem Geschrei und Tränen Gebete und Bitten vor den gebracht, der ihn vom Tode retten konnte« (Hebr 5,7).

Die Evangelien berichten es so, dass er von Anfang seines Wirkens an sich bewusst war, dass seine Bestimmung in der Erfüllung der Schrift lag (vgl. S. 218)

Jesus verkörpert in seinem Leben und Sterben die unverfälschte göttliche Schöpfungsrede

Jesus kannte aus der religiösen Überlieferung seines Volkes »die Nachtseite Gottes«, die Nachtseite der Elohim, die, wie BEN-CHORIN schreibt, »dämonisch ist«.[218] Jesus kannte die Erzählung von *El*, der in der Nacht am Flussübergang des Jabbok den Stammvater Jakob überfiel und auf Leben und Tod mit ihm rang (Gen 32,23–33), den Gott, der seinem Knecht Mose in der Nachtherberge entgegentrat und ihn töten wollte (Ex 4, 24), den Gott, der um Mitternacht durch Ägypten ging und jede Erstgeburt der Ägypter erwürgte, »vom Erstgeborenen des Pharao, der auf dem Thron sitzt, bis zum Erstgeborenen der Magd an der Handmühle« (Ex 11, 5). Doch Jesus ist den Weg seiner Überlieferung mitgegangen zur Gottesoffenbarung an Mose, dem sich *El* als *Jahwe*, als Gott der Gerechtigkeit und des Bundes mit seinem Volk Israel, zu erkennen gab, während er, wie er im Buch Exodus von sich selbst sagt, den Stammvätern als *El Schaddai* erschienen war (Ex 6,3). Jesus ist diesen biblischen Weg der Gotteserkenntnis weitergegangen. Im zweimal täglich gebeteten *Sch'ma Jisrael* drang zunehmend tiefer der Gedanke der Gottesliebe in ihn ein. Die vom Menschen bedingungslos und zentral geforderte Liebe zu Gott war nur möglich, wenn auch Gott mit dieser Liebe dem Menschen entgegenkam. Am Jordan, bei der Taufe des Jochanan, so erzählen die Evangelien, hörte Jesus die Himmelsstimme, die ihn als »geliebten Sohn« ansprach (Mk 1, 11, parallel Mt und Lk) und ihm den Mut gab, sich an Gott mit dem Wort zu wenden, mit dem er als Kind seinen Vater rief: *Abba*.

Sollte ihn dieser *Abba* am Ende verlassen? Sollte die von ihm zutiefst erkannte Dynamik des biblischen Gott-Denkens, die auf mühsamen und verschlungenen Wegen vom *El Schaddai* über *Jahwe* zu Gott als *Abba* führt, ein Irrtum sein? Ist Gott doch letztlich der nachtdunkle, grausame *El*, dessen Versöhnung und dessen anbrechendes Reich durch Blut erkauft werden müssen? Jesus hält an Gott als *Abba* fest. Nach Lukas ist sein Sterbensschrei ein Ruf an seinen *Abba*, so, wie er in der Not als Kind nach seinem irdischen Vater rief (Lk 23, 46). In den tiefsten Schichten seines Denkens hat Jesus immer schon – auch als er in seiner Todesangst schreiend Gott um eine Machttat anflehte, die sein Leben retten würde – gewusst, dass der *Abba* nicht über jene »zwölf Legionen Engel« verfügt, auf die das Matthäusevangelium bei der Verhaftung Jesu als Möglichkeit der Rettung hinweist (Mt 26,53). *Abba* war ja der Gott, von dem alle Gewaltprojektionen, welche die Menschen in Jahrmillionen und Jahrtausenden auf ihn geworfen haben, abgefallen waren. Er war der absolut gewaltlose Gott, der nicht im mächtigen Befehlswort das Universum schuf, sondern durch die Sprachmelodie seiner Schöpfungsrede den Prozess *sein* aus nichts hervor»gelockt« hat (WHITEHEAD). Er war der Gott, der aufgrund dieser seiner absoluten, ihm wesenseigenen Gewaltfreiheit vom ersten Augenblick an den aus nichts hervorkommenden Prozess *sein* sich selbst entwickeln ließ – entwickeln lassen *musste* – auch dort, wo er sich von der Schöpfungsmelodie entfernte, ja zu ihr in schreienden Gegensatz trat. Wie sollte er deshalb bei der Auslieferung und Kreuzigung seines »geliebten Sohnes« Jesus mit einer Machttat eingreifen können? Nach den Gesetzen, die sich *sein* im Universum gegeben und nach denen es sich entwickelt hat, vor allem aber nach der Art und Weise, wie sich auf dem Planeten Erde die Evolution des Lebens bis hin zum Menschen – selbsttätig – vollzogen hat, musste Jesus sterben.

Hier tritt erneut das Problem der menschlichen Freiheit in das Blickfeld. Der Evangelist Lukas, altkirchlicher Überlieferung nach Arzt (vgl. Kol 4,14: »der Arzt Lukas«), jedenfalls aber ein griechisch gebildeter Heidenchrist, fügt in die Passionsgeschichte als Wort Jesu über seine Henker ein: »Vater vergib ihnen, denn sie wissen nicht, was sie tun« (Lk 23, 34). Hier ist die menschliche Freiheit problematisiert. Die soldatischen römischen Folterknechte sind in ihrem unmenschlichen Tun von zwei Einflüssen her bestimmt: Einmal sind es ihnen unbewusste sadistische Antriebe, die sie aufgrund ihrer Gene und ihrer Umwelteinflüsse mitbringen (also, mit SIGMUND FREUD gesprochen, ihr »Es«), und zum anderen sagen ihnen das römische Recht und ihr oberster Vorgesetzter, der römische Prokurator (also, freudianisch gesprochen, ihr »Überich«), dass dieser Mensch als Aufrührer gekreuzigt werden muss. »Es« und »Überich« stimmen also überein. Das Bereitschaftspotenzial zu brutaler Gewalt wächst ungehindert in ihren Gehirnen. Ein »Ich«, das nach FREUD zwischen »Es« und »Überich« steht, zwischen beiden vermittelt (und sich auf diese Weise bildet) entsteht nicht in dieser Konstellation. Die Henker handeln nicht als sie selbst, sie handeln nicht als »Ich«. Woher sollte bei ihnen das »Veto« kommen, zu dem sie nach BENJAMIN LIBET, wie im Zusammenhang der modernen Gehirnforschung ausgeführt, grundsätzlich fähig sind? Dasselbe gilt für Pontius Pilatus. In gewisser Weise gilt es auch für die Jerusalemer Priesterkaste, die Jesus an Pilatus ausgeliefert hat. Zwar musste bei diesen Priestern aus dem Zentrum der Tora, dem Gebot der Gottes- und Nächstenliebe, ein deutliches »Veto« aufsteigen, aber sie waren auf die herkömmliche Überlieferung, die ihre privilegierte Existenz garantierte und sicherte, fixiert, sodass sie einem solchen »Veto« keinen Raum geben konnten. Sie hätten ja sonst, evolutionstheoretisch gesprochen, gegen ihre »Fitness« handeln müssen. Nach den Gesetzen und Regeln der Evolution, wie sie sich auf dem Planeten Erde in der Galaxie Milchstraße in den vergangenen 3,5 Milliarden Jahren entwickelt haben, musste Jesus diesen frühen und grausamen Tod sterben.

Die einzige Instanz, von der her bei allen aktiv an diesem Tod Beteiligten ein »Veto« hätte aufkommen können, war das, was man »Gewissen« nennt. Der biblische Begriff dafür ist das »Herz«, in das der Wille Gottes und die Forderungen des Gesetzes nach Paulus auch beim Heiden, der das Gesetz nicht kennt, »geschrieben« sind (Röm 2,14). Nach JOHN HENRY KARDINAL NEWMAN vernimmt der Mensch im Gewissenserlebnis das Echo der Stimme Gottes. Das Zweite Vatikanische Konzil bezeichnet das Gewissen als »die verborgenste Mitte und das Heiligtum im Menschen, wo er allein ist mit Gott, dessen Stimme in diesem seinem Innersten zu hören ist«.[219] Das Gewissen kann aber auch irren. Der Mensch kann die Stimme Gottes verzerrt wahrnehmen. Dennoch ist sie auch so die nächste Instanz für das Handeln des Menschen.

In der Psychologie SIGMUND FREUDS ist das Gewissen identisch mit dem »Überich«. Es besteht aus den Wertvorstellungen, die Gesellschaft und Erziehung dem Menschen vermitteln. Dies entspricht auch der neueren Gehirnforschung, wonach diese Wertvorstellungen im Limbischen System abgespeichert sind. Es gibt in der Psychiatrie das Phänomen der sogenannten »Antisozialen Persönlichkeitsstörung«, abgekürzt ASP, die dadurch gekennzeichnet ist, dass der von dieser Erkrankung betroffene Mensch unfähig ist, sich in andere hineinzuversetzen und deshalb alle sozialen Normen, Regeln und Verpflichtungen missachtet, ohne dabei ein Schuldbewusstsein zu entwickeln. Er scheint kein Gewissen zu haben. Ein Schaden am Vorderhirn, genauer am Frontallappen, einer Gehirnregion, die für psychische Funktionen wie Einfühlungsvermögen und Impulskontrolle verantwortlich ist, wird als Ursache des Phänomens angesehen. In dieser naturwissenschaftlichen Sicht gibt es keinen Bezug des Gewissens zu Gott. So verstanden hätte bei denen, die auf Jesu Tod hingewirkt haben, auch aus dem Gewissen kein »Veto« gegen ihr Handeln aufsteigen können.

Hier befinden wir uns an einer Nahtstelle zwischen dem monistischen Naturalismus, der alle Phänomene des Universums auf physikalisch-chemische Vorgänge zurückzuführen sucht, und einer philosophischen Position, nach der es – wie etwa in der oben beschriebenen Konzeption von Sir KARL R. POPPER und Sir JOHN C. ECCLES – auch immaterielle, geistige Realitäten gibt, die mit der materiellen Realität in Wechselwirkung stehen. Nach ECCLES *bedient* sich das geistige Selbstbewusstsein des Menschen des Gehirns, um Entscheidungen zu treffen und Handlungen auszuführen. Wenn jedoch die entsprechenden Gehirnareale, deren es dazu bedarf, geschädigt sind oder ganz ausfallen, sind keine entsprechenden Reaktionen (etwa Gewissensappelle) möglich. Der Mensch ist dann nicht für seine Empfindungen und Handlungen verantwortlich. Es ist aber kaum anzunehmen, dass die Tausende und Abertausende römischer soldatischer Henker, die allein an den aufständischen Juden in Palästina Tausende und Abertausende von Kreuzigungen vollzogen haben, oder die Tausende von Folterknechten der Inquisition[220] ebenso wie die Tausende von SS-Schergen im Nationalsozialismus an einer Erkrankung des Frontallappens ihres Vorderhirns litten. Vielmehr scheint es teilweise weit gestreute und lang andauernde *soziale Epidemien* zu geben, in denen die gesellschaft-

sie stehen unter dem Einfluss teuflischer M
(vgl. S. 1...

lichen Wertvorstellungen Morde und grausame Gewalttaten sanktionieren, so dass in der Ausbildung des »Überichs« beim einzelnen Mitglied dieser Gesellschaft solche Mordtaten als legitim oder sogar gefordert erscheinen. Ihr Gewissen ist dann in diesen Bereichen gewissermaßen »ausgeschaltet«. Aber es existiert.

In der von JOHANN GEORG HAMANN inspirierten Sicht des Universums ist es eine *sprachliche Matrix*, die alles, was *ist*, »im Innersten zusammenhält« – »ein Tag sagt es dem anderen, eine Nacht tut es der anderen kund« (Ps 19,3). In dieser Perspektive ist das Gewissen das Organ, das diese göttliche Schöpfungsrede, diese Urmelodie der Schöpfung, die *sein* aus nichts hervorbringt, vernehmbar macht. Zwar ist diese »Rede« vom Anfang der Schöpfung an verdunkelt, übermalt, verfälscht, ja teilweise inhaltlich in ihr Gegenteil verkehrt; doch das Gewissen ist das Organ, das diese Verfälschungen – deutlicher oder undeutlicher – als solche erkennen lässt und durch sie hindurchdringen lässt zur ursprünglichen Schöpfungsrede. Oft nur verschwommen und undeutlich, manchmal aber auch in bestechender Klarheit, macht es die Urschrift des »Palimpsests« lesbar. Dabei bedient sich beim Menschen das »lesende« geistige Selbstbewusstsein bestimmter Areale seines Gehirns und es ist möglich, dass, wenn diese Gehirnregionen beschädigt sind, die Funktion des Gewissens ausfällt. Auch eine »soziale Epidemie« kann es vielen Menschen schwer oder ganz unmöglich machen, zur ursprünglichen göttlichen Schöpfungsrede durchzudringen.

Jesus aus Nazaret, wie die Evangelien ihn zeichnen und in seinem Menschsein sichtbar machen, ist der Mensch, der vom Anfang bis zum Ende seines Lebens einen unverstellten Blick auf die unverfälschte göttliche Schöpfungsrede hatte, ein Gehör für die zwar leise, aber rein und unverzerrt erklingende göttliche Schöpfungsmelodie. Er war der Mensch, der sein Leben völlig im Rhythmus dieser Sprachmelodie lebte. Nicht durch eine weisheitliche Schrift (wie LAOTSE), nicht durch systematisch aufgebaute Lehrreden (wie BUDDHA), nicht durch eine klare und überzeugende Philosophie (wie PLATON), auch nicht durch ergreifende Dramen (wie SOPHOKLES und die griechischen Tragödiendichter), sondern durch sein konkretes Leben, Wirken und Sterben hat er die ursprüngliche göttliche Schöpfungsrede, den ursprünglichen göttlichen Schöpfungswillen auf dem Planeten Erde, sichtbar

und wahrnehmbar gemacht. In seiner Person wurde dieser Schöpfungswille verkörpert und dadurch für die Menschen auf dem Planeten Erde
neu »lesbar«.

Das bedeutet nicht, dass Jesu Leben in dieser – von den *Verfälschungen*
der Schöpfungsrede geprägten – Welt harmonisch und in ungetrübtem
Glück verlaufen wäre. Zwar erfüllte ihn, wie es in dem überlieferten Erzählstück von der Jordantaufe zum Ausdruck kommt (Mk 1,11, parallel Mt und Lk: »Du bist mein geliebter Sohn …«) das Bewusstsein, von
Gott unbedingt und absolut geliebt zu sein. Aus diesem tief eingeprägten Bewusstsein heraus leben zu können, bedeutet sicher inneres
Glück und innere Zufriedenheit. Aber, wie in der Lebensskizze Jesu
aufgezeigt, verhinderte dieses Bewusstsein nicht die notwendig sich
einstellenden Konflikte mit seiner anders geprägten Umwelt. Das beginnt mit der Entfremdung von seiner Familie nach der Jordantaufe,
setzt sich fort in der Wankelmütigkeit und dem Unverständnis seiner
Anhänger (auch innerhalb des Jüngerkreises) und spitzt sich zu in der
zunehmend aggressiver werdenden Ablehnung durch die religiösen
Eliten seines Volkes, die schließlich zu seiner Auslieferung an Pilatus
und zur Kreuzigung geführt haben. Mehrere Wendungen (z.B. sein
Verlassenheitsruf am Kreuz Mk 15,34, parallel Mt) deuten an, dass
diese Erfahrungen sein Bewusstsein, von Gott unbedingt geliebt zu
sein, teilweise auch tief verdunkelten. Doch auf das Ganze seines Lebens gesehen, kommt deutlich zum Ausdruck, dass dieses Bewusstsein
von Anfang an und das schreckliche Ende einschließend die tiefste,
manchmal wohl auch nicht mehr gegenständlich fassbare Lebens-
grundstimmung Jesu war und blieb.

Die unverfälschte göttliche Schöpfungsrede, aus der heraus Jesus lebte
und die seinen Mitmenschen hörbar zu machen, seine Lebensaufgabe
war, wirkte auf längere Sicht hin gesehen auch auf die Versöhnung der
aufgezeigten Konflikte hin. Wohl noch zu seinen Lebzeiten war die an-
fängliche Entfremdung gegenüber seiner Mutter und seinen Geschwistern überwunden. Die Bildung der Jerusalemer Urgemeinde und der
Erfolg der Verkündigung seiner Person und seiner Botschaft in der au-
ßerjüdischen Welt zeigen, dass die göttliche Schöpfungsrede, die durch
seine Person, sein Leben und Wirken, in der Welt hörbar wurde, überall auf dem Planeten Erde die Menschen ansprechen und befreiend auf
sie wirken konnte.

Ist das »Abenteuer Leben« (Whitehead) auf dem Planeten Erde gescheitert?

Dennoch ist an dieser Stelle zu fragen, ob auf das Ganze der Welt- und Menschheitsgeschichte hin gesehen der gewaltfreie, alles *sein* und alle Entwicklung frei lassende göttliche Schöpfungswille sich auf dem Planeten Erde wirksam durchsetzen konnte. Ein Vergleich zwischen der Situation heute und der vor 2000 Jahren ist schwierig. Denkt man an die grausamen öffentlichen Hinrichtungen wie das lebendige Verbrennen, das Steinigen, das Vierteilen, das Rädern und eben auch das Kreuzigen, und denkt man an die weltweit als selbstverständlich praktizierte Sklaverei und Leibeigenschaft in der antiken und mittelalterlichen Welt, könnte man sagen, dass sich die Situation verbessert hat. Man denkt dabei an das Verbot oder wenigstens die Zurückdrängung der Todesstrafe in den meisten Staaten der heutigen Welt sowie an die Möglichkeiten der arbeitenden Bevölkerungsschichten, sich zu organisieren und einen gerechten Lohn zu fordern. Doch die Grausamkeiten und Unmenschlichkeiten sind heute anonym geworden. Man foltert und tötet nicht mehr öffentlich. Die Gewalt- und Unrechtsstrukturen haben sich verschoben. Das Ausmaß von Hunger und Elend auf dem Planeten Erde, das heute herrscht, ist dabei bedrückend. Nach Auskunft der Welthungerhilfe hungern weltweit 825 Millionen Menschen, davon 815 Millionen in den Entwicklungsländern. Alle fünf Sekunden stirbt auf unserem Planeten ein Kind an den Folgen des Hungers; das sind 18 000 Kinder jeden Tag und fünf Millionen Kinder pro Jahr.

Ähnlich ist es mit der Kriegsgewalt. Die Kriegsführung in früheren Zeiten war grausam und unmenschlich. Man denke etwa an die mitleidlose Ermordung von Frauen, Kindern und alten Menschen bei der Eroberung von Städten (vgl. Dtn 20,16–17). Demgegenüber hat jedoch die moderne Kriegsführung Ausmaße angenommen, denen gegenüber die früheren kriegerischen Grausamkeiten als zwar schreckliche, aber doch räumlich begrenzte, gewissermaßen »provinzielle« Ereignisse angesehen werden können. Auch hier ist heute die Unmenschlichkeit gegenüber früher anonym geworden. Die in der neuzeitlichen Kriegsführung übliche Bombardierung von Städten nimmt den Tod ungezählter Männer, Frauen und Kinder, die in keiner Weise am unmittelbaren

Kriegsgeschehen beteiligt sind, als selbstverständlich in Kauf. Nach dem Abwurf der in ihrer Zerstörungskraft noch relativ schwachen Atombombe auf Hiroshima am 6. August 1945 waren 45 000 Menschen sofort tot. Insgesamt starben an den unmittelbaren Folgen 136 000 Menschen. Die Spätfolgen, Krebserkrankungen und die Geburt behinderter und geistig geschädigter Kinder sind zahlenmäßig kaum zu erfassen. Ähnliches geschah beim zweiten Abwurf einer Atombombe über Nagasaki. Man fragt bei diesen Massentötungen nicht mehr nach Frauen und Kindern. Die getöteten Menschen tauchen nur noch als Zahlen auf. Inzwischen hat man die Zerstörungskraft der Kernwaffen vervielfacht, und die Zahl dieser Waffen auf dem Planeten Erde ist so groß, dass bei ihrer Anwendung alles auch nur entfernt menschenähnliche Leben auf dem Planeten Erde vollständig vernichtet wird.

Ist die Zeit, die seit dem Wirken BUDDHAS, LAOTSES, KONFUZIUS', PLATONS und der griechischen Tragödiendichter und seit dem Leben und Sterben JESU AUS NAZARET vergangen ist, noch zu kurz? Evolutionsgeschichtlich sind zweieinhalbtausend Jahre ja nur wenige Sekunden. Wird sich in 100 000 Jahren – wenn die Menschheit sich bis dahin nicht selbst vernichtet hat oder astronomische Entwicklungen das Leben auf dem Planeten ausgelöscht haben – die Vision des Theologen GERD THEISSEN erfüllt haben,[221] dass sich nämlich in der *kulturellen* Evolution die Verhältnisse gegenüber der vorangehenden *biologischen* Evolution umkehren und nicht mehr das Prinzip *Survival of the Fittest*, sondern das Prinzip der gegenseitigen Hilfe (*Mutual Aid*) zum Entwicklungsprinzip der Menschheit werden? Wird in 100 000 Jahren eine gerechte, sozial und ökologisch orientierte, freiheitliche, demokratisch gewählte Weltregierung die Unrechts- und Gewaltstrukturen auf dem Planeten beseitigt haben? Werden Todesstrafe und Krieg, Ausbeutung der Natur und Zerstörung der Umwelt einer überwundenen, viele Jahrtausende zurückliegenden »dunklen Vergangenheit« angehören?

Die Unrechtsstrukturen, nach denen täglich 18 000 Kinder verhungern, die mit Massentötungen verbundenen Kriege, das abgrundtief Böse und das Zerstörerische auch der Naturkatastrophen sind in der Entwicklung des Universums und in der Evolution des Lebens auf dem Planeten Erde gewachsen. Zugrunde liegt ihnen die – folgerichtige – autopoietische Struktur und Freiheit des vom gewaltlosen Gott zu *sein* Gerufenen, aufgrund derer vom Anfang an der Text und die Melodie der göttlichen Schöpfungsrede verdunkelt und verzerrt wurde, sodass sich der Prozess *sein* teilweise in Widerspruch zum göttlichen Schöpfungswillen entwickelt hat. Kann – in vielleicht 100 000 Jahren – die in der modernen Gehirnforschung dem menschlichen Selbstbewusstsein eingeräumte Möglichkeit des »Veto« gegenüber den selbsttätig in seinen Gehirnarealen sich bildenden Bereitschaftspotenzialen diese Entwicklung grundlegend verändern? Auch wenn in der vom Menschen gestalteten kulturellen Evolution die unverfälschte göttliche Schöpfungsrede wieder zur Geltung kommen sollte, könnten dadurch – rückwirkend – die Jahrmilliarden vorher entstandenen Gesetze und Grundlinien der Evolution (vor allem auch der biologischen Evolution) nicht verändert werden. Diese in der Evolution auftretenden Verhaltensweisen (wie Rivalenkampf, Ausgrenzung anderer in der Sorge für die eigenen genetisch nahestehenden Lebewesen, rücksichtslose kämpferische Verteidigung und Mehrung der eigenen Existenzgrundlagen, Eroberung von Territorien u. Ä.) könnten innerhalb des menschlichen Bereichs in Jahrtausenden vielleicht zurückgedrängt werden. Doch Krankheit, Alter und Tod, Missbildungen, Unfälle, Überbevölkerung und Naturkatastrophen würden dadurch zwar in ihren Auswirkungen menschlich aufgefangen, aber nicht grundsätzlich beseitigt werden.

BERT BRECHT stellt in seinem Theaterstück *Der gute Mensch von Sezuan* dar, dass der Mensch in unserer durch die verfälschte göttliche Schöpfungsrede geprägten Welt nicht gleichzeitig gut sein und glücklich leben kann. Der »gute Mensch«, Shen Te, muss sich von Zeit zu Zeit in den harten »Vetter« Shui Ta verwandeln, der die von Shen Te ausgeführten, von Mitleid und Liebe geprägten Verhaltensweisen wieder rückgängig macht und die ausgeliehenen Geldsummen erbarmungslos eintreibt, um nicht unterzugehen. Jesus, der ungebrochen nach der von ihm vernommenen unverfälschten göttliche Schöpfungsrede lebte, musste nach dieser Sicht in unserer Welt scheitern.

Der von den menschlichen Gewaltprojektionen befreite Gott kann das von ihm aus nichts zu *sein* Hervorgerufene in seiner weiteren Entwicklung mit seiner ursprünglichen unverfälschten göttlichen Schöpfungsrede begleiten und in der *creatio continua* immer wieder neu *sein* aus nichts hervorbringen. Aber er kann die Entwicklung nicht gewaltsam von außen her reglementieren. Sein Schöpfungswirken ist, wie WHITEHEAD schreibt, ein Abenteuer, das er »mit zärtlicher Geduld durch seine Einsicht in das Wahre, Schöne und Gute« begleitet.[222] Das Universum besteht aus einem seit 13,7 Milliarden Jahren sich vollziehenden und in eine unbekannte Zukunft weiterlaufenden Prozess. Soll dieser nicht erstarren und stagnieren, muss sich immer wieder Neues in ihm ereignen und hervortreten. Dieses Neue kann sich aufgrund der Freiheit alles Geschaffenen immer auch entgegengesetzt zu der unverfälschten Schöpfungsmelodie, die es zu *sein* befähigt, entwickeln. Das Abenteuer einer durch Evolution sich vollziehenden Schöpfung kann immer neu scheitern. Die durch den römischen Geschichtsschreiber TACITUS[223] historisch bezeugte Kreuzigung Jesu ist Ausdruck des bisherigen Scheiterns der göttlichen Schöpfungsrede in der Evolution des Lebens auf dem Planeten Erde.

Wenn sich, wie zu Beginn beschrieben, in 4–5 Milliarden Jahren um den im Jahr 2007 entdeckten Stern HD 113 766 tatsächlich ein unserer Erde ähnlicher Planet entwickeln sollte, wird die dort entstehende Evolution des Lebens auch von der schon im Anfang verdunkelten und verzerrten göttlichen Schöpfungsrede geprägt sein. Wird sie sich dann wesentlich anders entfalten, als sie sich seit 3,5 Milliarden Jahren auf dem Planeten Erde entwickelt hat?

Der im Zusammenhang der göttlichen Schöpfungsrede bereits herangezogene Logos-Hymnus, der Prolog zum Johannesevangelium, gibt zu erkennen, dass auf unserer Erde der Logos, der den Prozess *sein* aus nichts hervorgerufen hat, nicht an sein Ziel gekommen ist. In diesem Schöpfungswort, in seiner *sein* schaffenden Schöpfungsmelodie, ist Leben verborgen schon 12 Milliarden Jahre bevor auf unserem Planeten vor 3,5 Milliarden Jahren die ersten Bakterien zu leben begannen. In dieser Schöpfungsmelodie und in diesem auf dem Planeten Erde entspringenden Leben war auch schon das Licht der Vernunft, der *logos*, als Möglichkeit angelegt. Doch der Logos-Hymnus sagt, dass die Finsternis das Licht nicht aufgenommen, nicht erfasst hat (Joh 1,5). Christus Jesus, die Verkörperung der göttlichen Schöpfungsrede, der göttliche Logos, »kam in die Welt und die Welt ist durch ihn geworden, aber die Welt erkannte ihn nicht. Er kam in sein Eigentum, aber die Seinen nahmen ihn nicht auf« (Joh 1, 9–10), sondern sie kreuzigten ihn. Der Satzbau und die Tempora der Verben geben zu erkennen, dass der Verfasser des Hymnus seine Aussage nicht ausschließlich auf das einmalige historische Geschehen um Jesus aus Nazaret bezieht, sondern ein auf unserem Planeten grundsätzliches, immer wiederkehrendes Geschehen in Worte fasst.[224] Die »Welt« – im griechischen Text: der *kosmos* – lehnt die göttliche Schöpfungsrede, den *logos* ab.[225]

Der Logos-Hymnus fährt fort: »Allen aber, die ihn aufnahmen, gab er Macht, Kinder Gottes zu werden« (Joh 1,12) und »die Herrlichkeit des einzigen Sohnes vom Vater voll Gnade und Wahrheit« zu sehen (Joh 1, 14). Diese Menschen sind nicht mehr im Zusammenhang der biologischen Evolution – »nicht aus dem Blut, nicht aus dem Willen des Fleisches, nicht aus dem Wollen des Mannes« –, sondern aus Gott geboren (Joh 1, 13). Die Formulierung verweist den christlichen Leser eindeutig auf die Taufe.[226] In der Taufe wird nach christlicher Überzeugung der Mensch neu geboren: als Mensch, der Christus nachgestaltet ist, der hineingetaucht ist in sein Leben und Sterben und darum auch Teil hat an seiner Auferstehung von den Toten. »Gleichgestaltet werdend seinem Tod, ob etwa ich hingelange zur Auferstehung, der aus Toten«, so deutet Paulus sein Lebensgefühl und seine Hoffnung (Phil 3,10f., Wort-für-Wort-Übersetzung nach dem *Münchener Neuen Testament*).

Der Text des Logos-Hymnus ist nicht moralisierend zu verstehen. Er sagt nicht: Die böse, in Finsternis versunkene Welt nimmt die unverfälschte göttliche Schöpfungsrede, die in Jesus Gestalt angenommen hat, nicht auf; die Christen aber nehmen sie auf und lassen dadurch die Welt wenigstens teilweise hell werden. Durch den Bezug auf Neugeburt, Geburt aus Gott, Taufe und Auferstehung kommt vielmehr zum Ausdruck, dass in der ungebrochenen Verwirklichung der unverfälschten göttlichen Schöpfungsrede durch Jesus und durch die, die ihm nachfolgen, eine *neue* Welt, eine »*neue* Schöpfung«, ein neues Universum, entstanden ist. »Wenn jemand in Christus ist«, wenn jemand hineintaucht, hineingetauft wird das Leben und Sterben Jesu, »dann ist er eine neue Schöpfung« (2 Kor 5,17). Es kommt jetzt nicht mehr darauf an, »ob einer beschnitten oder unbeschnitten ist«, ob er als Jude oder Heide geboren ist und lebt, »sondern darauf, dass er *neue Schöpfung* ist« (Gal 6,15). Es geht dabei nicht nur um eine ethische, sondern um eine ontologische Neuschöpfung. Wie die erste Schöpfung nach der modernen Astrophysik ihren Anfang im 13,7 Milliarden Jahre zurückliegenden »Urknall« hat, so hat die neue Schöpfung ihren Anfang in Leben, Tod und Auferstehung Jesu von den Toten.

»Wir haben Christus gesehen« (Paulus, 1 Kor 15) – Jesu Auferstehung von den Toten

Die Auferweckung Jesu von den Toten ist das historisch, philosophisch und theologisch am heftigsten umstrittene Thema des Neuen Testaments. Die Deutungen reichen von dem Aufklärungsphilosophen Samuel Reimarus, der die im Matthäusevangelium erwähnte, angeblich von den Sadduzäern verbreitete Rede, die Jünger hätten Jesu Leichnam gestohlen, für real hält, über Karl Herbst, Franz alt u. a., die sagen, Jesus sei nach seiner Kreuzigung nur scheintot gewesen, über David Friedrich Strauss, william Wrede und Gerd Lüdemann, welche die Auferstehungsbotschaft als irreale psychologische Reaktion der Jünger auf die für sie schockierende Kreuzigung Jesu erklären, über die im Zusammenhang der Existenzphilosophie entworfene These Rudolf Bultmanns, der reale historische Hintergrund sei unwichtig und es komme nur darauf an, dass die Botschaft von der Auferstehung verkündet werde und der Mensch sich ihr gegenüber entscheide, bis hin zur Erklärung Willi Marxens, die Überlieferung bedeute nur, dass die »Sache Jesu« auch nach dessen Tod weitergeht.

Diesen Deutungen steht jedoch gegenüber, dass nach allen Zeugnissen des Neuen Testaments die Auferstehung Jesu den Ausgangspunkt und Hauptinhalt des christlichen Glaubens bildet. Paulus fasst in seinem Ersten Brief an die von ihm in Korinth gegründete Gemeinde diese Sicht zusammen, indem er schreibt: »Ist Christus nicht auferweckt worden, dann ist unsere Verkündigung leer und euer Glaube sinnlos« (1 Kor 15,14); und nach seinem Brief an die Gemeinde von Rom hängt das ewige Heil des Menschen nur von dem Bekenntnis zu Jesus und vom Glauben an dessen Auferweckung von den Toten ab (Röm 10,9). »Wenn Tote nicht auferweckt werden, dann lasst uns essen und trinken; denn morgen sind wir tot«, schreibt er an die Korinther (1 Kor 15,32). Die Auferweckung Jesu von den Toten dagegen ermöglicht es, als »neue Menschen«, als Menschen einer »neuen Schöpfung«, zu leben (Röm 6,4; 2 Kor 5,17 und Gal 6,15).

Jesus hat ungebrochen zeit seines Lebens nach der unverfälschten göttlichen Schöpfungsrede gelebt. Er war die leibhaftige Verkörperung dieser Rede. Diese Rede aber ist die das Universum durchziehende sprachliche Matrix, die »Urmelodie«, die seit dem »Urknall« *sein* ermöglicht.

Die Menschen, die mit Jesus lebten und nach seiner Hinrichtung immer neu die Erfahrungen, die sie mit Jesus gemacht hatten, meditierten und an sich vorüberziehen ließen, hatten zwar ein völlig anderes Weltbild, als die Wissenschaft heute es uns vermittelt, aber sie erkannten in diesem Leben und in den Erfahrungen mit Jesus, dass in ihnen eine Kraft am Werk war, die durch die grausame Hinrichtung nicht vernichtet werden konnte. Der Arzt und Evangelist Lukas legt dem Fischer vom See Gennesaret, Petrus, in dessen Pfingstpredigt die möglicherweise älteste Deutung des Todes Jesu in den Mund: Ihr habt ihn »durch die Hand von Gesetzlosen ans Kreuz geschlagen und umgebracht. Gott aber hat ihn von den Wehen des Todes befreit und auferweckt; denn es war unmöglich, dass er vom Tod festgehalten wurde« (Apg 2,24). Jesus war so stark von der unverfälschten, *sein* schaffenden Schöpfungsrede durchdrungen, dass der Tod ihn nicht im *nicht sein* festhalten konnte.

Hier begegnen wir einer der sogenannten »Auferweckungs- und Auferstehungsformeln«, die nach Auskunft der Exegeten schon kurze Zeit nach Jesu Tod in der Urgemeinde entstanden sind und die älteste Schicht der Überlieferung von Jesu Auferstehung bilden. Die zweigliedrige Formel »gestorben und auferstanden«, die uns etwas ausgeweitet in der genannten Pfingstpredigt des Petrus begegnet, die sogenannte »Kontrastformel«, ist eine Deutung des Todes Jesu, die besonders in den Texten des Lukas vorkommt; sie greift aber ältere Traditionen auf.[227] Jesus, die Verkörperung der *unverfälschten* göttlichen Schöpfungsrede, »musste« in der von der *verfälschten* Schöpfungsrede geprägten Welt scheitern und sterben. Die Emmausjünger erkennen nach ihrer Begegnung mit dem Auferstandenen: »Musste nicht der Messias all das erleiden, um so in seine Herrlichkeit zu gelangen?« (Lk 24,26). Jesus hat gezeigt, dass diese Rede, die *sein* aus nichts hervorruft, in ihrer unverfälschten, durch ihn geoffenbarten Gestalt, *sein* und *leben* auch aus dem *nicht sein* des Todes neu hervorrufen kann: »Gestorben und auferstanden« ist die Erlösungsformel, die uns Jesus geschenkt hat (1 Thess 4,14; 1 Kor 15,3; 2 Kor 5,15 u.ö.).

Der Tod geht notwendig der Auferweckung voraus; es genügt also, diese zu bekennen. Deshalb findet sich die Formel auch in eingliedriger Form: »Gott hat Jesus aus den Toten erweckt«, eine Formel, die, manchmal in leicht variierter Form, immer wieder in den Paulusbriefen[228] sowie in der Apostelgeschichte[229] auftaucht. Die Formeln entstanden in der Jerusalemer Urgemeinde. Sie bilden das Fundament, auf dem sich die spätere, in den Evangelien aufgenommene Erzähltradition aufbaut.

Ebenso alt wie die Auferstehungsformeln ist die Auflistung der Personen, welche die in den Formeln überlieferte Auferstehung bzw. Auferweckung Jesu erfahren haben und bezeugen. Die Liste findet sich im Ersten Brief des Apostels Paulus an die Gemeinde von Korinth. Sie enthält den Namen des Petrus sowie des Bruders Jesu, Jakobus, nennt ohne Namensnennung die »Zwölf« (die Jünger Jesu während seines Lebens) und eine Versammlung von vielen Anhängern Jesu, von denen zur Zeit der Abfassung des Briefes (zwischen 53–55 n. Chr.) »die meisten noch am Leben« sind. Zusammenfassend spricht er ferner von »allen Aposteln«, zu denen sich Paulus auch selbst zählt, wobei er sich als eine »Missgeburt« bezeichnet, weil er zur Zeit der Erscheinung die Christen verfolgte. Das Bekenntnis zu der von diesen Augenzeugen verbürgten Auferweckung Jesu von den Toten ist, schreibt er abschließend, »der Glaube, den ihr angenommen habt« (1 Kor 15,3–11).

Weder in den Briefen noch in den Evangelien wird der Vorgang der Auferstehung selbst beschrieben. Stereotyp – viermal hintereinander – wird von Paulus in der beschriebenen Zeugenliste, dem ältesten Auferstehungstext des Neuen Testaments, das bezeugte Ereignis mit dem griechischen Wort *ophtae* bezeichnet (1 Kor 15,5–8). Der Ausdruck bedeutet wörtlich: »Er ist gesehen worden«. Die Einheitsübersetzung des Neuen Testaments übersetzt »er erschien« und stellt dadurch den Vorgang stärker als Aktion Jesu dar. Das Wort *ophtae* wird in der jüdischen Apokalyptik verwendet. Es bezeichnet kein »sehen« im Sinne einer biologischen Sinneswahrnehmung, die auch fotografisch festgehalten werden könnte, sondern eine visionäre Schau. Das bedeutet jedoch nicht, dass das »Geschaute« nur aus einer subjektiven Einbildung bestand, der in der Außenwelt keine reale Wirklichkeit entsprach. Der Buddhist, dem in der Meditation die Erleuchtung zuteil wird, macht eine sehr reale Erfahrung, die sein Leben möglicherweise von Grund auf verändert, so wie die Schau des Auferstandenen das Leben vieler Anhänger Jesu von Grund auf verändert hat, ihnen aus dieser Erfahrung vielfach sogar die Kraft zum Martyrium zuwuchs.

Paulus ist der einzige Zeuge der Auferstehung, der in seinen Briefen authentisch zu uns spricht. Doch auch er gibt keine äußerlich nachvollziehbare Beschreibung. Er begründet sein Apostelamt damit, dass er den *kyrios* Jesus »gesehen« habe (1 Kor 9,1); der Auferstandene ist von ihm »gesehen worden« (1 Kor 15,8); es gefiel Gott, »dass er seinen Sohn in mir offenbarte« (Gal 1,16). Der Vorgang ist also ein Offenbarungsereignis, ein Vorgang der Erleuchtung. Wie Gott (nach der jüngeren Schöpfungserzählung) bei der Erschaffung des Universums als erstes das Licht aus nichts zu *sein* hervorrief, so ist auch der Vorgang der Auferweckung Jesu für Paulus ein neuer, mit dem Hervorrufen von Licht verbundener Erschaffungsvorgang: »Gott, der sprach: Aus Finsternis soll Licht aufleuchten!, er ist in unseren Herzen aufgeleuchtet, damit wir erleuchtet werden zur Erkenntnis des göttlichen Glanzes auf dem Antlitz Christi« (2 Kor 4,6). In der ihm zuteil gewordenen Erscheinung des Auferstandenen vor Damaskus ist Paulus zu dieser Erkenntnis erleuchtet worden.

Zwei bis drei Jahrzehnte nach der Zeit, in der die Paulusbriefe entstanden, beschreibt Lukas – der Tradition nach identisch mit jenem »Freund« und »Mitarbeiter« gleichen Namens, den Paulus in seinen Briefen erwähnt (Kol 4,14; Phlm 24) – wahrscheinlich also aus erster Hand informiert, erzählerisch ausgeweitet die Christuserscheinung vor Damaskus. Auch nach dieser Erzählung handelt es sich um eine Licht- und Erleuchtungserfahrung: »… als er sich Damaskus näherte, geschah es, dass ihn plötzlich ein Licht vom Himmel umstrahlte« und eine Stimme sagt ihm: »Ich bin Jesus, den du verfolgst«. Die Lichterscheinung blendete Paulus so stark, dass er drei Tage lang nichts mehr sehen konnte. Durch diese Erleuchtungserfahrung wird aus dem Christenverfolger der christliche Heidenmissionar Paulus, der ungeheure Mühen und ständige Verfolgungen auf sich nimmt, um den gekreuzigten Jesus als den auferstandenen Christus und Gottessohn zu verkünden (Apg 9,1–9).

Auch in den erzählenden Texten der Evangelien, die erst vier bis sieben Jahrzehnte nach Jesu Tod entstanden, wird der Vorgang der Auferstehung *nicht* beschrieben. Doch die Erscheinungen werden ausgemalt. Jesus erscheint drei Frauen aus seiner Anhängerschaft auf deren Rückweg von Jerusalem nach Galiläa (Mt 29,8f.), dem Zwölferkreis in Galiläa (Mt 28,16–20) und in Jerusalem (Lk 24,36–49; Joh 20,19–23), einigen Jüngern am See Gennesaret (Joh 21,1–23) und der Maria Magdalena in der Gestalt des Gärtners vor dem leeren Grab (Joh 20,11–18). Hinzu kommen die Erzählungen von der Auffindung des leeren Grabes Jesu in Jerusalem (Mk 16,1–8; Mt 28,1–8; Lk 24,1–12; Joh 20,1–10).

Die Geschichtlichkeit dieser Erzählungen wird in der Theologie kontrovers beurteilt. Zwei Argumente sprechen deutlich für den legendären Charakter der Grabeserzählungen: Erstens die Tatsache, dass Paulus als einziger authentisch zu uns sprechender Zeuge der Auferweckung Jesu, obwohl er an vielen Stellen seiner Briefe die Auferstehung Jesu als das Fundament des christlichen Glaubens hervorhebt, *mit keinem Wort* das leere Grab Jesu in Jerusalem erwähnt. Zweitens widersprechen diese Geschichten der von Paulus wiederholt ausgesprochenen und im christlichen Glauben fest verankerten Hoffnung, dass die Auferstehung Jesu Vorbild unserer eigenen Auferstehung nach unserem Tod ist. Wie aber sollen die Millionen und Abermillionen Menschen, deren Leib verbrannt, von Raubtieren gefressen oder von Bomben zerfetzt worden ist, mit demselben Leib, in dem sie lebten, auch wieder auferstehen? Diese fiktionalen Erzählungen vom leeren Grab, Jahrzehnte nach Jesu Tod und Auferstehung entstanden, haben den Sinn, ein inzwischen aufgetauchtes platonisch-geistiges Verständnis des Geschehens abzuwehren, indem sie die Realität des Geschehens ausmalen und die Leiblichkeit des Auferstandenen betonen.

Ähnliches gilt für die realistisch ausgemalten Erscheinungserzählungen. Der Auferstandene zeigt seine Hände und Füße, fordert auf, ihn anzufassen: »Kein Geist hat Fleisch und Knochen, wie ihr es bei mir seht« (Lk 24,39); er lässt sich ein Stück gebratenen Fisch geben »und aß es vor ihren Augen« (Lk 24,42). Er tritt bei verschlossenen Türen in ihre Mitte und überzeugt den noch ungläubigen Thomas, indem er ihn auffordert, seinen Finger in die Wundmale seiner Hände und in die Lanzenwunde an seiner Seite zu legen (Joh 20,19–29). Auch hier geht es offensichtlich darum, in fiktionalen Erzählungen durch realistische Ausmalung die Leiblichkeit des Auferstandenen festzuhalten.

Die historisch-kritische Exegese hat der Theologie wichtige Erkenntnisse vermittelt. Unter der Hand jedoch entstand durch den Siegeszug dieser Methode die heute weit verbreitete Ansicht, nur wirklichkeitsgetreue Berichte hätten einen Offenbarungswert. Dies ist aber ein Irrtum. Wirklichkeitsgetreue Berichte, etwa von einem Ärzteteam bestätigte medizinisch nicht erklärbare Heilungen in Lourdes, erregen zwar momentan große Verwunderung, werden aber nach einiger Zeit kopfschüttelnd »ad acta gelegt«. Fiktionale Erzählungen dagegen vermitteln, wenn sie gut und »stark« sind, ein »Aha-Erlebnis«; sie lassen im Hörer oder Leser »ein Licht aufgehen«, sie bewirken, wie der englische

Bischof und Theologe J. T. RAMSEY sagt, eine »disclosure«,[230] eine »Enthüllungserfahrung«, die als solche einen Offenbarungscharakter haben kann.

Der visionäre, Offenbarung beinhaltende Charakter der Auferstehungserscheinungen kommt in jenen Erzählungen zum Ausdruck, in denen die Erscheinung durch die Begegnung mit Menschen ausgelöst wird, die Worte und Gesten vollziehen, wie sie für Jesu Verhalten charakteristisch sind:[231] Von Maria Magdalena wurde Jesus gesehen, als im Grabesgarten der Gärtner die trauernde und weinende Frau tröstend mit ihrem Namen ansprach (Joh 20,11–18). Den Jüngern, die nach Jesu Tod von Jerusalem weggingen und in einer Herberge in Emmaus übernachteten, »gingen die Augen auf« (Vers 31), als beim abendlichen Mahl ihr Wegbegleiter das Brot brach und es ihnen gab (Lk 24,13–35). Im Nachtragskapitel des Johannesevangeliums (Joh 21,1–14) wird erzählt, dass am See von Tiberias nach dem nächtlichen Fischfang der Jesusjünger ein Mann am Ufer stand, vor sich »am Boden ein Kohlenfeuer und darauf Fisch und Brot« (Vers 9) und zu ihnen sagte: »Kommt her und esst!« Daraufhin heißt es: »Keiner von den Jüngern wagte ihn zu fragen, wer er sei, denn sie wussten, dass es der Herr war« (Vers 12). Begegnungen dieser Art können bewirken, dass sich das im ältesten Zeugenbericht genannte *ophtae* ereignet und in visionärer Schau Jesus als der auferstandene Christus gesehen wird.

»Alles ist durch den Logos geworden« (Joh 1,3) – Die kosmische Bedeutung des auferstandenen Christus

Die Christushymnen der frühen Kirche sprechen von der kosmischen Bedeutung des auferstandenen Christus. In seinem Brief an die Gemeinde von Philippi greift Paulus einen Hymnus auf, in dem der Weg Christi im kosmischen Maßstab beschrieben wird (Phil 2,6–11). Dieser Weg beginnt in einem vorzeitlichen Sein bei Gott, setzt sich fort in seiner Menschwerdung und seinem Tod und endet in der Einsetzung des Auferstandenen zum Herrscher des Weltalls. »Alle im Himmel, auf der Erde und unter der Erde« sollen ihre Knie vor ihm beugen. Ähnlich wird Christus in dem von Paulus an die Gemeinde von Kolossä gerichteten Brief in einem Hymnus als Urgrund der ganzen Schöpfung beschrieben: »Er ist vor aller Schöpfung«. Durch ihn und auf ihn hin

»wurde alles geschaffen« (Kol 1,15–20). »Er ist der Ursprung, der Erstgeborene der Toten« (ebd.). In einem wahrscheinlich von einem Pau-
lusschüler verfassten Rundbrief an die Christen Kleinasiens findet sich
ein Loblied auf den Heilsplan Gottes, der im auferstandenen Christus
an sein Ziel kommt: »Vor der Erschaffung der Welt hat uns Gott in ihm
erwählt« und dazu bestimmt, »seine Söhne zu werden durch Jesus
Christus«. In Christus ist alles vereint, »alles, was im Himmel und auf
Erden ist« (Eph 1,3–14). In diesen Kreis fügt sich auch der Logos-
Hymnus ein, der das Johannesevangelium eröffnet: »Alles ist durch
das Wort geworden«, das Christus in seinem Leben und Sterben verkörpert. Dieses Wort war der Anfang allen Seins. »In ihm war das Leben und das Leben war das Licht der Menschen«. Aber die Finsternis der Welt hat das Licht nicht erfasst. »Die Seinen nahmen ihn nicht
auf« (Joh 1,1–11).

Das Zweite Vatikanische Konzil fordert dazu auf, bei der Auslegung der
biblischen Schriften »genau« auf den Denk- und Sprachhorizont der
Verfasser der jeweiligen Texte zu achten und den Text von diesem damaligen Verstehenshorizont aus zu interpretieren.[232] Welches Weltbild
lag den Verfassern der genannten Christushymnen zugrunde? Als griechisch sprechende und hellenistisch gebildete Autoren dachten sie sich
die Erde gewiss nicht mehr als eine vom Wasser umgebene Scheibe, wie
noch die älteren Autoren des Alten Testament und wohl auch das einfache Volk in Palästina zur Zeit Jesu, dem Jesus und seine Jünger selbst
angehörten. In Griechenland hat Aristoteles etwa vierhundert Jahre
bevor die genannten Christushymnen gedichtet wurden, die Erde als
Kugel gedacht und sogar versucht, deren Umfang zu bestimmen. Auch
heliozentrische Vorstellungen tauchten schon im griechischen Alter-
tum auf, die jedoch im Schatten des Aristoteles und später des Ptolemäus standen und erst 2000 Jahre später durch Kopernikus wieder
hervorgeholt wurden. Die Verfasser der neutestamentlichen Christushymnen dachten sich die Erde dem geozentrischen Weltbild entsprechend und damit den Menschen als Mittelpunkt des Universums. Die
anderen sichtbaren Himmelskörper, Sonne, Mond und Planeten, um-
kreisten die Erde in verschiedenen konzentrisch um die Erde angeord-
neten durchsichtigen Hohlkugeln, den sogenannten »Sphären«, wobei
die äußerste Sphäre von den Fixsternen besetzt war. Jenseits der Fixsternsphäre befand sich das Empyreum, der himmlische Lichtbereich,
die Welt Gottes und der Engel. In dieser Sichtweise war das Universum

ein geordnetes und überschaubares Gebilde, das Gott als die Heimat des Menschen geschaffen hat.

Im Rahmen dieses Weltbildes sind die Aussagen der frühchristlichen Christushymnen nachvollziehbar: Wenn die Erde und der Mensch im Mittelpunkt des Universums stehen und in Jesus das Urbild des Menschen, wie es Gott bei der Schöpfung vor Augen hatte, verwirklicht ist, dann existiert er vor aller Schöpfung und alles ist durch ihn und auf ihn hin geschaffen.

Die moderne Naturwissenschaft vermittelt uns heute ein völlig anderes Weltbild. Die Raumzeit, die mit dem »Urknall« entstanden ist und sich seit 13,7 Milliarden Jahren entwickelt, hat kein Zentrum, keinen Mittelpunkt, der mit Christus identifiziert werden könnte. Die 125 Milliarden Galaxien mit jeweils hundertmilliarden Sternen, unterbrochen durch Leerräume mit einem Durchmesser von Millionen von Lichtjahren sind vom Menschen, der als Teil dieses Universums am Rand der Galaxie Milchstraße lebt, nicht überschaubar. Er kann zwar, indem er die Strahlungsstärke eines Sterns misst, dazu seine Leuchtkraft mit einer gewissen Wahrscheinlichkeit bestimmt und beide Größen zueinander in Beziehung setzt, ungefähr erschließen, wie weit ein Stern oder eine Galaxie von ihm, d.h. von der Erde entfernt ist, aber er stellt dabei nur Entfernungen *innerhalb* des ungeheuren Raumes fest; er weiß nicht, in welcher Region, bezogen auf das Gesamtuniversum, er diese Messungen angestellt hat. Er kennt keinen Mittelpunkt, der von Christus eingenommen werden könnte. Die nach heutigen Erkenntnissen große Wahrscheinlichkeit Tausender auch anderer Planeten im Universum, auf denen sich Leben und Intelligenz entwickelt haben oder entwickeln werden, war für die Menschen in biblischer Zeit völlig undenkbar. Deshalb sind die Aussagen der neutestamentlichen Christushymnen heute nicht mehr unmittelbar nachvollziehbar.

Die Verfasser dieser Texte kannten auch noch nicht die außerbiblischen religiös-philosophischen Traditionen, die uns heute in unserer klein gewordenen Welt nahe gekommen sind. LAOTSE und BUDDHA, auch PLATON und SOPHOKLES waren ihnen unbekannt oder relativ fremd. Es war ihnen nicht möglich, diese Menschen, die auf ihre Weise *auch* die unverfälschte göttliche Schöpfungsrede zur Sprache brachten, zu Jesus in Beziehung zu setzen.

Doch von der im Anschluss an HAMANN entwickelten Vorstellung einer ursprünglichen göttlichen Schöpfungsrede, einer sprachlichen

Matrix, die das ganze Universum durchzieht und »die Welt im Innersten zusammenhält«, her, lässt sich die in den Christushymnen beschriebene kosmische Bedeutung Jesu Christi neu verstehen. Da alles im Universum durch diese Schöpfungsrede geworden ist, ist in ihr und ihrer Verkörperung in Jesus auch »alles vereint«, was im unvorstellbar großen Universum existiert, wirkt und lebt. »In ihm hat alles Bestand« (Kol 1,17). Auf die in Jesus verkörperte unverfälschte göttliche Schöpfungsrede hin ist alles geschaffen. In ihr hat er uns erwählt, wie Jesus seine Söhne und Töchter zu werden und ihn, Jesus nachfolgend, als *Abba* anzurufen (Eph 1,5). Alles ist durch diese Rede, dieses »Wort«, das Christus ist, geworden. Im singulären Anfang des »Urknalls« vor 13,7 Milliarden Jahren hat dieses »Wort« aus nichts den Prozess *sein* hervorgerufen. Die Möglichkeit eines Lebens, wie es sich auf dem Planeten Erde seit 3,5 Milliarden Jahren entwickelt, war in diesem Prozess angelegt. Mit diesem Leben war auch schon von den ersten lebenden Bakterien an die Möglichkeit gegeben, intelligente Lebewesen zu entwickeln, die »Licht« in den »kosmischen Irrgarten« des Universums bringen können (Johannesprolog). Auf den vielen anzunehmenden anderen Planeten, auf denen ebenfalls, vielleicht vor Milliarden Jahren, aufgrund der verfälschten Schöpfungsrede Leben und Intelligenz entstanden sind oder in vielleicht Milliarden Jahren Leben und Intelligenz entstehen werden, wird in anderen Verkörperungen der unverfälschte Text der Schöpfungsrede durchscheinen. Andere Gestalten der Offenbarung Gottes werden dort die Verheißung und die Hoffnung auf einen neuen Himmel und eine neue Erde wachrufen und den Weg dorthin erschließen. Doch ihre Offenbarung wird der ähnlich sein, die uns auf dem Planeten Erde durch Jesus geschenkt ist.

»Dann sah ich einen neuen Himmel und eine neue Erde« (Offb 21,1)

Zusammenfassung: Gott, Jesus und die Zukunft des Universums

Unbestritten im heutigen von der Naturwissenschaft geprägten Weltbild ist die Entstehung des Universums in einem sogenannten »Urknall« vor 13,7 Milliarden Jahren. In diesem Ereignis entstanden Raum und Zeit. Auch die mathematischen Gesetze und Naturgesetze, die ja Verhältnisse innerhalb von Raum und Zeit beschreiben, sind erst mit diesem Ereignis möglich geworden und haben sich an und mit den entstehenden Wirklichkeiten gebildet. Es gibt auch die Theorie eines möglichen »pulsierenden Universums«, wonach sich die gegenwärtig zu beobachtende, anfangs inflationäre Expansion des Universums jeweils bei einer bestimmten Dichte der in ihm enthaltenen Materie umkehrt, die 125 Milliarden Galaxien wieder in sich auf den Nullpunkt zusammenstürzen und sich anschließend in einem neuen »Urknall« zu einem neuen Universum ausweiten. Diese Vorstellung eines zyklischen Universums entspricht der Weltsicht des Hinduismus. Dabei wird der Zyklus als ewig gedacht und pantheistisch mit Gott gleichgesetzt. Dieses Modell widerspricht aber den erwähnten neueren Beobachtungsdaten der heutigen Astrophysik (vor allem der Rotverschiebung im Spektrum des Lichts, das uns von fernen Galaxien erreicht). Nach dem allgemein vertretenen »Urknall«-Modell des Universums ist in einem singulären Ereignis der Prozess *sein* aus nichts hervorgegangen. Diese Vorstellung setzt eine Wirklichkeit voraus, die *sein* im nichts wirksam werden lässt. Dabei kann diese Wirklichkeit nicht gegenständlich gedacht werden, weil sie als gegenständliche Wirklichkeit selber schon *sein* würde, also schon zu dem gehören würde, das von ihr hervorgerufen wurde. An dieser Sprachgrenze stoßen wir an die Transzendenz Gottes. Nach biblischer Überlieferung wird durch einen *sprachlichen* Vorgang, die göttliche Schöpfungsrede, *sein* aus nichts geschaffen. Diese worthafte Energie, diese sprachliche Matrix, durchdringt das Universum und hält es im Innersten zusammen. Mit diesem seinem Wort, seiner Rede, ist Gott *in* der Welt. Sie lässt die Welt *sein*. Dieses Wort ist nahe bei Gott, es bringt Gott zum Ausdruck, ja, von der Welt her gesehen kann ich mit dem Prolog des Johannesevangeliums im hymnischen Lobpreis sagen, das Gott eins ist mit seinem Wort. Zwar ist dieses ursprüngliche, das Universum schaffende Gotteswort im Wortgeschehen unseres Kosmos verfälscht worden, aber in der Evolution des Lebens, wie sie sich seit 3,5 Milliarden Jahren in der Galaxie Milchstraße auf dem Planeten Erde vollzieht, entwickelten sich Lebewesen, welche die Verfälschungen dieser Rede (großenteils erkannten und ihren unverfälschten ursprünglichen Sinn zur Geltung zu bringen suchten.

Zu ihnen gehört Jesus aus Nazaret. Er hat nach biblischer Überlieferung die ursprüngliche, unverfälschte göttliche Schöpfungsrede wahrnehmen und ganz aus ihr heraus leben können. Er wirkte in seinem vor 2000 Jahren sich ereignenden Leben und Sterben als die Verkörperung dieses Gotteswortes auf dem Planeten Erde. Dort jedoch waren die Lebensverhältnisse seit Milliarden von Jahren durch die teilweise verfälschte Schöpfungsrede geprägt. Jesus wurde deshalb in dem Volk, in dem er lebte, von den Inhabern religiöser und politischer Macht verworfen und von der damaligen römischen Weltmacht zum Tode verurteilt und gekreuzigt. Das auf der Erde in der Evolution entstandene Leben hat ihn nicht erkannt und angenommen. Die ursprüngliche göttliche Schöpfungsrede, die er in seiner Person und in seinem Leben verkörperte, war das Wort, das vor 13,7 Milliarden Jahren *sein* aus nichts entstehen ließ und auf dem Planeten Erde vor 3,5 Milliarden Jahren Leben aus unbelebter Materie hervorrief. Dieses *sein* und Leben schaffende Wort, das er in seinem Leben und Sterben verkörpert hatte, hat ihn nach dem Zeugnis seiner Anhänger nach seinem Kreuzigungstod auf neue Weise zu einem unvergänglichen Leben erweckt. Von vielen seiner Anhänger wurde er, obwohl gestorben und begraben, als der neu lebendige Messias gesehen: als der seit Jahrhunderten in ihrer religiösen Tradition verheißene Christus und Gottessohn, der eine neue Welt herbeiführt.

Ist diese neue Welt die durch ein der unverfälschten göttlichen Schöpfungsrede gemäßes menschliches Leben neu gestaltete *alte* Welt oder ist es eine neu geschaffene *andere* Welt? Die biblischen Texte, besonders die des Neuen Testaments, sprechen, wie aufgezeigt, von einer »neuen Schöpfung« (Jes 66,22; Kor 5,17; Gal 6,15; Röm 8,22; Offb 21,1.5). Diese *neue Welt* steht in einer konstitutiven Verbindung zur Auferstehung Jesu. Er ist der »Erstgeborene aus den Toten« (Kol 1,18). In seinem Leben, Sterben und seiner Auferstehung ist die neue Schöpfung begründet. Das unvergängliche Leben des auferstandenen Christus zeigt die Neuheit der neuen Schöpfung. Die Menschen der neuen Welt werden wie der Auferstandene unvergänglich leben. »Der Tod wird nicht mehr sein, keine Trauer, keine Klage, keine Mühsal. Denn, was früher war, ist vergangen« (Offb 21,4). Im Schatten der grausamen Verfolgung der Christen in Rom unter Kaiser Nero und zur Zeit des Kaisers Domitian, der von allen seinen Untertanen verlangte, ihn als »Herr und Gott« anzureden, schrieb der Seher der *Offenbarung des Johannes* am Ende seiner die Christen tröstenden Vision vom Sieg Christi über die Unheilsmacht Rom in Anlehnung an die Ankündigung des endzeitlichen Heils durch den Propheten Jesaja: »Dann sah ich einen neuen Himmel und eine neue Erde« (Offb 21,1; Jes 65,17; 66,22). »Himmel und Erde« bezeichnet im biblischen Sprachgebrauch die ganze Schöpfung, den Kosmos. Ein »neuer Himmel und eine neue Erde« sind deshalb im Horizont des von der modernen Naturwissenschaft geprägten Weltbildes ein *anderes*, ein »neues« Universum. Um diesen Gedanken innerhalb unseres Weltbildes zu verfolgen, muss man nicht die im ersten Teil des Buches beschriebene These des Königlichen Hofastronoms MARTIN REES und der Physiker LEE SMOLIN, DAVID DEUTSCH und MICHIO KAKU von einer unbegrenzten Zahl an Universen übernehmen. In dieser Theorie wird Gott durch die unendlich große Zahl ersetzt, aus der sich die zufällig entstehende Realität aller möglichen Welten, also auch der unseren, logisch notwendig ergibt. Doch unabhängig von dieser mystischen Vergöttlichung der großen Zahl legt sich die Vorstellung eines möglichen Paralleluniversums von den oben beschriebenen Phänomenen der Quantenphysik her tatsächlich nahe.[233] Nach den physikalischen Gesetzen kann im tiefsten Punkt eines Schwarzen Lochs, d.h. eines bis zum Nullpunkt kollabierten großen Sterns, ein neuer »Urknall« erfolgen und ein neues Universum entstehen.

In einem solchen Paralleluniversum herrschen andere Gesetze und Naturkonstanten als in unserem Universum.[234] Deshalb kann es nach Ansicht der meisten Physiker, abgesehen von wenigen quantenphysikalischen Phänomenen (etwa den beschriebenen Beobachtungen beim Doppelspaltexperiment) keine wahrnehmbare Wechselwirkung zwischen möglichen unterschiedlichen Universen geben. Doch in einer visionären Schau, einem »Sehen«, das nicht in den Bahnen der biologischen Wahrnehmung geschieht, einem erleuchteten »Sehen«, in dem Paulus nach dem Zeugnis seiner Briefe den auferstandenen Christus »sah«, kann die Grenze durchbrochen werden. Auch das »Sehen« des Nirwana durch den in der Meditation Erleuchtung erfahrenden Buddhisten ist das »Sehen« einer nicht in den Formen unseres Universums beschreibbaren Wirklichkeit.

Bei uns im Abendland, dessen Denken entscheidend vom Idealismus Platons geprägt ist, mutet es esoterisch an, die Auferstehung Jesu mit physikalischen Phänomenen in Verbindung zu bringen. GISBERT GRESHAKE spricht von »physizistischen Denkspielen«.[235] In der in dieser Formulierung mitschwingenden Abwertung des Physikalischen drückt sich die – schon in der Antike gegebene – neuplatonische Abwertung des Materiellen aus. Der Leib des Auferstandenen wird in der abendländisch-platonischen Tradition beinahe selbstverständlich als »geistiger«, »vergeistigter« Leib aufgefasst. Die Begriffe »verklärter Leib«, »vergeistigter Leib« kommen aber im Neuen Testament nicht vor. Der Leib des Auferstandenen wird im Vergleich zum irdischen und vergänglichen Leib als »unvergänglich«, »überirdisch« und »verherrlicht« gekennzeichnet (1 Kor 15,44.52), nicht aber als »vergeistigt«. Nicht die biblische, sondern die griechisch-platonische Tradition lässt uns beim Auferstandenen an eine immaterielle, nur »geistige« Wirklichkeit denken. Im jüdisch-alttestamentlichen wie im neutestamentlichen Denken ist das Materielle für alles *sein* konstitutiv. Tiere und Menschen sind »Wesen aus Fleisch« (Gen 6,12–19). Das göttliche Schöpfungswort ist »Fleisch geworden und hat unter uns gewohnt« (Joh 1,14). »Durch sein Fleisch« hat uns Jesus »den neuen und lebendigen Weg erschlossen« (Hebr 10,20). Zwar ist das Fleisch sterblich und der Sünde verfallen, aber an diesem »unserem sterblichen Fleisch« soll das Leben Jesu offenbar werden (1 Kor 4,11). Schon die frühesten christlichen Glaubensbekenntnisse sprechen von der »Auferstehung des Fleisches«. Die legendären Erzählungen vom leeren Grab und von der Erscheinung des Auferstandenen vor den Jüngern betonen die reale Leiblichkeit des Auferstandenen: »Ein Geist hat nicht Fleisch und Knochen« (Lk 24,39).

Wenn Jesus in materieller Leiblichkeit auferstanden ist, kann der »Himmel«, der ihn aufgenommen hat und in dem er als der Auferstandene lebt, das unbegehbare »Land« jenseits der Grenze, an die ich in meinem Denken und Sprechen stoße, nicht platonisch als Reich der Ideen, als Reich rein geistiger Wirklichkeiten gedacht werden. Materie funktioniert nur innerhalb physikalischer Zusammenhänge, auch wenn es eine *andere*, uns nicht bekannte Physik mit anderen, uns nicht bekannten Gesetzlichkeiten ist, in der sie existiert. Als Christ im Universum der Evolution kann ich das »Jenseits«, in dem die Toten nach Art des auferstandenen Christus leben, nur als (andersgeartete) materielle Welt, als *anderes Universum* denken. Es gibt dazu keine Alternative. Wenn Astrophysiker und Quantentheoretiker zur Erklärung ihrer physikalisch beobachteten Phänomene von einem »Multiversum« oder einem »Paralleluniversum« sprechen, kann ich auch als Christ meine in der Botschaft von Jesu Auferweckung aus den Toten gegründete Hoffnung auf ein solches – materiell anders strukturiertes – Paralleluniversum setzen.

Gewiss sind auch in dieser Hoffnung »irgendwelche Einzelheiten der Auferstehungswelt« unausdenkbar.[236] »Fleisch und Blut können das Reich Gottes nicht erben« (1 Kor 15,50). »Dieses Vergängliche muss sich mit Unvergänglichkeit bekleiden und dieses Sterbliche mit Unsterblichkeit« (1 Kor 15,53). Platonisch gedacht geschieht dies durch Vergeistigung, jüdisch-biblisch gedacht durch die *andere* materielle Struktur eines *anderen* Universums, das die ursprüngliche göttliche Schöpfungsrede unverfälscht birgt. »Unsterblichkeit« als Auferstehungshoffnung kann dabei nicht als eine nicht endende zeitliche Fortdauer gedacht werden. Zu dem »Unausdenkbaren« eines möglichen Paralleluniversums gehört notwendig eine andere, für uns nicht nachvollziehbare Zeitstruktur. Wenn in diesem anderen Universum z. B. die Vakuumlichtgeschwindigkeit von genau 299 792 458 Metern pro Sekunde nicht die absolute Grenze für die erreichbare Geschwindigkeit nicht nur für Licht, sondern auch für jede andere Form von Materie, Information, Energie oder Wirkung ist, ändern sich damit von Grund auf alle materiellen Zustände in diesem Universum. Es gibt dort keine Zeitmessung, also keine vergehende Zeit, und damit auch kein Altern und keinen Tod.

Mit dieser grundsätzlich anderen Zeitstruktur des anderen Universums hängt es auch zusammen, dass die Verwirklichung des von Jesus verkündeten Gottesreiches zeitlich nicht klar zum irdischen Geschichtsverlauf in Beziehung gesetzt werden kann. Nach den Aussagen des Neuen Testaments wird das Gottesreich meistens als nahe bevorstehend erwartet: »Diese Generation wird nicht vergehen bis das alles eintritt«

(Mk 13,30, parallel Mt und Lk). Ja, in Jesu heilendem Wirken ist das Gottesreich schon da (Mt 12,28, parallel Lk11,20). Es »ist schon mitten unter euch« (Lk 17,21). Dann wieder heißt es:»Jenen Tag und die Stunde kennt niemand, auch nicht die Engel im Himmel, nicht einmal der Sohn, sondern nur der Vater im Himmel« (Mk 13,32). Im Vaterunser beten wir noch heute, nach 2000 Jahren, um das Kommen des Gottesreiches. In der Theologie wird diskutiert, ob für den einzelnen Menschen unmittelbar im Tod auch seine Auferstehung von den Toten, also seine Verwandlung in eine neue todesjenseitige materielle Existenz, erfolgt oder ob eine Zwischenzeit, ein Zwischenzustand zwischen den beiden Ereignissen anzunehmen ist.[237] Die »Zeit« eines möglichen todesjenseitigen Paralleluniversums ist so grundsätzlich von dem Zeitverständnis und dem Zeitempfinden, die sich auf dem Planeten Erde in der Evolution entwickelt haben, verschieden, dass dieses Paralleluniversum sowohl »vor« als auch »gleichzeitig« als auch »nach« dem Universum, in dem wir gegenwärtig leben, existieren kann.

Nach der biblischen Überlieferung hat das Universum einen Anfang und ein Ende. Den Anfang bildet das göttliche Schöpfungswort, das aus nichts den Prozess *sein* hervorgerufen hat (Gen 1,3; Logoshymnus: Joh 1,1–4), und das Ende wird in den apokalyptischen Texten der Evangelien und an vielen Stellen der Paulusbriefe vorausgesagt: »Die Sonne wird sich verfinstern und der Mond wird nicht mehr scheinen; die Sterne werden vom Himmel fallen« (Mk 13,24f., parallel Mt und Lk). »Danach kommt das Ende, wenn er [Christus] jede Macht, Gewalt und Kraft vernichtet hat und seine Herrschaft Gott, dem Vater, übergibt … Der letzte Feind, der entmachtet wird, ist der Tod« (1 Kor 15,24.26). Diese biblische Vorstellung von einem Anfang und Ende des Universums entspricht den heutigen naturwissenschaftlichen Erkenntnissen. Nach diesen hat das Universum, in dem wir gegenwärtig leben, vor 13,7 Milliarden Jahren im »Urknall« seinen Anfang genommen und es dehnt sich nach neueren astronomischen Beobachtungen aufgrund der in ihm enthaltenen »dunklen Energie« weiter aus, bis sich in vielen Milliarden Jahren die beobachtbare Materie so stark »ausgedünnt« hat, dass Galaxien, Sterne, zuletzt auch Moleküle und Atome zerfallen und sich auch noch die Elementarteilchen im Nichts auflösen. Es gibt noch andere Theorien über das Ende unseres Universums; aber der »Kältetod« wird heute von den meisten Astrophysikern angenommen. Jedenfalls gibt es ein Ende. Auf unserer Erde wird allerdings schon nach 5 Milliarden Jahren kein Leben mehr möglich sein, weil sich dann die Sonne zu einem »Roten Riesen« aufbläht und die Oberfläche der Erde aus glühender Lava bestehen wird.

Die biblisch verheißene Vollendung der Welt und der Geschichte kann sich also weder nach den biblischen Texten noch nach den Erkenntnissen der Naturwissenschaft auf dem Planeten Erde oder darüber hinaus innerhalb des Universums, in dem wir gegenwärtig leben, ereignen. Es bedarf dazu jenes »neuen Himmels« und jener »neuen Erde«, jenes anderen, »neuen« Universums, das der Seher der Geheimen Offenbarung »gesehen« hat (Offb 21,1). Doch die andere, die »neue« Welt wird biblisch in *dieser* Welt verheißen und von den Christen sehnsüchtig erwartet. Auch der Buddhist erfährt, in *dieser* Welt meditierend, in der Erleuchtung schon im Voraus zu seinem Tod das – *ganz andere*, nicht in Worten unserer irdischen Sprache beschreibbare – *Nirwana*, in das er, von allen »Anhaftungen« befreit, im Tod eingehen wird.

Es muss also vom Religiösen her eine Verbindung von dieser Welt zur anderen Welt, von diesem zeitlich-vergänglichen zu jenem in einer anderen Zeit- und Materiestruktur existierenden, unvergänglichen Universum geben. Diese Verbindung besteht in der göttlichen Schöpfungsrede. Jedes mögliche Universum wird von dem *einen* Gott durch seine göttliche Schöpfungsrede aus nichts zu *sein* hervorgerufen. In unserem Universum ist diese Rede verfälscht worden. Darum kamen Krankheit, Tod, Katastrophen und schreckliche Gräuel in unsere Welt. Ein Universum, in dessen Erschaffung die göttliche Schöpfungsrede *unverfälscht* zum Tragen kommt, ist ein zeitlich und räumlich-materiell anders strukturiertes, todesjenseitiges Universum. In der – zufallsgesteuerten, aber doch mit einer deutlichen Tendenz zur Entwicklung immer größerer Komplexität verlaufenden – Evolution des Lebens auf dem Planeten Erde (und mit großer Wahrscheinlichkeit auch bei der Evolution des Lebens auf anderen Planeten in unserem Universum) entstanden hochsensible intelligente Lebewesen, von denen einige die Verfälschungen der Schöpfungsrede erkannten und zur ursprünglichen, unverfälschten Schöpfungsrede durchdrangen. Im Lebensraum dieser Wesen breitete sich schon in dieser Welt eine Gestalt und Atmosphäre des Lebens aus, die dem Leben im anderen, todesjenseitigen Universum gleicht. Darum sagen die frühen Christen, dass Menschen, die, symbolisch ausgedrückt durch die Taufe, ihr Leben der Lebensgestalt Jesu anzugleichen suchen, schon der neuen Schöpfung angehören und wie Jesus aus dem Tod zu einem unvergänglichen Sein und Leben auferweckt werden (2 Kor 5,17; Gal 6,15). In ähnlicher Weise sucht sich im Mahayana-Buddhismus der *Bodhisattva* dem Buddha anzugleichen, indem er, obwohl erleuchtet, auf das sofortige Eingehen in das Nirwana verzichtet, um anderen Menschen auch zur Erleuchtung zu verhelfen. Noch in dieser Welt lebend, ist er dem inneren Erleben nach doch schon im Nirwana.

Stärker als die Schriften, Lehrreden und Dichtungen bei LAOTSE, BUDDHA, PLATON und SOPHOKLES sind die überlieferten Aussprüche, Verheißungen und Gleichnisse JESU in sein Leben, in sein heilendes Wirken, seinen Umgang mit den religiösen und gesellschaftlichen Außenseitern seiner Zeit und in seine Bereitschaft, den Hinrichtungstod auf sich zu nehmen, eingebunden. Sie erschließen sich erst von diesem seinem Leben her.[238] Leben und Wirken zusammen, Jesus als Person, sind in der biblischen Tradition die Verkörperung der unverfälschten göttlichen Schöpfungsrede. Diese Selbstmitteilung Gottes in Jesus war möglich, weil Jesus als Jude teil hatte an dem Jahrhunderte langen geschichtlichen Ringen des Volkes Israel, die religionsgeschichtlich vorgegebene archaische Gewaltgottheit, *El Schaddai*, als *Jahwe*, den seinem Volk zugewandten und gerechten Gott, zu erfahren. Nur so konnte Jesus, auf diesem Weg weitergehend, zu Gott als *Abba* finden und ganz aus der unverfälschten schöpferischen Rede dieses Gottes, die aus nichts *sein* hervorruft, leben. Diese Rede durchdringt das gesamte Universum. Von Jesus als der Verkörperung der unverfälschten göttlichen Schöpfungsrede her gedacht, bleibt, so verstanden, die kosmische Bedeutung Christi auch im heutigen Weltbild erhalten.

Anmerkungen

1 In englischer Sprache veröffentlicht durch die Katholische Internationale Presseagentur am 18. 11. 2004; zuerst (italienisch) in: *La Civiltà Cattolica*, November 2004.

2 Ebd. Artikel 69.

3 Ebd.

4 Saint-Exupéry, Antoine de, Der Kleine Prinz, Düsseldorf 55. Aufl. 2000, S. 37–42 (Kap. X).

5 Vgl. Orientierungspapier der Internationalen Theologenkommission, a. a. O., Artikel 70.

6 Vgl. Vattimo, Gianni, Glauben – Philosophieren, Stuttgart 1997 (Orig.: *Credere di credere* 1996).

7 Drewermann, Eugen, Im Anfang … Die moderne Kosmologie und die Frage nach Gott, Düsseldorf-Zürich 2002, S. 469.

8 Vgl. den Bericht im SPIEGEL, Heft 11/2005, S. 177.

9 Dalai Lama, Die Welt in einem einzigen Atom. Meine Reise durch Wissenschaft und Buddhismus, Berlin 2005.

10 Vgl. ebd. S. 71.

11 Ebd. S. 86.

12 Görnitz, Thomas / Görnitz, Brigitte, Der kreative Kosmos. Geist und Materie aus Quanteninformation, München 2007, S. 32.

13 So z. B. die Heidelberger Physiker-Theologengespräche der Evangelischen Studiengemeinschaft; vgl. Singe, Georg, Gott im Chaos. Ein Beitrag der Chaostheorie in der Theologie und deren praktisch-theologische Konsequenz, Frankfurt a. M. 2000, S. 87.

14 Rahner, Karl, Die Christologie innerhalb einer evolutiven Weltanschauung, in: ders., Schriften zur Theologie Bd. V, Einsiedeln-Zürich-Köln 1962, S. 183–221.

15 Ganoczy, Alexandre, Suche nach Gott auf dem Weg der Naturwissenschaft. Theologie, Mystik, Naturwissenschaften – ein kritischer Versuch, Düsseldorf 1992; dazu mehrere Arbeiten zur Chaostheorie.

16 Moltmann, Jürgen, Gott in der Schöpfung. Ökologische Schöpfungslehre, München 1985.

17 Pannenberg, Wolfhart, Das Wirken Gottes und die Dynamik des Naturgeschehens, in: W. Gräb (Hrsg.), Urknall oder Schöpfung?, Gütersloh 1995, S. 139–152.

18 Link, Christian, »Im Anfang …«. Aufgabe und Ansatz einer Schöpfungslehre heute, in: W. Gräb (Hrsg.), Urknall oder Schöpfung?, a. a. O., S. 155–175.

19 Lüke, Ulrich, Das Säugetier von Gottes Gnaden. Evolution – Bewusstsein – Freiheit, Freiburg-Basel-Wien 2006.

20 Lüke, Ulrich, »Als Anfang schuf Gott …« Bio-Theologie. Zeit – Evolution – Hominisation, Paderborn 2. Aufl. 2001.

21 Altner, Günter, Die Überlebenskrise in der Gegenwart. Ansätze zum Dialog mit der Natur in Naturwissenschaft und Theologie, Darmstadt 1987, S. 151.

22 Zu den oben behandelten Fragestellungen vgl. besonders das über 1200 Seiten starke Werk: Drewermann, Eugen, Im Anfang ... Die moderne Kosmologie und die Frage nach Gott, a.a.O., neuerdings: ders., Atem des Lebens. Die moderne Neurologie und die Frage nach Gott, Bd.1: Das Gehirn. Grundlagen und Erkenntnisse der Hirnforschung, Düsseldorf 2006, dazu Bd. 2: Die Seele, Düsseldorf 2007, beide Bände jeweils über 800 Seiten.

23 Vgl. Wabbel, Tobias Daniel (Hrsg.), Leben im All. Positionen aus Naturwissenschaft, Philosophie und Theologie, Düsseldorf 2005.

24 Lersch, Harald, Schlagzeilen vom Rand der Wirklichkeit; in: Katechetische Blätter 132, 2007, S. 399–406, hier S. 403.

25 Bericht der Aachener Nachrichten vom 28. 4. 2007: »Fahndung nach Außerirdischen«.

26 Artikel »Neue Erde«, in: natur+kosmos, Dezemberheft 2007, S. 50.

27 Consolmagno, Guy, Brother Astronomer. Adventures of a Vatican Scientist, New York 2000.

28 Lorenz, Konrad, Die Rückseite des Spiegels. Versuch einer Naturgeschichte menschlichen Erkennens, München 12. Aufl.1993, S. 47–50.

29 Stadelmann, Hans-Rudolf, Im Herzen der Materie. Glaube im Zeitalter der Naturwissenschaften, Darmstadt 2004, S. 78.

30 Ebd.

31 Ebd. S. 80.

32 Ebd. S. 73 (Hervorhebung von Stadelmann).

33 Theißen, Gerd, Biblischer Glaube in evolutionärer Sicht, München 1984.

34 Stadelmann, a.a.O., S. 74.

35 Ebd. S. 68 und S. 73.

36 Eliade, Mircea, Geschichte der religiösen Ideen. Quellentexte, hrsg. von Günter Lanczkowski, Freiburg i. Br. 1981, S. 93.

37 Orientierungspapier der Internationalen Theologenkommission »Gemeinschaft und Dienst« vom Oktober 2004, Artikel 67.

38 Green, Brian, Der Stoff, aus dem der Kosmos ist. Raum, Zeit und die Beschaffenheit der Wirklichkeit, München 2004, S. 391.

39 Green, Brian, Das elegante Universum. Superstrings, verborgene Dimensionen und die Suche nach der Weltformel, München 2006.

40 Baudler, Georg, Ursünde Gewalt. Das Ringen um Gewaltfreiheit, Düsseldorf 2001, S. 102–118.

41 Rahner, Karl, Zur Theologie des Todes, Freiburg 2. Aufl. 1958, S. 17–26.

42 Rahner, Karl, Die Einheit von Geist und Materie im christlichen Glaubensverständnis, in: ders., Schriften zur Theologie Bd. VI, Einsiedeln-Zürich-Köln 1965, S. 185–214, hier S. 203 u. 205.

43 Orientierungspapier der Internationalen Theologenkommission »Gemeinschaft und Dienst« vom Oktober 2004, Artikel 64.

44 Pinel, John P. J., Biopsychologie, Heidelberg-Berlin 2001, S. 429.

45 Ebd. S. 430.

46 Drewermann, Eugen, Atem des Lebens. Die moderne Neurologie und die Frage nach Gott. Bd. 1: Das Gehirn, a.a.O., S. 272f.

47 Lorenz, Konrad, Das sogenannte Böse, Wien-München 1974.

48 Dawkins, Richard, Das egoistische Gen, Berlin-Heidelberg-New York 1978 (engl. Orig.: *The Selfish Gen*, Oxford 1976)

49 DER SPIEGEL Nr. 43, Jg. 2006.

50 Dawkins, Richard, Das egoistische Gen, a.a.O., S. 79ff. u.ö.

51 Ebd. S. 5–7.

52 Vogel, Christian, Vom Töten zum Mord. Das wirklich Böse in der Evolutionsgeschichte, München-Wien 1989, S. 91–109.

53 Ebd. S. 118f.

54 Diamond, Jared, Der dritte Schimpanse. Evolution und Zukunft des Menschen, Frankfurt a.M. 2006, S. 37ff.

55 Ebd. S. 35.

56 Ebd. S. 183–215.

57 Ebd. S. 217–231.

58 Dalai Lama, Die Welt in einem einzigen Atom, a.a.O., S. 155f.

59 Ebd. S. 127f.

60 Schopenhauer, Arthur, Über die Freiheit des menschlichen Willens (1839), Zürich 1977, S. 80.

61 Popper, Karl R. / Eccles, John C., Das Ich und sein Gehirn, München 6. Aufl. 1989, S. 437.

62 Ebd. S. 448.

63 Ebd. S. 448.

64 Odenwald, Michael, Gibt es ein Leben nach dem Tod?, in: natur+kosmos, Dezemberheft 2007, S. 29–35, hier S. 30–32.

65 Roth, Gerhard / Grün, Klaus-Jürgen (Hrsg.), Das Gehirn und seine Freiheit. Beiträge zur neurowissenschaftlichen Grundlegung der Philosophie, Göttingen 2006, S. 20.

66 Singer, Wolf, Ein neues Menschenbild? Gespräche über Hirnforschung, Frankfurt a.M. 2003, S. 43.

67 Ebd. S. 65.

68 Ebd.

69 Ebd. S. 124.

70 Ebd.

71 Ebd. S. 126.

72 Ebd. S. 31.

73 Ebd. S. 32.

74 Roth, Gerhard, Willensfreiheit und Schuldfähigkeit aus der Sicht der Hirnforschung, in: Roth, Gerhard / Grün, Klaus-Jürgen (Hrsg.), Das Gehirn und seine Freiheit, a.a.O., S. 9–27, hier S. 19f.

75 Ebd. S. 12.

76 Libet, Benjamin, Mindtime. Wie das Gehirn Bewusstsein produziert, Frankfurt a.M. 2005, S. 207.

77 Eine Millisekunde ist der tausendste Teil einer Sekunde.

78 Kropotkin, Peter, Gegenseitige Hilfe in der Tier- und Menschenwelt, Grafenau 1993, Neuauflage 2005.

79 In der Einleitung zu der 1874 erschienenen Ausgabe schreibt er:»Wäre dieses Buch [d. i. Haeckels Werk *Natürliche Schöpfungsgeschichte*] erschienen, ehe meine Arbeit niedergeschrieben war, würde ich sie wahrscheinlich nie zu Ende geführt haben; fast alle die Folgerungen, zu denen ich gekommen bin, finde ich durch diesen Forscher bestätigt, dessen Kenntnisse in vielen Punkten viel reicher sind als meine.« (Darwin, Charles, Die Abstammung des Menschen, Paderborn o. J., S. 3)

80 Darwin, Charles, Die Entstehung der Arten, Stuttgart 1860 (übersetzt von Heinrich Georg Bronn), S. 488.

81 Görnitz, Thomas / Görnitz, Brigitte, Der kreative Kosmos, a. a. O., S. 46–47.

82 Den Hinweis auf das Enzym Cytochrom C verdanke ich dem Arzt Dr. Walter Kapphahn aus München.

83 Vgl. zum Folgenden: Börner, Gerhard, Schöpfung ohne Schöpfer? Das Wunder des Universums, München 2006, S. 83 f.

84 Michio Kaku, Im Paralleluniversum. Eine kosmische Reise vom Big Bang in die 11. Dimension, Hamburg 2005, S. 322–330.

85 Ebd. S. 324.

86 Börner Gerhard, Schöpfung ohne Schöpfer, a. a. O., S. 84.

87 Michio Kaku, Im Paralleluniversum, a. a. O., S. 326.

88 Rees, Martin, Vor dem Anfang. Eine Geschichte des Universums, Frankfurt a. M. 1998, S. 3.

89 Kaku, Michio, Im Paralleluniversum, a. a. O., S. 338.

90 Ebd. S. 339.

91 Zum Ganzen ebd. S. 339 f.

92 Einstein, Albert, Mein Weltbild, Berlin 30. Aufl. 2005, S. 22.

93 Zitiert nach Kübel, Ina, Gott würfelt nicht. Theologen und Physiker im Gespräch: Sind Naturwissenschaft und Religion wirklich unvereinbar?; in: Deutsches Allgemeines Sonntagsblatt vom 9. 10. 1998.

94 Vgl. ebd.

95 Zitiert nach Michio Kaku, Im Paralleluniversum, a. a. O., S. 331.

96 Polkinghorn, John, Theologie und Naturwissenschaften. Eine Einführung, Gütersloh 2001 (engl. Orig.: *Science and Theologie* 1998).

97 Stadelmann, Hans-Rudolf, Im Herzen der Materie , a. a. O.

98 Ewald, Günter, Die Physik und das Jenseits. Spurensuche zwischen Philosophie und Naturwissenschaft, Augsburg 1998; ders., Ich war tot. Ein Naturwissenschaftler untersucht Nahtoderfahrungen, Augsburg 1999; ders., An der Schwelle zum Jenseits. Die natürliche und die spirituelle Dimension der Nahtoderfahrungen, Mainz 2001.

99 Sheldrake, Rupert, Das Gedächtnis der Natur. Das Geheimnis der Entstehung der Formen in der Natur, Bern-München-Wien 3. Aufl. 1990 (engl. Orig.: *The Presence of the Past* 1988).

100 Fox, Matthew / Sheldrake, Rupert, Engel. Die kosmische Intelligenz, München 2005 (engl. Orig.: *A Realm where Spirit and Science meet* 1996), z.B. S. 42–44 u. ö.

101 Lurker, Manfred, Die Botschaft der Symbole in Mythen, Kulturen und Religionen, München 1990, S. 88.

102 Whitehead, Alfred North, Prozeß und Realität. Entwurf einer Kosmologie, Frankfurt a. M. 1979, S. 618.

103 Singe, Georg, Gott im Chaos. Ein Beitrag zur Rezeption der Chaostheorie in der Theologie und deren praktisch-theologische Konsequenz, Frankfurt a. M. u. a. 2000

104 Driesch, Hans, Philosophie des Organischen, Leipzig 4. Aufl. 1928.

105 Briggs, John / Peat, David F., Die Entdeckung des Chaos. Eine Reise durch die Chaostheorie, München-Wien 1990, S. 66–68.

106 Vgl. ebd. S. 212–217.

107 Ebd. S. 251 u. 253 f.

108 Vorländer, Karl, Philosophie des Altertums. Geschichte der Philosophie I, Hamburg 4. Aufl. 1967, S. 12 f.; vgl. zum Folgenden ebd. S. 13–23 sowie S. 32–35 und S. 41–49.

109 Ebd. S. 29.

110 Ebd.

111 Whitehead, Alfred North, Prozeß und Realität, a. a. O., S. 91.

112 Popper, Karl R. / Eccles, John C., Das Ich und sein Gehirn, a. a. O., S. 61–77.

113 Ebd. S. 30.

114 Ebd. S. 61.

115 Ebd. S. 64.

116 Dazu weiter unten die Erörterungen zum Sprachursprung.

117 Frank J. Tipler, Die Physik der Unsterblichkeit. Moderne Kosmologie, Gott und die Auferstehung der Toten, München 1994.

118 Ebd. S. 163.

119 Ebd. S. 46 f.

120 Ebd. S. 166 f.

121 Görnitz, Thomas / Görnitz, Brigitte, Der kreative Kosmos. Geist und Materie aus Quanteninformation, München 2007.

122 Ebd. S. 65.

123 Ebd. S. 275.

124 Ebd. S. 116.

125 Ebd. S. 122.

126 Ebd. S. 328.

127 Ebd. S. 332.

128 Ebd. S. 328.

129 DIE ZEIT vom 29. 3. 2007.

130 Ebd.

131 Vgl. Whitehead, Alfred North, Prozeß und Realität, a. a. O.

132 Stadelmann, Hans-Rudolf, Im Herzen der Materie, a. a. O., S. 78.

133 Vgl. Görnitz, Thomas / Görnitz, Brigitte, Der kreative Kosmos, a. a. O.

134 Schnackenburg, Rudolf, Das Johannesevangelium 1–4 (Herders theologischer Kommentar zum Neuen Testament. Sonderausgabe), Freiburg-Basel-Wien 4. Aufl. 1979, S. 211.

135 Ausländer, Rose, Gedichte, Frankfurt a. M. 4. Aufl. 2005, S. 269.

136 Ebd. S. 342.

137 Vgl. Baudler, Georg, Im Worte sehen. Das Sprachdenken Johann Georg Hamanns, Bonn 1970, bes. S. 42–46.

138 Hamann, Johann Georg, Sämtliche Werke. Historisch-kritische Ausgabe, hrsg. von Josef Nadler, Wien 1949–1953, Bd. II, S. 199.

139 Ebd. Bd. III, S. 144.

140 Heisenberg, Werner, Quantentheorie und Philosophie, Stuttgart 1979, S. 103.

141 Vgl. Hamann, Johann Georg, Sämtliche Werke, a. a. O., Bd. III, S. 224, 392 u. ö.

142 Ebd. S. 283.

143 Görnitz, Thomas / Görnitz, Brigitte, Der kreative Kosmos, a. a. O., S. 328.

144 Vollmer, Gerhard, Was können wir wissen?, Stuttgart 1988, S. 35.

145 Einstein, Albert, Quantenmechanik und Wirklichkeit, in: Dialektica, Heft 2 (1948), S. 321–322.

146 Heisenberg, Werner, Quantentheorie und Philosophie, a. a. O., S. 71.

147 Lorenz, Konrad, Kants Lehre vom Apriorischen im Lichte gegenwärtiger Biologie; in: Lorenz, K. / Wuketits, F. M. (Hrsg.), Die Evolution des Denkens, München 2. Aufl. 1984, S. 95–124; hier S. 118 ff.

148 Rahner, Karl, Hörer des Wortes. Zur Grundlegung einer Religionsphilosophie. Neu bearbeitet von J. B. Metz, München 1963, bes. S. 71–88: »Der Mensch als Geist«.

149 Bilzingsleben ist eine vor einigen Jahren entdeckte archäologische Fundstelle im Norden Thüringens. Die Funde werden auf ein Alter von 400 000 Jahren datiert und gehören somit zu den frühesten menschlichen Spuren in Mitteleuropa.

150 Orientierungspapier der Internationalen Theologenkommission »Gemeinschaft und Dienst« vom Oktober 2004, Artikel 64.

151 Glaserfeld, Ernst von / Foerster, Heinz von, Wie wir uns erfinden, Heidelberg 9. Aufl. 2004.

152 Hamann, Johann Georg, Sämtliche Werke, a. a. O., Bd. III, S. 278.

153 Ebd. S. 286.

154 Ebd. Bd. I, S. 71.

155 Wittgenstein, Ludwig, Tractatus logico-philosophicus. Logisch-philosophische Abhandlung, Frankfurt a. M. 2003 (Satz 5.6).

156 Jung, Carl Gustav, Gesammelte Werke Bd. 9, 1. Halbband, Olten-Freiburg 2. Aufl. 1976, S. 32 und 33.

157 Langer, Susanne K., Philosophie auf neuem Wege. Das Symbolische im Denken, im Ritus und in der Kunst, Frankfurt 1965, S. 118 (engl. Orig.: *Philosophy in a New Key* 3. Aufl. 1957).

158 Einstein, Albert, Mein Weltbild, a. a. O., S. 22.

159 Etwa im Zusammenhang mit der Brechung einer »Ursprungssymmetrie« im Verlauf der Abkühlung des Universums (vgl. Luanda, Rolf, Am Rande der Dimensionen. Gespräche über die Physik am CERN, Frankfurt a. M. 2008, S. 92).

160 Vgl. oben im Text S. 92 sowie Anm. 158.

161 Näheres dazu unten im Kapitel über die Theodizeefrage.

162 Vgl. Sobol, Thomas Aue, Tödliche Fragen, in: amnesty journal, Heft 6/7 2008, S. 30–32.

163 Whitehead, Alfred North, Prozeß und Realität, a.a.O., S. 76; vgl. auch ebd. S. 626.

164 Heisenberg, Werner, Quantentheorie und Philosophie, a.a.O., S. 71 f.

165 Vgl. Dalai Lama, Die Welt in einem einzigen Atom, a.a.O., S. 97–102.

166 Vorländer, Karl, Philosophie des Altertums, Bd. I, a.a.O., S. 58 f.

167 Albert, Karl, Griechische Religion und platonische Philosophie, Hamburg 1980.

168 Ebd. S. 110 (aus einem Gedicht des XENOPHANES über das platonische Symposion).

169 Laotse, Tao te king, übersetzt und mit einem Kommentar von Richard Wilhelm, Köln 94.–98. Tsd. 1978, S. 24 f.

170 Ebd. S. 65.

171 Ebd. S. 92.

172 Kungfutse, Gespräche, übersetzt von Richard Wilhelm, München 50.–52. Tsd. 1990, S. 53 (Gespräche II,10).

173 Buggle, Franz, Denn sie wissen nicht, was sie glauben. Oder warum man redlicherweise nicht mehr Christ sein kann, Hamburg 1992.

174 Ebd. S. 98.

175 Der Kleine Pauli. Lexikon der Antike in 5 Bänden, München 1979, Band 2, Spalte 227.

176 Görg, Manfred, Der un-heile Gott. Die Bibel im Bann der Gewalt, Düsseldorf 1995, S. 122.

177 Miggelbrink, Ralf, Der zornige Gott. Die Bedeutung einer anstößigen biblischen Tradition, Darmstadt 2002.

178 Papst Benedikt XVI., Glaube, Vernunft und Universität, in: Frankfurter Allgemeine Zeitung vom 13. 9. 2006, S. 8.

179 Borchert, Wolfgang, Draußen vor der Tür, Hamburg 88. Aufl. 2006, S. 41 f.

180 Papst Benedikt XVI., Glaube, Vernunft und Universität, a.a.O., S. 8.

181 Ebd.

182 Ebd.

183 Baudler, Georg, El – Jahwe – Abba. Wie die Bibel Gott versteht, Düsseldorf 1996.

184 Das Alte Testament: Interlinearübersetzung Hebräisch-Deutsch, Bd. 1 Genesis-Deuteronomium, Stuttgart 2. Aufl. 1989.

185 Artikel 63.

186 Consolmagno, Guy, Brother Astronomer. Adventures of a Vatican Scientist, a.a.O., S. 149–153.

187 Eliade, Mircea, Geschichte der religiösen Ideen. Quellentexte, a.a.O., S. 93.

188 Kreiner, Armin, Gott im Leid. Zur Stichhaltigkeit der Theodizee-Argumente, Freiburg i. Br. 2005, S. 252.

189 Papst Benedikt XVI., Glaube, Vernunft und Universität, a.a.O., S. 8.

190 Whitehead, Alfred North, Wissenschaft und moderne Welt, Zürich 1949, S. 141.

191 Maturana, Humberto R., Erkennen: Die Organisation und Verkörperung von Wirklichkeit, Braunschweig 1982.

192 Lüke, Ulrich, Das Säugetier von Gottes Gnaden, a.a.O., S. 106.

193 Orientierungspapier der Internationalen Theologenkommission, Artikel 68.

194 Lüke, Ulrich, Das Säugetier von Gottes Gnaden, a.a.O., S. 108.

195 Vgl. ebd. S. 107.

196 Nach Lüke, ebd. S. 113.

197 Moltmann, Jürgen, Der gekreuzigte Gott. Das Kreuz Christi als Grund und Kritik christlicher Theologie, München 1980; ders., Trinität und Reich Gottes, München 1980; Sölle, Dorothee, Leiden, Stuttgart-Berlin, 6. Aufl. 1984; Whitehead, Alfred North, Prozeß und Realität, a.a.O., S. 626.

198 Moltmann, Jürgen, Der gekreuzigte Gott, a.a.O., S. 217.

199 Greshake, Gisbert, Der Preis der Liebe. Besinnung über das Leid, Freiburg-Basel-Wien 7. Aufl. 1988, S. 46.

200 Wort-für-Wort-Übersetzung nach dem Münchener Neuen Testament, hg. v. Josef Hainz, Martin Schmidl und Josef Sunckel, Düsseldorf 8. Aufl. 2007.

201 Haag, Herbert, Abschied vom Teufel, Einsiedeln 1969; vgl. auch: ders., Teufelsglaube, Tübingen 2. Aufl. 1980.

202 Pohl, Dieter, Verfolgung und Massenmord in der NS-Zeit 1933–1945, Darmstadt 2003, S. 149–150.

203 Bruners, Wilhelm, Wie Jesus glauben lernte, Freiburg i. Br. 1988.

204 Ben-Chorin, Schalom, Bruder Jesus. Der Nazarener in jüdischer Sicht, München 13. Aufl. 1991.

205 Der Mönch Dionysius Exiguus, der im 6. Jahrhundert Jesu Geburtsjahr historisch zu bestimmen suchte und nach dessen Berechnung unsere heutige Zeitrechnung verläuft, hat sich um einige Jahre verrechnet. In den Geburtslegenden wird wegen der Beziehung des Ortes in alttestamentlichen Texten zu König David Betlehem als Geburtsort genannt, aber historisch ist von Nazaret, wo Jesus in seiner Kindheit wohnte und aufgewachsen ist, als Geburtsort auszugehen.

206 Ben-Chorin, Schalom, Bruder Jesus, a.a.O., S. 16.

207 Ebd. S. 43.

208 Z. B. in Ps 68,6: »Ein Vater (*abi*) der Waisen ... ist Gott (*elohim*).

209 Vgl. das im November 1950 von Papst Pius XII. verkündete Dogma, wonach »die Gottesmutter Maria nach Vollendung ihres irdischen Lebenslaufes mit Leib und Seele zur himmlischen Herrlichkeit aufgenommen worden ist« (Neuner-Roos 334 c).

210 Ben-Chorin, Schalom, Bruder Jesus, a.a.O., S. 99.

211 Aufgezeigt an der Brotbitte des Vaterunsers: Baudler, Georg, »Gib uns heute das Zionsbrot«, in: Katechetische Blätter 123, 1998, S. 220–229.

212 Vgl. das Gleichnis vom »Betrügerischen« Verwalter: Lk 16,1–7; dazu die Deutung bei Baudler, Georg, Jesus im Spiegel seiner Gleichnisse, München-Stuttgart 2. Aufl. 1988, S. 216–227.

213 Ben-Chorin, Schalom, Bruder Jesus, a.a.O., S. 115.

214 Ebd. S. 118.

215 Ebd. S. 117.

216 Wahrscheinlich feierte Jesus das Mahl nach dem Festkalender von Qumran einen Tag früher als der offizielle Festkalender des Tempels von Jerusalem es vorsah. Anders ist es zeitlich nicht erklärbar, dass der Prozess und die Hinrichtung Jesu noch vor dem offiziellen Paschafest erfolgten. Vgl. Ben-Chorin, a.a.O., S. 132.

217 Bruners, Wilhelm, Wie Jesus glauben lernte, a.a.O., S. 111.

218 Ben-Chorin, Schalom, Bruder Jesus, a.a.O., S. 150.

219 Gaudium et Spes Nr. 16 (Karl Rahner / Herbert Vorgrimler, Kleines Konzilskompendium, Freiburg i. Br. 16. Aufl. 1982, S. 462f.).

220 Allein während der 15-jährigen Amtszeit des spanischen Großinquisitors Thomas de Torquemada wurden in Spanien 2000 Menschen auf öffentlichen Marktplätzen lebendig verbrannt.

221 Theißen, Gerd, Biblischer Glaube in evolutionärer Sicht, München 1984.

222 Whitehead, Alfred North, Prozeß und Realität, a.a.O., S. 618.

223 Tacitus, Cornelius, Annalen, Buch XV, 44 (Annalen. Lateinisch-Deutsch. Hrsg. von Erich Heller, Düsseldorf-Zürich 3. Aufl. 1997).

224 Schnackenburg, Rudolf, Das Johannesevangelium 1–4, S. 218f., 223.

225 Ebd. S. 231.

226 Ebd. S. 237.

227 Barth, Gerhard, Der Tod Jesu im Verständnis des Neuen Testamentes, Neukirchen-Vluyn 1992, S. 24f. u. 133. Barth referiert insgesamt *neun* »frühchristliche Versuche, Jesu Tod zu verstehen«. Einige Exegeten halten die »Kontrastformel« für eine sehr alte Tradition (vgl. z.B. Roloff, Jürgen, Anfänge der soteriologischen Deutung des Todes Jesu, in: New Testament Studies 1972/73, S. 38–64).

228 Z. B. Röm 10,9; 4,24; 6,4.9; 7,4; 8,11.34; 1 Kor 6,14; 15,15; 2 Kor 4,14; Gal 1,1; Kol 2,12; Eph 1,20; 1 Thess 1,10.

229 Z. B. Apg 2,24; 3,15; 4,10; 5,30; 10,40; 13,30.37.

230 Ramsey, J.T., Religious Language. An empirical Placing of Theological Phrases, New York 2. Aufl. 1963.

231 Kassing, Altfried, Auferstanden für uns, Mainz 1969.

232 Dogmatische Konstitution über die göttliche Offenbarung *Dei Verbum*, Artikel 12.

233 Kaku, Michio, Im Paralleluniversum, a.a.O., S. 129–142.

234 Rees, Martin, Vor dem Anfang. Eine Geschichte des Universums, a.a.O., S. 3.

235 Greshake, Gisbert, Auferstehung der Toten, Essen 1969, S. 386.

236 Ratzinger, Joseph (Benedikt XVI.), Eschatologie. Tod und ewiges Leben, Regensburg 7. Aufl. 2007, S. 155.

237 Vgl. ebd. S. 207–221.

238 Baudler, Georg, Jesus erzählt von sich. Die Gleichnisse als Ausdruck seiner Lebenserfahrung, Freiburg-Basel-Wien 1989; ders., Jesus im Spiegel seiner Gleichnisse. Das erzählerische Lebenswerk Jesu – ein Zugang zum Glauben, München-Stuttgart 2. Aufl. 1988.

Literaturverzeichnis

Albert, Karl, Griechische Religion und platonische Philosophie, Hamburg 1980
Altner, Günter, Die Überlebenskrise in der Gegenwart. Ansätze zum Dialog mit der Natur, in: ders., Naturwissenschaft und Theologie, Darmstadt 1987
Ausländer, Rose, Gedichte, Frankfurt a. M., 4. Aufl. 2005
Barth, Gerhard, Der Tod Jesu im Verständnis des Neuen Testamentes, Neukirchen-Vluyn 1992
⟶ *Baudler, Georg,* El – Jahwe – Abba. Wie die Bibel Gott versteht, Düsseldorf 1996
Baudler, Georg, »Gib uns heute das Zionsbrot«, in: Katechetische Blätter 123, 1998, S. 220–229
⟶ *Baudler, Georg,* Im Worte sehen. Das Sprachdenken Johann Georg Hamanns, Bonn 1970
Baudler, Georg, Jesus erzählt von sich. Die Gleichnisse als Ausdruck seiner Lebenserfahrung, Freiburg-Basel-Wien 1989
Baudler, Georg, Jesus im Spiegel seiner Gleichnisse. Das erzählerische Lebenswerk Jesu – ein Zugang zum Glauben, Stuttgart-München 2. Aufl. 1988
Baudler, Georg, Ursünde Gewalt. Das Ringen um Gewaltfreiheit, Düsseldorf 2001
Ben-Chorin, Schalom, Bruder Jesus. Der Nazarener in jüdischer Sicht, München 13. Aufl. 1991
Biser, Eugen, Der gefährdete Garten, in: Rheinischer Merkur Nr. 3, 2005
Biser, Eugen, Gottsucher oder Antichrist? Nietzsches provokative Kritik des Christentums, Salzburg 1982
⟶ *Borchert, Wolfgang,* Draußen vor der Tür, Hamburg 88. Aufl. 2006
Börner, Gerhard, Schöpfung ohne Schöpfer? Das Wunder des Universums, München 2006
Briggs, John / Peat, David F., Die Entdeckung des Chaos. Eine Reise durch die Chaostheorie, München-Wien 1990
Bruners, Wilhelm, Wie Jesus glauben lernte, Freiburg i. Br. 1988
Buggle, Franz, Denn sie wissen nicht, was sie glauben. Oder warum man redlicherweise nicht mehr Christ sein kann, Hamburg 1992
Consolmagno, Guy, Brother Astronomer. Adventures of a Vatican Scientist, New York u. a. 2000
Dalai Lama, Die Welt in einem einzigen Atom. Meine Reise durch Wissenschaft und Buddhismus, Berlin 2005
Darwin, Charles, Die Abstammung des Menschen, Paderborn o. J.
Dawkins, Richard, Das egoistische Gen, Berlin-Heidelberg-New York 1978 (engl. Orig.:*The Selfish Gen* 1976)
Der Kleine Pauli. Lexikon der Antike in 5 Bänden, München 1979
Diamond, Jared, Der dritte Schimpanse. Evolution und Zukunft des Menschen, Frankfurt a. M. 2006
Drewermann, Eugen, Atem des Lebens. Die moderne Neurologie und die Frage nach Gott. Bd. 1:

Das Gehirn, Düsseldorf 2. Aufl. 2006, Bd.2: Die Seele. Zwischen Angst und Ver-
trauen, Düsseldorf 2007

Drewermann, Eugen, Im Anfang … Die moderne Kosmologie und die Frage nach
Gott, Düsseldorf-Zürich 2002

Driesch, Hans, Philosophie des Organischen, Leipzig 4. Aufl. 1928

Einstein, Albert, Mein Weltbild, Berlin 30. Aufl. 2005

Einstein, Albert, Quantenmechanik und Wirklichkeit, in: Dialektica, Heft 2 (1948),
S. 321–322

Ewald, Günter, Die Physik und das Jenseits. Spurensuche zwischen Philosophie
und Naturwissenschaft, Augsburg 1998

Ewald, Günter, Ich war tot. Ein Naturwissenschaftler untersucht Nahtoderfahrungen, Augsburg 1999

Ewald, Günter, An der Schwelle zum Jenseits. Die natürliche und die spirituelle Dimension der Nahtoderfahrungen, Mainz 2001

Fox, Matthew / Sheldrake, Rupert, Engel. Die kosmische Intelligenz, München 2005
(engl. Orig.: *A Realm where Spirit and Science meet* 1996)

Ganoczy, Alexandre, Suche nach Gott auf dem Weg der Naturwissenschaft. Theologie, Mystik, Naturwissenschaften – ein kritischer Versuch, Düsseldorf 1992

Glaserfeld, Ernst von, Wie wir uns erfinden (mit Heinz v. Foerster), Heidelberg
9. Aufl. 2004

Görg, Manfred, Der un-heile Gott. Die Bibel im Bann der Gewalt, Düsseldorf
1995

Görnitz, Thomas / Görnitz, Brigitte, Der kreative Kosmos. Geist und Materie aus
Quanteninformation, München 2007

Green, Brian, Das elegante Universum. Superstrings, verborgene Dimensionen
und die Suche nach der Weltformel, München 2006

Green, Brian, Der Stoff, aus dem der Kosmos ist. Raum, Zeit und die Beschaffenheit der Wirklichkeit, München 2004

Greshake, Gisbert, Auferstehung der Toten, Essen 1969

Greshake, Gisbert, Der Preis der Liebe. Besinnung über das Leid, Freiburg-Basel-
Wien 7. Aufl. 1988

Haag, Herbert, Abschied vom Teufel, Einsiedeln 1969

Haag, Herbert, Teufelsglaube, Tübingen, 2. Aufl. 1980

Hamann, Johann Georg, Sämtliche Werke. Historisch-kritische Ausgabe, hrsg. von
Josef Nadler, Wien 1949–1953

Heisenberg, Werner, Quantentheorie und Philosophie, Stuttgart 1979

Kaku, Michio, Im Paralleluniversum. Eine kosmische Reise vom Big Bang in die
11. Dimension, Hamburg 2005

Kassing, Altfried, Auferstanden für uns, Mainz 1969

Kehl, Robert, Jesus, der größte Betrogene aller Zeiten? Eine Übersicht über die Kon-
troverse Jesus oder Paulus, Frankfurt a. M. 1981

Kohl, Christian T., Buddhismus und Quantenphysik. Die Wirklichkeitsbegriffe Na-
garjunas und der Quantenphysik, Aitrang 2005

Kreiner, Armin, Gott im Leid. Zur Stichhaltigkeit der Theodizee-Argumente, Freiburg i. Br. 2005

Kropotkin, Peter, Gegenseitige Hilfe in der Tier- und Menschenwelt, Grafenau 1993, Neuauflage 2005

Kübel, Ina, Gott würfelt nicht. Theologen und Physiker im Gespräch: Sind Naturwissenschaft und Religion wirklich unvereinbar?; in: Deutsches Allgemeines Sonntagsblatt vom 9. 10. 1998

Kungfutse, Gespräche, übersetzt von Richard Wilhelm, München 50.–52. Tsd. 1990

Laotse, Tao te king, übersetzt und mit einem Kommentar von Richard Wilhelm, Köln 94.–98. Tsd. 1978

Lersch, Harald, Schlagzeilen vom Rand der Wirklichkeit, in: Katechetische Blätter 132, 2007, S. 399–406

Libet, Benjamin, Mindtime. Wie das Gehirn Bewusstsein produziert, Frankfurt a. M. 2005

Link, Christian, »Im Anfang ...«. Aufgabe und Ansatz einer Schöpfungslehre heute, in: W. Gräb (Hrsg.), Urknall oder Schöpfung?, Gütersloh 1995, S. 139–152

Lorenz, Konrad, Das sogenannte Böse, Wien-München 1974

Lorenz, Konrad, Die Rückseite des Spiegels. Versuch einer Naturgeschichte menschlichen Erkennens, München 12. Aufl. 1993

Lorenz, Konrad, Kants Lehre vom Apriorischen im Lichte gegenwärtiger Biologie; in: Lorenz, K. / Wuketis, F. M. (Hg.), Die Evolution des Denkens, München 2. Aufl. 1984

Lüke, Ulrich, »Als Anfang schuf Gott ...« Bio-Theologie. Zeit – Evolution – Hominisation, Paderborn 2. Aufl. 2001

Lüke, Ulrich, Das Säugetier von Gottes Gnaden. Evolution – Bewusstsein – Freiheit, Freiburg-Basel-Wien 2006

Lurker, Manfred, Die Botschaft der Symbole in Mythen, Kulturen und Religionen, München 1990

Luanda, Rolf, Am Rande der Dimensionen. Gespräche über die Physik am CERN, Frankfurt a. M. 2008

Maturana, Humberto R., Erkennen: Die Organisation und Verkörperung von Wirklichkeit, Braunschweig 1982

Miggelbrink, Ralf, Der zornige Gott. Die Bedeutung einer anstößigen biblischen Tradition, Darmstadt 2002

Moltmann, Jürgen, Der gekreuzigte Gott. Das Kreuz Christi als Grund und Kritik christlicher Theologie, München 1980

Moltmann, Jürgen, Gott in der Schöpfung. Ökologische Schöpfungslehre, München 1985

Moltmann, Jürgen, Trinität und Reich Gottes, München 1980

Orientierungspapier der Internationalen Theologenkommission »Gemeinschaft und Dienst« vom Oktober 2004

Pannenberg, Wolfhart, Das Wirken Gottes und die Dynamik des Naturgeschehens, in: W. Gräb (Hrsg.), Urknall oder Schöpfung?, Gütersloh 1995, S. 155–175

Papst *Benedikt XVI.,* Glaube, Vernunft und Universität, in: Frankfurter Allgemeine Zeitung vom 13. 9. 2006

Pinel, John P. J., Biopsychologie, Heidelberg-Berlin 2001

Pohl, Dieter, Verfolgung und Massenmord in der NS-Zeit 1933–1945, Darmstadt 2003

Polkinghorn, John, Theologie und Naturwissenschaften. Eine Einführung, Gütersloh 2001 (engl. Orig.: *Science and Theologie* 1998)

Popper Karl R. / Eccles John C., Das Ich und sein Gehirn, München 6. Aufl. 1989

Rahner, Karl, Die Christologie innerhalb einer evolutiven Weltanschauung, in: ders., Schriften zur Theologie Bd. V, Einsiedeln-Zürich-Köln 1962, S. 183–221

Rahner, Karl, Die Einheit von Geist und Materie im christlichen Glaubensverständnis, in: ders., Schriften zur Theologie Bd. VI, Einsiedeln-Zürich-Köln 1965, S. 185–214

Rahner, Karl, Hörer des Wortes. Zur Grundlegung einer Religionsphilosophie. Neu bearbeitet von J. B. Metz, München 1963

Rahner, Karl, Zur Theologie des Todes, Freiburg 2. Aufl. 1958

Ramsey, J. T., Religious Language. An empirical Placing of Theological Phrases, New York 2. Aufl. 1963

Ratzinger, Joseph (Benedikt XVI.), Eschatologie. Tod und ewiges Leben, Regensburg 7. Aufl. 2007

Roloff, Jürgen, Anfänge der soteriologischen Deutung des Todes Jesu, in: New Testament Studies 1972/73, S. 38–64

Roth, Gerhard / Grün, Klaus-Jürgen (Hrsg.), Das Gehirn und seine Freiheit. Beiträge zur neurowissenschaftlichen Grundlegung der Philosophie, Göttingen 2006

Roth, Gerhard, Willensfreiheit und Schuldfähigkeit aus der Sicht der Hirnforschung, in: Roth, Gerhard / Grün, Klaus-Jürgen (Hrsg.), Das Gehirn und seine Freiheit, a. a. O., S. 9–27

Saint-Exupéry, Antoine de, Der Kleine Prinz, Düsseldorf 55. Aufl. 2000

Schnackenburg, Rudolf, Das Johannesevangelium 1–4, Freiburg-Basel-Wien 1979

Schopenhauer, Arthur, Über die Freiheit des menschlichen Willens (1839), Zürich 1977

Sheldrake, Rupert, Das Gedächtnis der Natur. Das Geheimnis der Entstehung der Formen in der Natur, Bern-München-Wien 3. Aufl. 1990

Singe, Georg, Gott im Chaos. Ein Beitrag zur Rezeption der Chaostheorie in der Theologie und deren praktisch-theologische Konsequenz, Frankfurt a. M. u. a. 2000

Singer, Wolf, Ein neues Menschenbild? Gespräche über Hirnforschung, Frankfurt a. M. 2002

Sobol, Thomas Aue, Tödliche Fragen, in: amnesty journal, Heft 6/7 2008, S. 30–32

Sölle, Dorothee, Leiden, Stuttgart-Berlin, 6. Aufl. 1984

Stadelmann, Hans-Rudolf, Im Herzen der Materie. Glaube im Zeitalter der Naturwissenschaften, Darmstadt 2004

Tacitus, Cornelius, Annalen. Lateinisch-Deutsch. Hrsg. von Erich Heller. Düsseldorf-Zürich 3. Aufl. 1997

Theißen, Gerd, Biblischer Glaube in evolutionärer Sicht, München 1984

Tipler, Frank J., Die Physik der Unsterblichkeit. Moderne Kosmologie, Gott und die Auferstehung der Toten, München 1994

Vattimo, Gianni, Glauben – Philosophieren, Stuttgart 1997 (ital. Orig.: *Credere di credere* 1996)

Vogel, Christian, Vom Töten zum Mord. Das wirklich Böse in der Evolutionsgeschichte, München Wien 1989

Vollmer, Gerhard, Was können wir wissen?, Stuttgart 1988

Vorländer, Karl, Philosophie des Altertums. Geschichte der Philosophie I, Hamburg 4. Aufl. 1967

Wabbel, Tobias Daniel (Hrsg.), Leben im All. Positionen aus Naturwissenschaft, Philosophie und Theologie, Düsseldorf 2005

Whitehead, Alfred North, Prozeß und Realität. Entwurf einer Kosmologie, Frankfurt a. M. 1979

Whitehead, Alfred North, Wissenschaft und moderne Welt, Zürich 1949

Wittgenstein, Ludwig, Tractatus logico-philosophicus. Logisch-philosophische Abhandlung, Frankfurt a. M. 2003

Christsein in einer globalisierten Welt

Christoph Gellner

Der Glaube der Anderen

Christsein inmitten der Weltreligionen

Patmos

Im Zuge der Globalisierung sind die anderen Religionen näher an das Christentum gerückt und fordern es heraus. »Sehr tiefgehend durchgearbeitet und flüssig geschrieben, gelingt es diesem Buch, in ständigem Bezug zwischen Christentum und der jeweiligen Religion, nicht selten auch im Bezug auf mehrere Religionen, die Facetten eines interreligiösen Gesprächs zu entfalten.«
Norbert Copray in *Publik-Forum*

240 Seiten. ISBN 978-3-491-72529-4

www.patmos-sachbuch.de

PATMOS

.